ESSPARCOURS WENN REITER KOCHEN

ANDREAS FRÄDRICH

EssParcours
WENN REITER KOCHEN

DIE GEHEIMREZEPTE DER SIEGER

FNverlag
der Deutschen
Reiterlichen Vereinigung GmbH
Warendorf

IMPRESSUM

Bibliografische Information der Deutschen Nationalbibliothek
Die Deutsche Nationalbibliothek verzeichnet diese Publikation in der Deutschen Nationalbibliografie; detaillierte bibliografische Daten sind im Internet über http://dnb.d-nb.de abrufbar.

KORREKTORAT
Korrekturbüro Kirchhoff, Büren-Brenken

TITELFOTO (Sattel)
Peter Prohn, Barmstedt

FOTOS
Vale Cetra, Groß Offenseth-Aspern: Seiten 146 re., 149, 153
Werner Ernst, Ganderkesee: Seite 40
Andreas Frädrich, Berlin: Seiten 43 o., 46, 60, 61, 62 u., 102, 104 li., 129, 141, 154, 156 (2), 169, 171, 176
Klaus-Jürgen Guni, Gärtringen: Seiten 160, 163
Thomas Ix, Toppenstedt: Seite 114
Thomas Hellmann, Bremen: Seiten 8 (2), 9 o., 11, 12, 14, 23, 42, 45, 80, 89, 112 o., 113, 115, 116
Stefan Lafrentz, Plön am See: Seiten 72, 77
Julia Rau, Mainz: Seiten 50, 51 o., 54, 55, 58, 65, 67, 69, 81, 83, 90, 93, 110
Marc Rühl, Bedburg: Seiten 126, 127 (2), 130, 132, 134 (3), 135, 138, 142, 143, 145
Privatarchiv Hannelore Brenner: Seite 57
Privatarchiv Michael Freund: Seite 119
Walburga Schmidt, Wolfenbüttel: Seite 18
Holger Schupp, Aachen: Seiten 15 o., 22, 24 o., 30, 31, 32, 33, 34, 37, 60, 62 o, 84, 86 (2), 87 (2), 94 li., 118, 146 li., 158, 162, 166
Christiane Slawik, Würzburg: Seite 174
Franz Steindl, Aachen: Seite 123
Jacques Toffi, Hamburg: Seiten 25, 26, 27, 49, 96, 97, 99, 101
Seite 76 entnommen aus „Halla, meine Pferde und ich", Hans Günter Winkler, FN*verlag*, Warendorf 2008
Archiv Deutsche Reiterliche Vereinigung e.V. (FN): Seiten 5, 105, 109 (© Miriam Lewin), 161

GESAMTGESTALTUNG
mf-graphics, Marianne Fietzeck, Gütersloh

DRUCK UND VERARBEITUNG
Druckhaus Cramer, Greven

ISBN 978-3-88542-747-6

Gutes Reiten ist keine Geschmackssache. Man kann nicht darüber diskutieren. Es ist vielmehr die Essenz aus Talent, Fleiß, Erfahrung, Kompetenz und Horsemanship – gewissermaßen die Zutaten eines Rezepts, aus dem ein harmonisches „leckeres" Ganzes wird.

Lecker ist das vorliegende Buch „EssParcours – Wenn Reiter kochen" im wahrsten Sinne des Wortes. Erstmals wagt sich der FN*verlag* auf ungewohntes Terrain, nämlich an den Herd und an die Töpfe. Kochen liegt bekanntlich voll im Trend, wie die vielen Kochshows und Küchenschlachten im Fernsehen beweisen. Vieles davon ist Geschmackssache, über die man – anders als über gutes Reiten – wahrlich trefflich streiten kann.

Matjes nach Holsteiner Art, Reibekuchen mit Apfelmus, Hähnchenbrust mit Sahnesauce, Hochzeitssuppe – mir als bekennendem Fan der gutbürgerlichen Küche läuft schon beim Lesen das Wasser im Munde zusammen. Helen Langehanenberg, Kai Vorberg, Michael Freund, Hubertus Schmidt, Klaus und Anabel Balkenhol, Hannelore Brenner, Hans Günter Winkler, Marco Kutscher, Ingrid Klimke, um nur einige unserer Champions zu nennen, verraten ihre Lieblingsrezepte. Wer das raffinierte Menü erwartet, wird enttäuscht. Unsere Stars sind am Herd genauso bodenständig, wie wir sie als Spitzensportler erleben.

Aber natürlich geht's auch in diesem Buch um Pferde. Rund um die Kochrezepte garniert Autor Andreas Frädrich Geschichten, die die Sportler nicht nur von ihrer weniger bekannten Seite zeigen, sondern auch viel Wissen und Erfahrung vermitteln: die Erfolgsrezepte der Reiter. Mal spielt der Ausbildungsweg eines Pferdes die Hauptrolle, mal ist es die Erinnerung an Höhen und (und auch) Tiefen in der Reiterkarriere, mal die Schilderung vom wichtigsten Championat eines Reiters. Jede Geschichte ist anders und hat ihren individuellen Charme. Der Journalist Andreas Frädrich hat es geschafft, die ungewöhnliche Mischung aus Kulinarik, Reitausbildung und Spitzensport zu einem unterhaltsamen wie interessanten Potpourri zusammenzufügen. Vieles reizt zum Schmunzeln. Wenn „Muskatnuss" gesucht wird, würden Sie dann an das Pony der Familie Balkenhol denken?

Ich wünsche allen Leserinnen und Lesern viel Freude mit dem neuen Werk „EssParcours – Wenn Reiter kochen".

Ihr

Breido Graf zu Rantzau
Präsident der Deutschen Reiterlichen Vereinigung e.V. (FN)

INHALT

Matjes in Holstein

WO GROSSE TRADITIONEN AUFEINANDERTREFFEN

Harm und Ingela Thormählen
Holsteiner Züchter

Nicht weit weg von Glückstadt und auch nahe bei Elmshorn, mitten im Herzen des Holsteiner Pferdelandes liegt der Hof Thormählen, der sich seit 1561 im Familienbesitz befindet. „Es gibt keinen Platz auf der Welt im Umkreis von 3 km, wo so viele internationale erfolgreiche Sportpferde geboren wurden", kommt Harm Thormählen gleich zur Sache, während sich seine Frau Ingela gerade in der Küche an den Matjes macht und Pellkartoffeln aufsetzt.

„Ins Handelsgeschäft wurde ich hineingeboren. Aber klick gemacht hat es erst später, da war mir, als würde der Knopf einmal gedreht, und dann habe ich die ganzen Gesamtzusammenhänge begriffen", erzählt Thormählen, der 1973 von seinem Vater Rheder Thormählen übernahm, der bereits in den 1950er-Jahren Holsteiner Pferde züchtete.

Hier wird in großen Dimensionen und langen Zeitabständen gedacht und gehandelt, genauso wie weitläufig auch das Land ist. 1561 wurde die Hofstelle das erste Mal urkundlich erwähnt. „2005 haben wir dann alles zusammen gefeiert. 444-jähriges Jubiläum, Geburtstage, Schnapszahl – eben alles, was so auflief", berichtet der Holsteiner Züchter und lacht: „Mit dem Hof ist man bald mehr verheiratet als mit dem Partner."

In der Küche klappert Geschirr. Thormählen holt eine Flasche vorzüglichen Cognacs. „Fühlen Sie sich wie zu Hause", lautet die gemütliche Einladung und ergänzt: „Alkohol darf man nicht saufen, muss man genießen." Es mag sich ja vieles im Weltgeschehen ändern – aber zwei Sachen haben über die Jahrhunderte Bestand: Der Erfolg Holsteiner Pferde und – Glückstädter Matjeswochen. Auch wenn es seit 1976 in der Elbe-Stadt keine eigene gen Leben und Vernichtung zugleich. Auf der einen Seite zeichnen sich die Böden der Marschen durch ein hohe Fruchtbarkeit aus, durch abgelagerte Schwebstoffe feinkörnig und nährstoffreich. Auf der anderen Seite ist die Deutsche Bucht eines der am stärksten von Sturmfluten bedrohten Gebiete weltweit. Die bedeutendsten Sturmfluten des Mittelalters sind die Erste Marcellusflut des Jahres 1219 und die Zweite Marcellusflut oder Grote Mandränke von 1362. In beiden Fluten veränderte sich der Küstenverlauf drastisch: Inseln wurden zerstört, geteilt oder geschaffen und große Landstriche des Festlands gingen über Nacht verloren. Es gab Zehntausende von Toten und Dutzende verlorene Dörfer. „Wo die alten Hofstellen sind, wissen wir noch", sagt Thormählen. „Da ist Gras drübergewachsen".

Typischerweise handelt es sich bei den Marschgebieten Nordwestdeutschlands je nach Bodentyp um Grünland oder Ackerbaugebiet. Viehhaltung (Rinder und Schafe) bildete bereits in frühgeschichtlicher Zeit die wirtschaftliche Grundlage der auf Selbstversorgung ausgerichteten Marschenbewohner. Durch die küstennahe Lage ist das Klima auch ausgeglichener als im Binnenland, insbesondere sind Fröste seltener. Außerdem haben die Marschböden einen hohen Grundwasserspiegel, sodass die Wasserversorgung der Pflanzen weitaus besser als auf der Geest ist. „Es wächst bei uns auch bei Trockenheit", weiß der Pferdemann.

Dafür sind die Klei-Böden ungewöhnlich schwer. „Ich muss immer meine Schuhe wechseln, der Boden ist so extrem schwer, der klebt immer", sagte Thormählen. In den Flussmarschen, besonders an der Niederelbe, muss in den Bestellzeiten im Frühjahr und im Herbst eines jeden Jahres mit größter Geschwindigkeit gepflügt, geeggt und gesät werden. Man spricht daher auch von „Minutenböden". Eine zu frühe Bodenbearbeitung ist bei dem feuchten Klima nicht möglich, weil die schweren kalkhaltigen Böden bei Nässe für die Aussaat nicht vorbereitet werden können. Bei trockenem, sonnigem Wetter wiederum wird die Erde so hart, dass keine normalen Ackergeräte eingesetzt werden können. Für die Bauern gilt also, den richtigen Zeitpunkt abzupassen und möglichst schnell die Ackerarbeiten durchzuführen.

Seit Generationen werden auf dem Hof Thormählen qualitätsvolle Pferde gezüchtet – in der Nachkriegszeit Arbeitspferde vorzugsweise für den Einsatz auf dem Feld. „Um die Marschböden, die bei Sonnenschein binnen kürzester Zeit hart wie Ziegelstein oder bei Regen extrem tief und schwer werden, zu beackern, brauchte man die richtigen Pferde", ergänzt Thormählen – mit Schnelligkeit, Ausdauer und Härte. „Die mussten knüppelhart arbeiten im Herbst und Frühling, ackern und kämpfen, das Land wieder fein machen. Richtig rackern!" sagt Thormählen. „Für diese Bodenverhältnisse waren nur die kräftigsten und leistungsbereitesten Pferde geeignet. Die mussten beim Durchackern durch die hohen Schollen mal das Bein richtig anheben, und das prädestiniert die heutigen Holsteiner Sportpferde so hervorragend zum Springen: hohe Gänge und hohe Bewegungen." Diese

streng selektierten Hengste und Stuten bilden die Wurzeln der heutigen Holsteiner Leistungsstämme."

Zucht, Aufzucht, Ausbildung und der Verkauf herausragender Springpferde stehen heutzutage im Zentrum der Arbeit auf dem Hof Thormählen. Züchterisches Ziel sind Pferde mit internationaler Perspektive, die sich durch ihr Springvermögen und ihre Leistungsbereitschaft besonders auszeichnen.

Das Gebiet zwischen Hamburg-Altona und Brunsbüttel ist denn auch die eigentliche Wiege der Holsteiner Zucht, die zunächst durch die Klöster in Uetersen (um 1285 finden sich hier schon erste urkundliche Hinweise) und Itzehoe und später durch die Landesherren und Adeligen stark gefördert wurde. Schon im 16. Jahrhundert kam dem Export von Holsteiner Pferden ins Ausland eine große Bedeutung zu. So entdeckte König Ludwig XIV. die schweren Kavallerie-Remonten. Im 17. und 18. Jahrhundert erließen die dänischen Könige viele Verordnungen zur Zucht qualitätsvoller Pferde. Die Wechselbeziehungen der bedeutenden europäischen Pferdezuchten waren seit jeher eng verbunden. Im Jahre 1730 lobte der berühmte französische Reitkünstler de la Guérinière die Schönheit und die Sprungkraft der Holsteiner Pferde. Auch die Einrichtung des Landgestüts Traventhal (1866 bis zu seiner Auflösung 1960) gab der holsteinischen Pferdezucht wechselhafte, aber auch wichtige Impulse.

Das Militär in der preußischen Ära von 1866 bis 1945 war denn auch ein weiterer Motor in der Pferdezucht. Die Gründungen der Landgestüte in Dillenburg, Celle und Münster (später Warendorf) waren eng mit dem Holsteiner Pferd verbunden. Im 19. Jahrhundert wurden Holsteiner Pferde an die Anforderungen des Personenverkehrs angepasst, in schnellen und bequemen Luxuskarossen. Die Pferde mussten einen hohen und räumenden Gang haben – das hatten die Holsteiner. Nach dem Zweiten Weltkrieg änderte sich wieder alles gravierend. Als die Motorisierung der Landwirtschaft das Arbeitspferd überflüssig machte, war Rheder Thormählen einer der Ersten, der auf das moderne Sportpferd setzte. Die sportliche Erfolgsgeschichte der Holsteiner Pferdezucht insgesamt beginnt dabei mit dem in den 1950er-Jahren gerittenen Holsteiner Wallach Meteor (von Diskus) unter Fritz Thiedemann, der dreimal erfolgreich an Olympischen Spielen teilnahm. Zu dieser Zeit machte sich Thormählens Vater – Reiten galt damals noch als Luxus und elitär – als Pferdekenner, -ausbilder und -ver-

käufer einen Namen. Er war es, der durch gezielte Talentsuche die Grundlage für die erfolgreiche Sportpferdezucht legte.

Die Springveranlagung des Holsteiners ist unbestritten. Ende der 1960er-Jahre hatte jeder erfolgreiche deutsche Springreiter Holsteiner Nachkommen im Stall: Etwa Hans Günter Winkler Romanus v. Ramzes X oder Alwin Schockemöhle mit Ramona v. Ramzes X. Harm Thormählen erinnert sich: „Ich hatte großen Respekt vor Alwin Schockemöhle als Ausbilder, er hat mich auch züchterisch inspiriert." Thormählen spezialisierte sich auf die Hauptstämme 104 A, 3615 und 173. Viele berühmte Olympiapferde und Championatssieger stammen aus seiner Zucht. Der Hof ist Geburtsstätte berühmter Pferde wie Capitol oder Come On (Prinzessin Haya) und Cera (Otto Becker).

Ich gehe raus mit Thormählen zu den Paddocks, wo sich die Zweijährigen gerade tummeln. Thormählen blickt umher: „Von hier kommen die Jahrhunderthengste – es gibt keinen Platz auf der Welt auf so einen engem Radius von 10 km", und fängt an aufzuzählen: „Capitol ist hier geboren. Caletto 2 km in Richtung Westen. Landgraf 3 km Richtung Osten. Landadel 10 km nördlich." Und die holsteinische Kompasslehre geht weiter: „Ramiro 1 km in Richtung Norden. Ich war gerade 18, da saß ich auf ihm, 5-jährig, das muss 1963 gewesen sein. Fritz Ligges ist runtergeflogen, man musste die Beine dranhaben ...

Alles steht und fällt mit der Ausbildung. „Leider haben wir kein richtiges Reitgelände hier, also nutzen wir die Spritzspuren bzw. Düngerspuren, damit die den Kopf frei haben und nicht immer im Kreis gehen." Thormählens verfügen über 60 Hektar arrondiertes Weideland, hinzu kommen 40 Hektar Pachtland. Darum kümmern sich sechs Mitarbeiter. Das reicht zur Selbstversorgung der rund 150 eigenen Pferde.

Thormählen runzelt die Stirn. „Die traditionellen bäuerlichen Züchter mit zwei bis drei Mutterstuten sind weg, es lohnt sich nicht mehr", erklärt der Pferdemann. Thormählen kann diesen Trend vom letzten Züchterstammtisch bestätigen. Und setzt noch einen drauf: „Keiner hat einen Nachkommen", berichtet er. Betriebsnachfolger bleiben aufgrund mangelnder Rentabilität aus. Schon jetzt decken im Durchschnitt magere Verkaufserlöse kaum den züchterischen Gesamtaufwand. Eine entsprechende Vollkostenrechnung hat Harm Thormählen in seiner landwirtschaftlichen Meisterprüfung absolviert: „Damals gab es noch keine Futterberechnung." Bei der Berechnung kam er auf 10.000 DM Festkosten pro Fohlen. „Da kam mir der Schweiß auf die Stirn, und nasse Hände noch dazu. Pferdezucht ist teuer", erinnert sich der Pferdezüchter: „Nach der letzten Krise 2008 hat sich der Handel aktuell in die 5-, 6-, 7-, 8-jährigen Pferde hinausgeschoben." Jetzt ist er besser darauf vorbereitet als 1973 mit Sonntagsfahrverbot, nur fünf Zuchtstuten und einer großen Pechphase. „Danach habe ich die Zucht breit aufgebaut", so Thormählen, „mit Comano und Capitol."

Nichts ist beständiger als der Wandel, genauso wie sich die Holsteiner Pferdezucht im Laufe der Jahrhunderte veränderte und optimierte, haben sich auch die Bedingungen bei den Pferdezüchtern selber geändert. Thormählen spricht vom imaginären „Dr. Zeit": Zur Pferdezucht und Haltung gehören eine Menge Geduld, Weitsicht, Erfahrung und Selbstvertrauen. Soll heißen: Die Zeit heilt nicht nur alle Wunden, man muss sie sich auch nehmen und den Pferden geben.

„Auf das nächste Malheur muss man mit hochwertigem Material gut vorbereitet sein", orakelt der Pferdezüchter weiter. „2020 werden die guten Pferde wieder knapp." Und: der Markt außerhalb Europas ist der bessere Markt. Thormählen sieht deswegen die deutsche Landeszuchten als weltweiten Exportschlager nicht infrage gestellt – das Qualitätspferd „Made in Germany" hat eine große Zukunft.

Aber die Pferdebesitzer haben es augenblicklich nicht leicht. Die Jahreskosten bestehen in der breiten Masse, nicht in den Anschaffungskosten. Erschwerend dazu kommt die Diskussion um den Schenkelbrand als Markenzeichen, die Pferdesteuer als neue Bagatellsteuer in einigen Kommunen oder der erhöhte Mehrwertsteuersatz auf 19 %. Viele Pferdebesitzer sparen sich ihr Hobby vom Mund ab. „Hauptsache, es reicht dann noch für einen ordentlichen Matjes, sonst wird's kritisch".

Filmografie zu „Das Gestüt"

2006 begleitete ARTE das Leben auf dem Hof von Harm Thormählen und strahlte die 15-teilige Doku unter dem Namen „Das Gestüt" aus.

Doku-Soap in 15 Teilen (15 x 26 Minuten)
Deutsche Erstausstrahlung: 05.06.2006 auf ARTE
Dokumentarserie D/F
Regie: Kerstin Hoppenhaus
Kamera: Ralf Klingelhöfer
Schnitt: Wolfram Kohler und Gerrit Ohlsberg

Aus der Programmvorschau von ARTE:

„Mit der Serie „Das Gestüt" reisen wir in die Pferdewelt von heute. Wir tauchen ein in den Mikrokosmos der Pferdezucht. Schauplatz der 15-teiligen Doku-Serie ist der Hof Thormählen, ein traditionsreicher alter Hof in der Elbmarsch nördlich von Hamburg. Er liegt mitten in Holstein, einem der bekanntesten und erfolgreichsten Pferdezuchtgebiete Deutschlands. Der Hof ist ein alteingesessener Familienbetrieb, der sich in den 1950er-Jahren auf die Pferdezucht spezialisiert hat.

Dabei interessiert uns die glanzvolle Welt der Turniere und Hengstparaden nur am Rande. Leben und Arbeiten mit Pferden ist auf der einen Seite ein Geschäft wie jedes andere, hoch professionalisiert und auf Gewinn ausgerichtet, auf der anderen Seite trotz allem immer noch sehr archaisch. Für viele ist es ein Lebenstraum, weil sich Pferde nicht auf Gewinn und Verlust reduzieren lassen, weil sie, bei aller Zucht und Kultur, immer noch ein Stück unzähmbare Natur sind.

Im Mittelpunkt steht das „richtige Leben", die täglichen Erfolge und Niederlagen bei der Arbeit mit den schönen, aber oft auch sehr eigenwilligen Tieren. Der Kreislauf von Geburt und Tod. Die Pflege von kranken Tieren. Die Erleichterung oder auch die Wehmut, wenn wieder ein Pferd den Hof verlässt. Das Leben in der Hofgemeinschaft, wo jeder auf den anderen angewiesen ist, steht im Mittelpunkt der Serie. Die harte Arbeit und die große Verantwortung, die Begeisterung und der Idealismus, der viele „Pferdemenschen" treibt. Und die Freude und die Zufriedenheit, die diese Arbeit mit sich bringen kann. Ob ein Fohlen ein „Kracher" wird oder ein junges Pferd das Zeug zum Champion hat – das kann niemand vorhersagen. Aber davon – und nur davon – hängt der Erfolg des Gestüts und damit auch die Existenz seiner Bewohner ab. Die harte Arbeit und die große Verantwortung, die Begeisterung und der Idealismus. Und die Freude und Zufriedenheit, die diese Arbeit mit sich bringen kann. Was auf den ersten Blick vielleicht recht beschaulich wirkt, ist in Wirklichkeit ein hartes Geschäft. Wie in jedem Wirtschaftsunternehmen müssen auch die Menschen auf dem Gestüt immer neue Bewährungsproben bestehen. Der Markt für gute Reitpferde ist klein, da bleibt nicht viel Luft für Experimente. Wer von der Pferdezucht leben will, braucht Mut zum Risiko. Denn man kann noch so viel planen und analysieren, es bleibt dabei: Man arbeitet mit lebenden Tieren und die sind unberechenbar."

Hähnchenbrust
MIT SAHNESAUCE

Mit dem Essen ist das so eine Sache. „Wenn es in den Wettkampf ging, musste es morgens was ganz Leichtes sein – oder so gut wie gar nichts zum Frühstück", erzählt Kai Vorberg. „Da war ja auch eine gewisse Aufregung und viel Adrenalin im Blut, da fiel es mir schwer, überhaupt was zu essen. Essen hat bei mir was mit Ruhe und Entspannung zu tun. Das ist bei den Pferden nicht an-

*Kai Vorberg – jeweils zweifacher Welt-
und Europameister sowie achtfacher
deutscher Meister im Voltigieren*

ders – Kraftfutter geben und dann sofort Höchstleistungen abzufordern, ist denkbar ungünstig.

Wenn man an Kai Vorbergs artistische Vorstellungen und seinen berühmten Abgang denkt – leicht wie eine Feder –, ahnt man, dass die richtige Ernährung zur richtigen Zeit auch bei einem Spitzensportler wie Vorberg eine wahrhaft gewichtige Rolle spielt und Fastfood bei den professionellen Voltigierern eher verpönt ist. Ganz anders verhält es sich jedoch am Vorabend. „Vorher muss man einfach ordentlich gegessen haben", erklärt der Voltigier-Profi. Sein Lieblingsrezept mit Hähnchenbrust ist ziemlich gehaltvoll – kalorien- und vor allem auch kohlenhydratreich. „Sahnesauce darf bei der Pasta gerne mit dabei sein", lacht Kai Vorberg. „Auch Risotto oder Kartoffeln geben ordentlich Power", fügt er hinzu, während wir anfangen, die frischen Hähnchenfilets zuzubereiten.

Geflügelfleisch ist ideal für Sportler, hat aber auch in einer gesunden Ernährung seinen Platz. Das helle, fettarme Fleisch vom Huhn ist besonders reich an biologisch hochwertigem Eiweiß und macht es zu einem leicht verdaulichen Nahrungsmittel. Zusätzlich liefert es jede Menge Mineralstoffe, etwa Phosphor, Kalium, Eisen und Zink, die unter anderem Kraft schenken und das Immunsystem stärken. Zusätzlich enthält Geflügelfleisch vor allem Vitamine aus der B-Gruppe, die für die Nervenleistung wichtig sind, und Vitamin A für die Sehkraft. Essenzielle Fettsäuren, die für gesunde Gefäße sorgen und das Herz schützen, runden das Spektrum der gesunden Inhaltsstoffe ab. Qualitativ noch besser ist, wenn das Geflügel nicht aus Massentierhaltung stammt.

Wir fangen an, die Hähnchenfilets zu waschen, trocken zu tupfen und quer zu halbieren, dazu rundum kräftig pfeffern und zu salzen (nicht zu viel). Geflügelfleisch liefert durchschnittlich nur 150 Kalorien pro 100 Gramm. Somit ist sogenanntes „weißes Fleisch" eine gesunde und leckere Alternative „zum roten Fleisch" von Rind oder Schwein, das wesentlich mehr Kalorien, ungünstige Fette und schädliche Purine enthält.

Familie Vorberg dreht „ihre Runde" am heimischen Herd

Nun wird Butter oder Öl in einer Pfanne erhitzt. Die Filets werden darin bei starker Hitze von beiden Seiten kurz angebraten. Währenddessen werden Zwiebeln bzw. Schalotten und Knoblauch geschält und fein gewürfelt, etwas später dazugegeben und kurz mit angebraten. Zeitgleich können die Spaghetti in kochendes Salzwasser gegeben werden und in ca. 10 Minuten bissfest gegart werden.

Wenn die Filets durch sind, Sahne zugießen, aufkochen und etwas einkochen lassen. Es kann auch mit Käse oder Kräutern verfeinert werden. Spaghetti abgießen und abtropfen lassen, die Nudeln unterheben, zum Schluss alles auf einem Teller schön anrichten. Es ist auf jeden Fall ein „Gute-Laune-Essen" und die Spaghetti liefern ordentlich Kraft. Die braucht man auch beim Hochleistungs-Voltigieren ...

HÄHNCHENBRUST MIT SAHNESAUCE

Zutaten (für 4 Personen)
4 Hähnchenbrustfilets (à ca. 170 g)
2 Zwiebeln, oder Schalotten
2 Knoblauchzehen
400 g Spaghetti
Salz und weißer Pfeffer aus der Mühle
2 EL Öl oder Butter
100 g Schlagsahne

Zubereitungszeit ca. 30 Minuten
Pro Portion ca. 2.520 kJ/ 600 kcal.
E 33 g/F 17 g/KH 79 g

EXKURS

In der Ernährung von Pferd und Reiter spielen Mengenelemente eine wichtige Rolle. Da Mineralstoffe vom Körper selbst nicht hergestellt werden können und sie im hohen Maß für verschiedene Körperfunktionen verbraucht werden, müssen sie durch die Ernährung bzw. Fütterung ausreichend wieder aufgenommen werden.

Forschungen über Stoffwechsel und Bedarf von Spuren- und Mengenelementen und Vitaminen begannen beim Pferd erst in den 1930er-Jahren. Zu den für das Pferd lebensnotwendigen Mengelementen – auch als Elektrolyte bezeichnet – zählen wie beim Menschen Kalzium, Phosphor, Magnesium, Kalium, Natrium, Chlor und Schwefel. Besonders interessant ist hier die Wechselbeziehung von Magnesium, Kalzium und Phosphor.

Magnesium in der Pferdefütterung ist auch ähnlich wie in der menschlichen Ernährung entscheidend für die Funktion vieler Enzyme, vor allem im Nerven- und Muskelgewebe. Die Magnesiumversorgung ist zumeist gesichert, außer auf intensiv gedüngten Weideflächen mit einseitigem Grasbewuchs. Ein Magnesiummangel beim Pferd kann sich in erhöhter Erregbarkeit, Muskelzittern und Krämpfen äußern.

Auch beim Menschen ist Magnesium für die Muskulatur, den Knochenaufbau, für die Leber, die Regulierung der Körpertemperatur, den Fettstoffwechsel und das Bindegewebe ein äußerst wichtiger Stoff, der sowohl bei Pferd und Mensch über den Dünndarm aufgenommen wird. Magnesium reduziert die Gefahr von Muskelschäden und sorgt dafür, dass Muskeln wesentlich besser arbeiten können. Magnesium beeinflusst erheblich die Erregungsübertragung der Nerven auf die Muskeln und ist für den Erhalt der Knochensubstanz unverzichtbar.

Magnesium findet sich vermehrt in Hülsenfrüchten, Nüssen, Samen, grünblättrigem Gemüse, Getreidekörnern und vollwertigen Getreideprodukten (im Gegensatz zu Weißmehlprodukten) Eine Magnesiumunterversorgung kommt bei Fastfood-Liebhabern und damit natürlich auch bei einseitiger Ernährung durchaus vor. Ein Risiko für einen Magnesiummangel besteht auch bei sportlichen Höchstleistungen, Magersucht, Senioren, bei hohem Alkohol- und/oder Kaffeekonsum und bei einer erhöhten Säurelast innerhalb der Nahrungszufuhr, also bei einem Säure/Basen-Ungleichgewicht im Körper. Ausdauersportler verbrauchen sehr viel Magnesium und müssen deshalb ihrem Körper mehr Magnesium zuführen als ein Freizeitsportler. Zu wenig Magnesium kann die körperliche Leistungsbereitschaft deutlich herabset-

zen. Doch es ist ein Irrglauben, dass alleine die Einnahme von Magnesium-Präparaten Muskelkater komplett verhindern kann. Vielmehr wird dadurch der Muskel dahingehend unterstützt, dass er schneller „auf Betriebstemperatur" kommt und generell belastungsfähiger ist. Da das Magnesium mit der Kalziumaufnahme interferiert, muss gleichzeitig auf eine ausreichende Kalziumzufuhr geachtet werden.

Kalzium übernimmt eine wichtige Rolle in der Knochenmineralisierung. Der Kalziumbedarf ist abhängig vom Lebensalter – gleichermaßen bei Pferd und Reiter. Eine langfristig mangelhafte Kalziumversorgung geht früher oder später auf Kosten der Knochen und kann beim Menschen beispielsweise zu Osteoporose führen. Besonders in der Kindheit und der Jugend bis ins Alter von 35 Jahren wird Knochensubstanz aufgebaut. Ab einem Alter von 35 Jahren überwiegt dagegen meist der Knochenabbau gegenüber dem -aufbau. Kalziummangel kann zu Krämpfen, Muskelstarre und zu Schlaflosigkeit führen. Körperliche Betätigung verzögert die Demineralisation. Kalzium kommt vermehrt in Gemüse, Hülsenfrüchten, Nüssen und Samen vor. Die Verfügbarkeit aus Milch und Milchprodukten ist jedoch besonders hoch. Die Sahnesauce ist zwar recht fettreich, aber ebenfalls ein Milchprodukt.

Für die Assimilation von Kalzium muss beim menschlichen Organismus gleichzeitig Vitamin D vorhanden sein. Im Gegensatz zur menschlichen Ernährung ist die Bedeutung des Vitamin D für die Kalzium-Aufnahme in der Pferdefütterung als gering einzustufen.

Besonders trächtige und laktierende Stuten, Fohlen und Heranwachsende haben einen erhöhten Bedarf an Kalzium. So steigt der Kalziumbedarf im letzten Drittel der Trächtigkeit und während der Laktation beträchtlich an, da das Fohlen mit weitgehend mineralisiertem Skelett zur Welt kommt. Besonders bei wachsenden Fohlen kann ein Kalzium-Mangel erhebliche Schäden verursachen. Durch die mangelnde Festigkeit der Knochen kann es zu Fehlstellungen und Verbiegungen der Gliedmaßen kommen.

Wenn ausreichende Mengen (mind. 1 kg Heu je 100 kg Lebensmasse) hochwertigen Raufutters verfüttert werden, ist eine bedarfsgerechte Versorgung mit Kalzium beim normal belasteten Reitpferd gegeben. Vor allem klee- und kräuterreiches Heu ist besonders kalziumreich, sodass bei dessen Fütterung eine bedarfsdeckende Kalzium-Versorgung gewährleistet ist.

Grundsätzlich steht der Bedarf an Phosphor mit der Kalziumaufnahme in Verbindung. Der Mineralstoff Phosphor ist im Körper in erster Linie im Knochengewebe eingelagert. Dort verbindet sich das Phosphor mit dem Kalzium und sorgt für harte und widerstandsfähige Knochen und Zähne. Kalzium und Phosphor sind damit die wichtigsten anorganischen Bausteine von Knochen und Zähnen. 99 % des gesamten Kalziums befinden sich in diesen Hartgeweben. Insgesamt sind im menschlichen Körper ca. 700 g Phosphor enthalten, davon befinden sich im Körpergewebe etwa 80 g, im Blut ungefähr 15 g. Im Körper eines mittelgroßen Pferdes befinden sich 7 kg Kalzium und 4 kg Phosphor.

Das Verhältnis Kalzium zu Phosphor sollte in einer ausgewogenen Ernährung zwischen 1:1 bis 1:1,2 liegen. Dieses Verhältnis wird allerdings meist nicht erreicht. Fleisch beispielsweise hat ein Ca:P-Verhältnis von 0,07:1, also wenig Kalzium und zu viel Phosphor.

Auch im Zusammenhang mit der Kalziumversorgung der Pferde fällt oft der Begriff Kalzium-Phosphor-Verhältnis (Ca:P). Ein niedriges Verhältnis von Kalzium zu Phosphor 1:1 bis 3:1 (optimal 1,2 bis 1,5:1) in der Gesamtration wirkt sich positiv auf die Verwertbarkeit von Kalzium und auch Phosphor aus, indem es sowohl die Aufnahme als auch den Einbau ins Skelett begünstigt.

Probleme bei der Mineralstoffversorgung bereitet oft in der kraftfutterreichen Pferdefütterung ein Phosphorüberschuss in der Ration mit der Folge zu knapper Kalziumaufnahme. Das Kalzium-Phosphor-Verhältnis ist verschoben und wird dann als ungünstig (zu eng) beschrieben. Ursache ist der hohe Phosphor-Gehalt in Hafer, Gerste und Mais; hier liegt das Ca:P-Verhältnis bei etwa 0,2 bis 0,3:1.

Für den Menschen wiederum ist Getreide ein guter Phosphor-Lieferant, neben Milch- und Milchprodukten, Fisch, Fleisch, Getreide, Hülsen- und Trockenfrüchten, Nüssen, kakaohaltigen Lebensmitteln und Getränke. Bei einer ausgewogenen Ernährung sind sowohl Mangelerscheinungen als auch Überdosierungen selten.

VOLTIGIEREN
Im Entwurf das Talent, in der Ausführung die Kunst

Ich fahre durch die Pforte der Sportschule der Bundeswehr in Warendorf, um mich mit Kai Vorberg zu treffen. Nicht zum Kochduell und nicht in der Kantine, sondern an seinem aktuellem Arbeitsplatz. Bitte unaufgefordert Ihren Ausweis vorzeigen. Ausgerechnet auf dem Gelände der ehemaligen Reit- und Fahrschule entstand am 15. November 1974 die Sportschule der Bundeswehr, die vorher in Sonthofen beheimatet war. Die Bundeswehr-Sportschule bildet in erster Linie junge Unteroffiziere und Offiziere in sämtlichen Disziplinen zu Sportausbildern aus, des Weiteren gibt es die Spitzensportförderung als wesentliche Nebenaufgabe. Hier geht's also nicht nur ums Reiten.

Ums Reiten geht es heute auch nur in zweiter Linie – genauer gesagt ums Voltigieren. Voltigieren heißt, Übungen in turnerisch-akrobatischer Form auf einem galoppierenden Pferd auszuführen. Der Meister aller Klassen in dieser Disziplin hat sein Büro in einem der schlichten Kasernengebäude mit dem Charme vergangener Jahrzehnte. Es ist sozusagen eine Außenstelle der Deutschen Reiterlichen Vereinigung (FN), die nur indirekt mit der Kaderschmiede der Bundeswehr zu tun hat. Kai Vorberg ist hier tätig als Nachwuchsführungskraft der FN in der Abteilung Ausbildung und Wissenschaft. Im Mai 2012 trat Kai Vorberg diese Stelle hier an, nachdem ihm Ende des Jahres 2010 ein Bandscheibenvorfall seine höchst erfolgreiche internationale Karriere unterbrach und auf neue Wege brachte. „Der Hochleistungsport birgt Risiken, die man beachten muss", sagt Vorberg. Nach einer erforderlichen Operation und Reha überlegte er, was er weiter machen wolle … Und so engagiert er sich nun für die FN. Der zweimalige Welt- und Europameister der Voltigierer passt an diesen Ort wie die Faust aufs Auge oder die Fahne, Mühle, Flanke oder Schere zu den Voltigierern.
Nach dem Selbstverständnis und der Definition der Bundeswehr-Sportschule spielen Sport, Training und Leistung für das Verständnis von Toleranz und zielgerichtetes gemeinschaftliches Handeln eine wichtige Rolle. Diese Definition könnte man sofort übertragen auf Vorberg und den Voltigiersport schlechthin. Voltigieren ist nicht etwa nur Sporttreiben mit dem Pferd, sondern eine besonders hohe Form der Selbstdisziplin und des Miteinanders. „Bei dieser Sportart ist man auf seine Teamkameraden angewiesen, gegenseitige Fürsorge und charakterliche Festigung werden gefördert", sagt Vorberg und

Kai Vorberg hat den Voltigiersport in Deutschland und weltweit populär gemacht – hier während der WM in Aachen 2006

fügt hinzu: „Voltigieren ist pädagogisch wertvoll und erleichtert der Jugend den Einstieg in die Grundschulung der reiterlichen Ausbildung. Der Reitschüler lernt und übt dabei einen korrekten Sitz, ein dynamisches Gleichgewicht und eine losgelassene Haltung." In Form von Pflicht- und Kürübungen sowie Einzel- (beim Einzelvoltigieren) und Partnerübungen (beim Doppel- und Gruppenvoltigieren) bieten sich vielfältige Übungs-, Gestaltungs- und Kombinationsmöglichkeiten.

Die Leistungen einer Wettkampfgruppe sind ganz wesentlich an das Voltigierpferd geknüpft. Pferde, die alle erforderlichen Eigenschaften mitbringen, sind nicht ganz einfach zu finden. „Es gibt keinen klassischen Markt oder eine Zucht für Voltigierpferde", erläutert Kai Vorberg und weiß: „Voltigierpferde müssen ein gewisses Selbstbewusstsein mitbringen und gefestigt sein in der Persönlichkeit. Sie wissen sehr genau, wer da gerade oben ist und um welche Situation es sich gerade dreht." Ein Voltigierpferd sollte im Galopp schon einen Versammlungsgrad erreicht haben, der dem der Klasse L mindestens entspricht. Deshalb sind Voltigierpferde auch erst 6-jährig im Turniersport zugelassen, manche erst 7- oder 8-jährig geeignet. „Für diese Aufgabe muss man als Pferd geboren sein", schließt Vorberg.
Dies ist ein Zusammenspiel zwischen Pferd, dem Voltigierer und dem Longenführer ist die Besonderheit, denn diese drei Komponenten bilden in diesem Sport eine Einheit und beeinflussen sich gegenseitig unmittelbar. Das Pferd wird von einem Longenführer auf einem Zirkel longiert. Es turnen ein bis drei Voltigierer gleichzeitig auf und an dem Pferd. Im Turniersport werden alle Übungen im Galopp verlangt.

Im Gruppensport werden beim Voltigieren soziale Fertigkeiten wie Einfühlungsvermögen, Vertrauen und Selbstständigkeit gefördert. In der Regel bestehen Anfängergruppen aus acht bis zwölf Jungen und Mädchen, die sich in etwa auf dem gleichen Leistungsstand befinden. Voltigieren hat daher nichts zu tun mit „Kasernenhofton", sondern mit Freude an der Bewegung, Arbeit mit dem Pferd und Spaß in der Gemeinschaft. Kinder erlernen zum einen den verantwortungsbewussten Umgang mit dem Partner Pferd. Zum anderen werden körperliche und motorische Fertigkeiten, vor allem Haltung, Rhythmus und Konzentration geschult. „Hier wird das Interesse junger Menschen am Pferd mit einer vielseitigen Bewegungserziehung und der Förderung sozialer Kompetenzen verbunden", bemerkt Vorberg. Zudem ist Voltigieren

eine vergleichsweise kostengünstige Pferdesportart, die allen Bevölkerungsschichten offensteht.
Dabei liegt der Ursprung des Voltigierens eigentlich in der Kavallerie. Ziel der Übungen war es, dabei Gleichgewicht, Beweglichkeit, Kraft und Ausdauer der Soldaten zu schulen, dazu gab es auch Wettbewerbe. Das Wort Voltigieren kommt aus dem franz. Wort „La Voltige" (Springen über das Pferd). Voltigieren war 1920 in Antwerpen sogar schon einmal olympisch. Unter dem Namen Kunstreiten traten damals Kavalleristen aus verschiedenen Ländern gegeneinander an.

Erst 1972 hatte das Voltigieren seinen zweiten großen Auftritt, nämlich bei den Olympischen Spielen in München. Die fünf besten deutschen Voltigiergruppen stellten damals mit ihren Zirkeln die fünf olympischen Ringe bei einer Schauvorführung dar und konnten sich so der Weltöffentlichkeit präsentieren.
„Wird Voltigieren mal wieder olympisch?" frage ich Kai Vorberg. „Könnte", antwortet er. „Die Voltigierer-Szene hat ein großes Wachstumspotenzial. Irgendwann könnte das öffentliche Interesse dafür so groß sein, dass es für die Sommerspiele ausreicht."
Dabei ist Voltigieren eine klassische Disziplin, die es vermutlich schon in der Antike gab. Später bei den Römern gehörte das Voltigieren hauptsächlich zur militärischen Ausbildung der Soldaten. Auch im Mittelalter erlernten die Ritter das Aufspringen auf das Pferd in ihrer Ausbildung. Die Aufsprünge erfolgten dabei in voller Rüstung. Zusätzlich mussten sie kunstvolle Übungen auf dem Pferd ausführen.

Besonders populär wurde das Pferdeturnen durch „Turnvater" Friedrich Ludwig Jahn, der den Turnsport bis in die heutige Form prägte. Denn zu dieser Zeit entwickelten sich zwei „Zweigsportarten" des Voltigierens. Zum einen wurde immer noch auf dem lebenden Pferd geturnt, zum anderen erfuhr das Turngerät „Pferd" eine immer größere Beliebtheit. Modernes Voltigieren, wie wir es heute kennen, entstand als Angebot nach dem Zweiten Weltkrieg, um Kindern eine preiswerte Alternative als Einstieg in den Reitsport bieten zu können.

Das erste inoffizielle internationale Turnier, bei dem sechs Nationen zugegen waren, fand 1976 in Konstanz statt. Erst am 15. Dezember 1981 wurde Voltigieren durch die FEI-Generalversammlung der Internationalen Reiterlichen Vereinigung als offizielle Sportart anerkannt. In Deutschland nimmt die Deutsche Reiterliche Vereinigung (FN) die Vertretung wahr bzw. die jeweilige Landeskommission des Pferdesportverbandes.

1990 fanden die Weltmeisterschaften erstmals im Rahmen der World Equestrian Games in Stockholm/SWE statt. Durch dieses Ereignis konnte sich das Voltigieren einem großen und vor allem auch internationalen Publikum als Leistungssport zur Schau stellen. Seitdem werden die Weltreiterspiele von der FEI im Vierjahres-Takt ausgetragen.

Insgesamt ist Deutschland die erfolgreichste Voltigiernation der Welt. Im Jahr 2009 waren insgesamt 1.157 Voltigiergruppen, 672 Einzelvoltigierer und 1.465 Longenführer bei der FN gemeldet. Die Einzelvoltigierer waren zu 89,4 % weiblichen Geschlechts.

Von alleine kommt der Erfolg auch in dieser Sportart nicht. „Wenn man einen Handstand auf dem Boden nicht kann, braucht man ihn auch nicht auf einem galoppierenden Pferd versuchen", stellt Vorberg klar. „Im Mittelpunkt dieses Sports stehen die Gesunderhaltung und Fitness von Mensch und Pferd", erklärt Kai Vorberg. Zum Beispiel mit Dehnübungen oder Krafttraining. Auch das Voltigierpferd wird methodisch aufgebaut und gymnastiziert.

Übung macht den Meister, in diesem Fall waren es ganz viele Übungen, die mit Kai Vorberg einen zweifachen Welt- und Europameister sowie achtfachen deutschen Meister hervorbrachten. Ganz klar, dazu muss man meisterlich topfit sein.

„Er zeigt mir seinen Trainingsplan von Juli 2005, da hat er Tagebuch geführt, wie er es immer gemacht hat, um sein Training zu kontrollieren und nachhalten zu können. Kurz nach dem gewonnenen internationalen Turnier in Bern: Laufen, Krafttraining, Spannungsprogramm, Dehnen auf dem Holzpferd, Trainieren mit dem damaligen Voltigierpferd Picasso und dann noch ab und zu Fußball oder andere Sportarten. In Spitzenzeiten trainierte Vorberg 6–8 Stunden täglich, nicht dazu gerechnet die Zeiten an Vor- und Nachbereitung. „Der innere Kampf im Sport kann manchmal ganz schön zehrend sein, bereitet einem aber am Ende immer viel Freude", weiß Vorberg. Irgendwie ist Kai Vorbergs Schicksal mit dem der Bundeswehr-Sportschule eng verbunden: Nach dem Abitur 2001 absolvierte Vorberg seine Grundausbildung bei der Bundeswehr und gehörte von Januar 2002 bis Oktober 2003 bereits selbst der Sportfördergruppe Warendorf an. Doch nach dem besagten Bandscheibenvorfall im Herbst

2010 musste er abrupt und unfreiwillig aus dem aktiven Sport ausscheiden, es war seine letzte Saison. Alle weiteren sportlichen Auftritte, so beim FEI-Weltcup Voltigieren, für den er Ideengeber war, wurden abgesagt. Und es war sprichwörtlich „ein Kreuz": Er musste operiert werden und danach in die Reha. Nach vielen Überlegungen – wie es weitergehen soll – verabschiedete sich der damals 30-Jährige aus dem Profilager beim CVIO im Rahmen des CHIO Aachen 2012. Für den deutschen Rekordmeister war das der perfekte Ort: Hier hatte er sich 2006 – im Mozartjahr – mit dem überragenden Triumph bei den Welttitelkämpfen zur Legende seiner Sportart gemacht.

„Er war Superstar. Er war populär. Er war so exaltiert. Amadeus Amadeus", schallt Falcos Hommage an Mozart aus den Lautsprechern, während Vorberg nun sogar seinen freien Radabgang dazu turnt – wir schauen uns gerade die damalige Aufzeichnung der Abschiedszeremonie an. Um ihm einen würdigen Abschluss zu bereiten, schwangen sich Legenden und engste Wegbegleiter aus seiner aktiven Zeit noch einmal auf den Pferderücken und trieben dem frisch gebackenen Pferdewirtschaftsmeister und zahlreichen Fans vor Rührung die Tränen in die Augen.

„Aachen war eine super schöne Gelegenheit, um Abschied zu nehmen – die Ränge der Halle waren voll bis zum Schluss", erzählt Vorberg. „Das war ein Gefühl. Im Sport sucht man solche Erlebnisse ... dann folgten viele emotionale Reden, es hat allen Spaß gemacht. Zunächst waren nur 20 Minuten angesetzt, daraus wurden 40 Minuten, und es herrschte eine Wahnsinnsstimmung. Die Nacht davor habe ich schlecht geschlafen und war sehr aufgeregt. Ich überlegte. Kannst du es noch? Mein spezieller Flugabgang war relativ kompliziert, diesen war ich seit dem Bandscheibenvorfall nicht mehr gesprungen. Und dann klappte es, reibungslos ..."

Vorberg, der auf Sir Bernhard RS von der Wintermühle und longiert von seiner langjährigen Begleiterin Kirsten Graf noch einmal seine komplette Mozart-Kür aus dem Jahr 2006 präsentierte, zeigte sich danach sehr erleichtert: „Da wusste ich: Du bist wirklich wieder gesund. Ich kann dich selbst ins Leben entlassen. Ein gutes Ende, ich habe meinen Frieden gefunden."

PORTRAIT

Wer gewinnen wollte, musste mich schlagen

Kai Vorberg gilt als einer der erfolgreichsten Voltigierer. Nach einer klassischen Reitausbildung in der Dressur wurde er mit 11 Jahren Voltigierer.

Zwischen 1995 und 1999 startete er in der Voltigiergruppe JRG Köln, mit der er zwei Silbermedaillen bei Deutschen Meisterschaften und eine Bronzemedaille bei den Europameisterschaften in Nitra gewann.

Ab 1997 startete Vorberg im Herren-Einzel und hat seitdem an allen Championaten (WM, EM, WEG) teilgenommen.

Von 1997 bis 2010 war Kai Einzelvoltigierer und wurde jedes Jahr für die Nationalmannschaft nominiert. Er war zweimal Weltmeister (2004 und 2006), zweimal Vize Weltmeister (2008, 2010), zweimal Europameister (2005 und 2007), viermal Vize Europameister (1997, 1999, 2001, 2009) und achtmal deutscher Meister (2001, 2003, 2004, 2005, 2006, 2008, 2009, 2010) sowie zehnmal rheinischer Meister. Insgesamt errang er zwölf Medaillen auf Welt- und Europameisterschaften (zweimal Bronze, sechsmal Silber, viermal Gold) und war über drei Jahre Führender der Weltrangliste.

2008 schloss er erfolgreich seine Bereiterlehre ab, Ende März 2012 bestand er die Prüfung zum Pferdewirtschaftsmeister. Vorberg war 10 Jahre als Cheftrainer der JRG Köln, Leiter der Voltigierabteilung und bis Ende 2011 auch Betriebsleiter des Reitbetriebs. Heute ist er bei der Deutschen Reiterlichen Vereinigung beschäftigt und arbeitet in der Abteilung Ausbildung und Wissenschaft.

Zudem unterstützt er die Voltigier-Bundestrainerin Ulla Ramge als Disziplin-Trainer Voltigieren und stellt neben eigenen Showauftritten, die er immer noch realisiert, sein Erfolgspferd Sir Bernhard RS vd Wintermühle auch anderen Voltigierern zur Verfügung.

ERFOLGE

Weltmeisterschaften	Gold:	2004, 2006
	Silber:	2008, 2010
	5.Platz:	1998, 2002
Europameisterschaften	Gold:	2005, 2007
	Silber:	1997, 1999, 2001, 2009
	Bronze:	1999 (Team), 2003
Deutsche Meisterschaften	Gold:	2001, 2003, 2004, 2005, 2006, 2008, 2009, 2010 (Team)[3], 2010[4]
	Bronze:	2002
Siege bei internationalen Turnieren (CVI)		
2005:	Saumur (FRA); Stadl Paura (AUT); Bern (SUI)	
2006:	Stadl Paura (AUT); München (GER)	
2007:	Saumur (FRA); Stadl Paura (AUT); Brno (CZE); Aachen (GER)	
2008:	Aachen (GER); Versailles (FRA); Saumur (FRA)	
2009:	Stadl Paura (AUT); Aachen (GER); Salzburg (AUT); Kiel (GER)	
2010:	Ermelo (NED); Wiesbaden (GER); Neeroeteren (BEL)	
Sieger der Stuttgart German Masters	2002, 2004 und 2005 im Doppel mit Nicola Ströh	

Helen Langehanenberg – Deutsche Meisterin, doppelte Vize-Europameisterin und Silber in der Mannschaftswertung bei den Olympischen Spielen London 2012

Helens
HOCHZEITSSUPPE

Longieren, Ausreiten und Gymnastikspringen lockern die vorherrschende Dressurarbeit auf. Soweit es das Wetter zulässt, gehen alle Pferde neben dem täglichen Training noch zusätzlich auf die Weide. Somit gibt es keinen Stehtag. Um 12.30 Uhr folgt die zweite Fütterung, abends um 18.00 Uhr gibt es je nach Bedarf noch Zusatzfuttermittel und Möhren.

„Wir kochen beide relativ selten", sagt Helen, es gibt auch mal Pommes. Wenn aber, dann selbst gemachte Hochzeitssuppe, ist heute das Stichwort. Denn genau an ihrem fünften Hochzeitstag passierte es: Mit einer nahezu fehlerfreien und dynamischen Vorstellung im Dressurviereck bescherte Helen Langehanenberg mit Damon Hill in Herning/Dänemark der deutschen Equipe zum ersten Mal seit acht Jahren – seit Olympia 2008 in Hongkong – wieder einen Mannschaftssieg in der Dressur bei einer EM.

Dabei war Langehanenberg mit ihrem Pferd ganz schön unter Druck, denn die Goldmedaille schien schon so gut wie verloren. „Ich habe schon gewusst, dass es knapp werden könnte, aber das hat mich nicht unter Druck gesetzt", berichtet die zierliche Reiterin. „In den letzten Jahren musste man sich regelmäßig durch die Niederländer und die Briten geschlagen geben." Doch nun machte die Dressurreiterin mit ihrem westfälischen Hengst Damon Hill am 22. August 2013 das Unmögliche mög-

Eine Hochzeitssuppe wird vom Hochzeitspaar und Gästen traditionell nach der Trauung eingenommen und bildet meist den Auftakt des Menüs bei der Hochzeitsfeier. Es ist zugleich Helens Lieblingsgericht. 2008 heiratete sie Sebastian Langehanenberg (geb. Heinze), den sie im Jahr 2000 kennengelernt hatte. Seit der Hochzeit im August 2008 trägt er ihren Nachnamen. Gemeinsam sind sie vor wenigen Wochen auf ihrer neuen Anlage in Billerbeck eingezogen. Da haben wir es und die Pferde schön, sagen sie.

Im neuen Stall warten 25 Pferde darauf, von Helen und Sebastian auf Turnieren vorgestellt zu werden. Der Tagesablauf ist klar geregelt: Um 7.00 Uhr gibt es im Dressurstall Frühstück. Dann wird den ganzen Tag trainiert.

lich. 83,693 Prozentpunkte hätte Langehanenberg für einen Sieg erzielen müssen, am Ende holte sie sogar 84,377. Deutschland siegte mit insgesamt 234,651 Prozentpunkten vor den Niederlanden (233,967) sowie Olympiasieger und Titelverteidiger Großbritannien (233,540).

Es war der beste Ritt meines Lebens, so die 31-Jährige, als sie von ihrem Pferd steigt. Langehanenberg weiß an diesem Tag gar nicht wohin mit ihrem Glück. Das EM-Gold am Hochzeitstag. „Ein irrer Tag", bringt es Langehanenberg auf den Punkt. „Damit hat mir ein irres Reitgefühl gegeben". Dami ist der Kosename für Damon Hill, der schon unter Ingrid Klimke so genannt wurde. Beide Senkrechtstarter – Reiterin und Pferd – haben bei Ingrid Klimke gelernt. „Den Namen hat er von den Besitzern", erzählt Langehanenberg: „Sie wollten für ein außergewöhnliches Pferd einen außergewöhnlichen Namen."

Helen und Sebastian Langehanenberg sind im Sommer 2013 auf ihre eigene Anlage nach Billerbeck umgezogen und betreiben dort gemeinsam einen Dressur- und Ausbildungsstall.

Wochen zuvor hatte ich mich mit Helen in Balve verabredet, unter besonderem Einsatz ihrer Büroleiterin Janina Weller – auf gut Deutsch „Mädchen für alles Wichtige". Wir treffen uns vor der Box bei Damon Hill. Minuten vorher hatte Langehanenberg gerade mit ihm den ersten Platz erritten beim Grand Prix Spezial (82,167 %) und den Tag davor ebenfalls den ersten in der Grand Prix Kür (87,400 %). „Balve ist liebevoll und familiär", strahlt Helen auf ihre frische und natürliche Art. Und ihre Mutter, die gerade mit in der Stallgasse steht, nickt.

Wir schauen in die Box von Damon Hill im Stall, er bekommt gerade extra Möhren. Und die hat er sich verdient. Der 1,65 m große, 13-jährige westfälische Hengst (Donnerhall – Rubinstein I) wurde gerade zum Pferd des Jahres gewählt. Und schon geht's um das Rezept für die Hochzeitssuppe, nach westfälischer Art, eine Variante, die traditionell aus Rindfleisch (Suppenfleisch) zubereitet wird. Das ganze Rezept hört sich kompliziert an, ist es aber nicht. Es braucht nur etwas Zeit, aber der Geschmack lohnt den Aufwand. Im Handel sind auch Fertigsuppen unter dieser Bezeichnung erhältlich, aber diese reichen nie ran an das herzhafte Original.

Das Rezept ist von Oma und Mama. „Hochzeitssuppe ist ein Grundnahrungsmittel bei uns", sagt sie. Ob ihr leichtes Gewicht hilfreich ist im Dressurviereck, frage ich. „Bestimmt", antwortet die frisch gebackene Deutsche Meisterin, 48 kg schwer und dazu das schöne Gewicht der Goldmedaille: „Ich kann bislang essen, was ich will, und

nehme zum Glück nicht zu." Dabei ist Helen ganz schön wählerisch – aber auch genügsam. „Ich mag eben Suppen." Dabei legt sie Wert auf eine fleischarme Ernährung. Unsere Hochzeitssuppe ist eine klare Suppe auf der Basis einer Fleischbrühe. Hochzeitssuppen variieren nach Land und Leuten und sind demnach regional unterschiedlich angereichert mit Kombinationen von Hühnerfleisch, Fleischklößchen, Markklößchen, Leberknödeln, Brätspätzle, Flädlestreifen, Spargelköpfen, Nudeln, Backerbsen, Schöberl oder Eierstich. Die türkische Hochzeitssuppe zum Beispiel heißt Düğün Çorbasi und basiert ebenfalls auf Rindfleischbrühe. Der Name rührt vom Auftakt des Hochzeitsmenüs, gefolgt vom kalt servierten Rindfleisch mit Remouladensoße, Silberzwiebeln und Gewürzgurken als zweitem Gang.

Für den Suppenfond nach westfälischer Art wird zunächst ein Topf mit ca. 2 Liter Wasser aufgesetzt, anschließend eine Beinscheibe darin für ca. 1 Stunde bei niedriger Hitze gegart. Dazu Porree, Möhren, Petersilie und den Sellerie als Suppenbeilage. Beinscheibe, wie das klingt, da muss man gleich an Knieschluss denken. Das Rindfleisch trübt die Brühe in heißem Wasser. „Betrüblich ist auch, was so in der Tierhaltung passiert", sagt Langehanenberg. „Deshalb ist mir Bio-Ware wichtig", sagt sie. „Ich bin für eine artgerechte Haltung, und das gilt auch für alle Tiere, ob sie nun gegessen werden oder nicht. Das gilt auch für Pferde – das sind nämlich Lebewesen und keine Sportgeräte", setzt sie gleich nach.

Für die Beinscheiben geht's daher auch zum Bio-Bauern. Die Beinscheibe nach einer Stunde herausnehmen und anschließend den entstandenen Fond durchpassieren. Dieser wird weiter genutzt, indem das Suppenhuhn ebenfalls eine weitere Stunde darin köchelt. Wenn sich Schaum bildet, diesen abschöpfen. Nach einer Stunde das Huhn herausnehmen.

Die körnige Masse, die sich an der Oberfläche des Fonds bildet, ebenfalls abschöpfen. Den Fond danach erneut passieren und mit Salz abschmecken. Das Fleisch von dem Huhn und der Beinscheibe abtrennen und kleinschneiden. Von dem fertigen Fond wird ein Teil in einen Extratopf gegeben und das Gemüse darin gedünstet. Für guten Geschmack ist auch frisches oder Tiefkühl-Gemüse wichtig, bitte keine Dosen verwenden.

Daraus wird nun eine Brühe mit ca. 4 bis 5 Liter Wasser gekocht. Später wird das Gemüse wieder herausgenommen, es kann mit etwas Zitronensaft gegessen werden. Dazu wird extra noch ein Blumenkohl bissfest gekocht. Auch kleine Suppennudeln können noch dazukommen.

Für den Eierstich 8 Eier, Milch, Salz und Muskat verquirlen. In einen Gefrierbeutel oder eine gebutterte Form (Glasschale oder Porzellanschale) geben und in einem Wasserbad gar ziehen lassen. Dies dauert ca. 30 bis 40 Minuten, dann ist der Eierstich schnittfest. In kleine Würfel schneiden und beiseitestellen. Darauf achten, dass die Form maximal bis zur Hälfte gefüllt ist, da der Stich aufgeht.

Zuletzt zur Zubereitung der Grießklöße. Dafür Milch aufwärmen mit Salz und Muskatnuss, aufkochen und den Grieß schnell einrühren. Aufpassen, da es schnell andickt. Zu einem Kloß abkochen und ein Ei zusammen mit Salz und Muskat unter die Masse heben. Aus dieser dann Klöße abstechen und in die Suppe geben. Die Hitze herunterstellen und die Bällchen darin ziehen lassen, bis sie an der Oberfläche schwimmen – dann sind sie gar.

Die einzelnen Zutaten nun zusammen in die heiße Brühe geben. Nicht mehr kochen, die frisch gehackte Petersilie dazugeben und sofort servieren. Fertig ist der Gaumenschmaus.

HELENS HOCHZEITSSUPPE

Zutaten (für 4 Personen)

Für den Fond:
1 kg Suppenhuhn
1 kg Beinscheibe oder Tafelspitz
1 Blumenkohl
1 Stange Porree
1 Bund Möhren
1 Bund Petersilie
einen halben Sellerie frisch
2 Liter Wasser
Salz
eventuell Brühwürfel
kleine Suppennudeln

Für den Eierstich:
2 Eier
ein Schuss kalte Milch
Backpulver
Salz, Muskat
1 Liter Wasser
Für die Grießklöße
1/4 Liter Milch
40 g Butter
3 EL Grieß
1 Ei
Salz, Muskat

Zubereitungszeit: ca. 60 Minuten

Nährwerte pro 100 g:

kj(kcal)	217 (52)
Eiweiß	4,3 g
Kohlenhydrate	1,9 g
Fett	3,4

EXKURS

Oft entscheiden im Sport über Sieg oder Niederlage nur Bruchteile von Sekunden oder in der Dressur auch nur Promillepunkte. Bei den Olympischen Spielen in London 2012 ging es in der Kür bei Helen Langehanenberg auch um ganz wenig und doch so viel.

In der zweiten Piaffe hatte sich ihr Pferd Damon Hill etwas groß gemacht, einen Flügelschlag, einen Hauch vielleicht. Der Flügelschlag eines Schmetterlings kann einen Tornado auslösen, heißt es. Man bezeichnet dies auch als Schmetterlingseffekt. Hier hat der Hengst vielleicht tief Luft geholt. Kleine Ursache, große Wirkung also. Lediglich 0,036 Prozent machten hier dann den Unterschied, der dann den beiden Einzelbronze kostete. Doch das belastete Helen nicht weiter. Das deutsche Team holte schließlich Silber.

Für die Deutschen bei den Olympischen Spielen ist die Disziplin Dressurreiten schon lange eine Erfolgsstory wie in keiner anderen Sportart. Das erste olympische Gold für die deutschen Reiter holte der Mecklenburger Carl Friedrich Freiherr von Langen. Zwischen 1964 und 2000 gewann die deutsche Equipe – mit zwei Unterbrechungen bei den Boykottspielen 1980 in Moskau sowie 1972 in München – immer Gold. Doch ist wohl nicht alles Gold, was glänzt. Olympische Goldmedaillen bestehen aus mindestens 92,5 % reinem Silber und sind eben „nur" mit mindestens sechs Gramm Gold vergoldet.

Olympische Spiele London 2012: Helen Langehanenberg mit Damon Hill

Und wie sieht es aus mit Bronze? Mit dem Sammelbegriff Bronze werden Legierungen mit mindestens 60 % Kupfer bezeichnet. In der Geschichte der Menschheit spielten vor allem Bronze (Kupfer-Zinn) und Messing (Kupfer-Zink) eine größere Rolle. Dazu gab es immerhin eine ganze Kulturepoche: Die Bronzezeit als Nachfolger der Kupferzeit, die ihrerseits die Jungsteinzeit ablöste, brachte Bronzewaffen, Gerätschaften, Schmuck – und auch Medaillen.

Kupfer wiederum ist auch ein Mineralstoff, der in der Ernährung zu den Spurenelementen zählt. Spurenelemente brauchen Pferd und Mensch nur in geringen Mengen und spielen doch ein wichtige Rolle. Der Tagesbedarf eines Menschen an Kupfer liegt bei 1½ bis 3 mg. Der Kupferbedarf ist bei Absatzfohlen und Zuchtstuten erhöht und wird mit 10 mg/kg Futtertrockenmasse und mehr angegeben.

Dabei ist der Kupfergehalt auf vielen Wiesen und im Heu oft zu niedrig. Das verfütterte Raufutter oder Getreide kann insbesondere zu wenig Kupfer enthalten, wenn es auf sandigen Böden gewachsen ist wie auch auf Marsch- oder Moorböden.

Kleine Ursache, große Wirkung: Kupfer ist bei Mensch und Tier für die Nerven-, Blut- und Pigmentbildung, des Weiteren für die Eisenaufnahme und für den Aufbau verschiedener Gewebe unentbehrlich. Unter anderem Haut und Haare profitieren von einer optimalen Kupferversorgung. Außerdem schützt Kupfer vor sogenannten freien Radikalen, unterstützt das körpereigene Immunsystem und ist an entzündungshemmenden

Vorgängen im Körper aktiv beteiligt. Da Kupfer die Knochenbildung beeinflusst, sollte der Kupfergehalt insbesondere bei trächtigen Stuten kontrolliert werden, um späteren Skelettproblemen beim Fohlen vorzubeugen.

Kupfer wird über den Magen-Darm-Trakt aufgenommen. Die Leber gilt als zentrales Organ beim Kupferstoffwechsel. In ihr wird Kupfer gespeichert und in kupferhaltige Enzyme eingebaut. Der Kupferstoffwechsel ist eng mit dem Eisenstoffwechsel verknüpft. Insbesondere bei sportlicher Belastung steigt der Bedarf an.

Wie alle Mineralstoffe muss auch Kupfer über die Nahrung aufgenommen werden. Gesunde Personen, die sich ausgewogen ernähren, decken ihren Bedarf an Kupfer jedoch in der Regel leicht und müssen nicht auf eine besondere Kupferzufuhr achten. Durch eine ausgewogene Mischkost, die neben Fleisch, und Fisch auch mal Nüsse, Innereien (Leber) oder Vollkorngetreide (Buchweizen) beinhaltet, ist eine ausreichende Kupferversorgung gewährleistet. Ein erhöhter Kupferbedarf besteht meist nur bei Vegetariern. Ein Kupfermangel tritt eher selten auf, zum Beispiel bei länger andauernder künstlicher Ernährung.

Kupfermangel kann sich beim Pferd unter anderem durch Haut- und Fellstörungen sowie Pigmentierungsstörungen bemerkbar machen. Beim Pferd wird der Mangel durch eine sogenannte „Kupferbrille" erkennbar: Hier verlieren die Pferde rund um ihr Auge die Pigmentierung, gegebenenfalls kann diese sogar bis zu den Nüstern reichen. Bei manchen Pferden wird auch am Fell des Tieres die Mangelerscheinung deutlich, besonders bei Dunkelbraunen und Rappen sind erhellte Stellen im Deckhaar gut sichtbar. Bei Füchsen hingegen treten häufig rosa gefärbte Stellen auf, die sowohl an sensiblen Stellen wie den Nüstern und Augen als auch zwischen den Hinterbeinen und unter dem

Schweif erkennbar sind. Um den Verdacht auf Kupfermangel zu belegen, empfiehlt sich ein großes Blutbild.

Kleine Ursache, große Wirkung: Die Dressurreiterin ist ziemlich entspannt, wenn es um Zufall geht. Wie ist die Laune bzw. Tagesform des Hengstes gerade? Oder die Umgebung und das Publikum? Und die eigene Konzentration? Ganz sicher ist bei Helen Langehanenberg und Damon Hill weiterhin nicht mit einem „Kupfer- bzw. Bronze-, Silber- oder Goldmangel" zu rechnen. „Der augenblickliche Erfolg zeigt, dass alles nicht so verkehrt sein kann", bestätigt die Dressurreiterin.

PORTRAIT

Es bleibt alles in diesem Viereck

Ob auf dem Pferd, während der grünen Saison auf Turnieren oder im Winterlager auf Lehrgängen und nun auch noch der Umzug auf die neue Anlage: Helen Langehanenberg ist ständig unterwegs, auf Achse oder auf dem Pferd. Reiten ist ihr Leben – und immer noch ihr Hobby, wie sie es selber beschreibt. „Ein Turnier ist für mich glatt Erholung", sagt sie in ihrer leichten und losgelassenen Art und Weise, wie sie auch zu Pferd unterwegs ist. „Im Viereck dann sind wir fast wie in Trance. Ich bekomme gar nichts mehr vom Publikum mit. Es bleibt alles in diesem Viereck."

Seit Mai 2011 ist Helen Langehanenberg, geboren am 21.05.1982 in Münster, Mitglied des A-Kaders der deutschen Dressurreiter. Große Worte oder Gesten liegen ihr nicht. Schon im Alter von 6 Jahren stand für die Lütte fest: Reiten ist mein Ding! „Meine Eltern haben irgendwann gedacht, okay, das Kind scheint es ja wirklich zu wollen", so Helen Langehanenberg. Nach ihrer Ausbildung bei Ingrid Klimke zur Pferdewirtin Schwerpunkt Reiten absolvierte sie ein 3-monatiges Stipendium bei Klaus Balkenhol, bei dem sie auch aktuell noch mit Erfolg trainiert.

Der Gewinn der Weltmeisterschaft 2005 mit „Damon Hill" war der erste Knall mit dem gekörten Sohn des Donnerhall. Im Jahr 2007 ging alles ziemlich flott, drei Bundeschampionatstitel an einem Wochenende und im folgenden Winter der Durchbruch mit Resi bis zum Grand Prix Special und der folgenden Kaderberufung sowie der Reserveberufung für die Olympischen Spiele in Hongkong. „Dieses Tempo hat selbst mir den Atem verschlagen. Wenn ich an die Olympischen Spiele in London denke", erinnert sie sich an den tollen Teamgeist und die hervorragende Stimmung: „Fantastisch, gewaltig, nicht zu toppen".

ERFOLGE

Jahr	Ort	Prüfung	Pferd	Rang
Olympische Spiele				
2012	London/GBR	Kür	Damon Hill	4.
2012	London/GBR	Mannschaft	Damon Hill	Silber
Weltmeisterschaften				
2013	Verden	Junge Dressurpferde (6j.)	Damon's Delorange	Silber
2013	Verden	Junge Dressurpferde (6j.)	Diamigo	6.
2011	Verden	Junge Dressurpferde	Damon's Divene	Silber
2008	Verden	Junge Dressurpferde	Silberaster	Bronze
2005	Verden	Junge Dressurpferde	Damon Hill	Gold
Europameisterschaften				
2013	Herning/DEN	Grand Prix Special	Damon Hill NRW	Silber
2013	Herning/DEN	Kür	Damon Hill NRW	Silber
2013	Herning/DEN	Mannschaft	Damon Hill NRW	Gold
2011	Rotterdam/NED	Grand Prix Special	Damon Hill NRW	8.
2011	Rotterdam/NED	Kür	Damon Hill NRW	8.
2011	Rotterdam/NED	Mannschaft	Damon Hill NRW	Silber

Jahr	Ort	Prüfung	Pferd	Rang
Deutsche Meisterschaften				
2013	Balve	Grand Prix Special	Damon Hill NRW	Gold
2013	Balve	Kür	Damon Hill NRW	Gold
2012	Balve	Grand Prix Special	Damon Hill NRW	Gold
2012	Balve	Kür	Damon Hill NRW	Gold
Aktuelle Erfolge (Auszug)				
2013	Aachen	CDIO Nationenpreis	Damon Hill NRW	1.
2013	Aachen	CDIO Grand Prix	Damon Hill NRW	1.
2013	Aachen	CDIO Grand Prix Special	Damon Hill NRW	1.
2013	Aachen	CDIO Grand Prix Kür	Damon Hill NRW	1.
2013	Göteborg/SWE	CDI-W Finale Grand Prix	Damon Hill NRW	1.
2013	Göteborg/SWE	CDI-W Finale Grand Prix Kür	Damon Hill NRW	1.
2013	Neumünster	CDI-W Grand Prix	Damon Hill NRW	1.
2013	Neumünster	CDI-W Grand Prix Kür	Damon Hill NRW	1.
2013	Amsterdam/NED	CDI-W Grand Prix	Damon Hill NRW	2.
2013	Amsterdam/NED	CDI-W Grand Prix Kür	Damon Hill NRW	1.
2012	Mechelen/BEL	CDI 5* Grand Prix	Damon Hill NRW	1.
2012	Mechelen/BEL	CDI 5* Grand Prix Kür	Damon Hill NRW	2.
2012	Stuttgart	CDI-W Grand Prix	Damon Hill NRW	1.
2012	Stuttgart	CDI-Weltcup Kür	Damon Hill NRW	1.
2012	Aachen	CDIO Nationenpreis	Damon Hill NRW	1.
2012	Aachen	CDIO Grand Prix	Damon Hill NRW	2.
2012	Aachen	CDIO Grand Prix Special	Damon Hill NRW	2.
2012	Aachen	CDIO Grand Prix Kür	Damon Hill NRW	1.
2012	s'Hertogenbosch/NED	Weltcup Finale Grand Prix	Damon Hill NRW	2.
2012	s'Hertogenbosch/NED	Weltcup Finale Kür	Damon Hill NRW	2.
2012	Neumünster	CDI-W Grand Prix	Damon Hill NRW	2.
2012	Neumünster	CDI-Weltcup Kür	Damon Hill NRW	1.
2012	Amsterdam/NED	CDI-W Grand Prix	Damon Hill NRW	2.
2012	Amsterdam/NED	CDI-Weltcup Kür	Damon Hill NRW	2.
2011	Odense/DEN	CDI 3* Grand Prix	Fürst Khevenhüller-Rhein	3.
2011	Odense/DEN	CDI-W Grand Prix	Responsible OLD	2.
2011	Odense/DEN	CDI-Weltcup Kür	Responsible OLD	2.
2011	Aachen	CHIO Grand Prix	Damon Hill NRW	1.
2011	Aachen	CHIO Grand Prix Special	Damon Hill NRW	1.
2011	Lingen	CDI 4* Grand Prix	Responsible OLD	1.
2011	Lingen	CDI 4* Grand Prix Kür	Responsible OLD	3.
2011	Lingen	CDI 4* Grand Prix	Damon Hill NRW	3.
2011	s'Hertogenbosch/NED	CDI 4* Grand Prix	Damon Hill NRW	3.
2011	s'Hertogenbosch/NED	CDI 4* Grand Prix Special	Damon Hill NRW	1.
2011	Neumünster	CDI-Weltcup Kür	Damon Hill NRW	3.
2010	Mechelen/BEL	CDI-W Grand Prix	Damon Hill NRW	3.
2010	Aachen	CHIO Grand Prix Kür	Responsible OLD	2.
2010	Lingen	CDI 4* Grand Prix	Responsible OLD	3.

Klaus Balkenhol –
Mannschafts-Olympiasieger
1992 und 1996 und
Deutscher Dressurtrainer

Anabel Balkenhol –
Zahlreiche nationale und in-
ternationale Platzierungen:
die zweite Generation
auf dem olympischen
Dressur-Parkett

Judith Balkenhol kennt
sich nicht nur mit
Kartoffelpuffern und Apfelmus
hervorragend aus ...

Der Apfel
FÄLLT NICHT WEIT VOM STAMM

Hinter jedem starken Mann steht eine starke Frau. Im Hause Balkenhol gibt es gleich zwei starke Frauen. Bei Familie Balkenhol in Rosendahl bin ich heute verabredet zum Braten, Schälen und Einkochen, es gibt nämlich Reibekuchen – auch Kartoffelpuffer genannt – mit selbst gemachtem Apfelmus. Äpfel und Pferde, das passt ja prima. „Die Apfelschalen sind immer für die Pferde", bestätigt mir sogleich Judith Balkenhol, während sie gerade für das Apfelmus schnippelt. Vom Wohnzimmer hat man einen Blick aufs Dressurviereck, wo ihr Ehemann gerade trainiert – und wo er sich sichtlich auch am wohlsten fühlt – nämlich auf dem Pferd.

Anabel „Belli" Balkenhol ist die zweite starke Frau in der Familie Balkenhol. Die Tochter des ehemaligen Bundes-trainers und Team-Olympiasiegers ist – ähnlich wie ihr Vater – eigentlich erst spät auf den olympischen Geschmack gekommen. Aber das ist ihr nicht so wichtig, egal ob man schon mit 20 zur Weltspitze gehört oder eben 20 Jahre später an seiner internationalen Reiterkarriere erfolgreich arbeitet. Dressurreiten ist olympische Disziplin, ausgetragen in der Klasse Grand Prix, Grand Prix Spezial und Grand Prix Kür. Diskutiert wird gerade in der Küche über eine eingängige Melodie für die nächste Kür ... Die Kür zur Musik ist ein Publikumsmagnet und wird immer bedeutender in allen Klassen.

„Du bist immer dann am besten, wenn du einfach ganz normal bist", lautet der Refrain der Punkrock-Band „Die Ärzte", über die wir gerade sprechen. „Ich freue mich über jeden fehlerfreien Ritt", bestätigt Belli Balkenhol. Und irgendwie ist damit auch Dablino angesprochen. Der Hannoveraner Dunkelfuchs ist trotz seines stattlichen Stockmaßes von 1,76 manchmal ein bisschen ein „Hasenfuß im Pulverfass". Aber mittlerweile viel ruhiger geworden. „Er lässt sich nicht mehr so leicht ablenken". Mit viel Geduld haben Vater und Tochter gemeinsam Dablino vom verstörten Youngster zum Grand-Prix-Star von Weltklasse ausgebildet. Die wichtigste Aufgabe war, das Vertrauen ihres Wallachs zu gewinnen. „Mit Druck geht gar nichts", sagt Anabel Balkenhol.

„Dein Spiegelbild ist anderen egal", geht der Ärzte-Song weiter. Das ehrlichste Spiegelbild ist dein Pferd – möchte man weitertexten. Diesbezüglich steht Belli auf vier festen Füßen – ganz im Zeichen der Familientradition durch und durch bodenständig in Sachen pferdegerechter Ausbildung nach klassischen Prinzipien. Der Apfel fällt eben nicht weit vom Stamm.

Szenenwechsel: Die sorgfältig geschnittenen Apfelwürfel landen gerade im Kochtopf in einem Sud aus Apfelsaft und Zucker. Doch das Rezept à la Balkenhol ist hier nicht zu Ende, sondern fängt hier gerade erst an. In der Küche wird jetzt über Heinos neue Rock-Interpretationen nachgedacht, so auch über die Coverversion „Junge wie Du wieder aussiehst", ebenfalls von den „Ärzten". Ein Lied über Aufstand und gesellschaftliche Zwänge.
Schnelle Hoffnung auf Erfolg kann ungeduldig machen, was sich nicht mit einer soliden und nachhaltigen Pferdeausbildung verträgt. „Junge Pferde werden oft wirtschaftlichen Zwängen geopfert, von Anfang an überfordert und dadurch zu schnell verbraucht", erklärte Klaus Balkenhol jüngst auf der Equitana während einer Lehrveranstaltung. Doch alles braucht seine Zeit. Junge Pferde brauchen eben ihre Zeit zur physischen und psychischen Entwicklung, so Balkenhol. Unser moderner Zeitgeist ist allerdings geprägt von Zeitmangel. Doch Naturgesetze und fundierter Erfolg lassen sich nicht immer mit Geld erkaufen.

Ganz klar: Wir sind gerade am Mus-Machen und am Mut-Machen und nicht am Mies-Machen. Von der Balkenhol'schen Denk- und Herangehensweise mit jungen Pferden können sich alle eine (Apfel-)Scheibe abschneiden. Dabei kochen die Balkenhols auch nur mit Wasser. Es gibt nämlich ein Rezept, das heutzutage in unserer schnelllebigen Gesellschaft etwas aus der Sichtweite geraten ist. Es ist das nötige Quäntchen an Zutat namens Geduld und Gefühl. Etwas „zubereiten", gleich ob beim

Kochen oder der Ausbildung einer Remonte, das ist die hohe Kunst der richtigen Dosierung mit Zeit, Maß und Spaß. Unser Apfelmus benötigt heute eben drei Minuten dreißig zum Kochen und dann noch mal dreimal so viel Zeit, um richtig durchziehen zu können und um zur „optimalen Tagesform" zu geraten.

Doppelt so viel Zeit benötigt bei Balkenhols das Dressurpferd zur Lösungsphase im Schritt. Vielleicht ist die Hohe Schule des Dressurreitens auch eine Form der Entschleunigung, die unserem hektischen Zeitgeist wohltuend entgegenwirkt. Viele Reiter und Pferdefreunde wirken auch erstaunlich jung geblieben. Wahrscheinlich ist die Beschäftigung mit dem Pferd auch wie eine Verjüngungskur ...

Die Kartoffelpuffer sind nun dran. „Wir holen Muskatnuss", sagt da Belli Balkenhol. „Wir brauchen Muskatnuss". Ich denke zunächst an eine legendäre Filmkochszene von Louis de Funès. Manche bereiten ja auch Kartoffelpuffer mit einer feinen Prise Muskatnuss zu. Davon darf es nicht zu viel sein und nicht zu wenig, nicht zu exaltiert und nicht zu spröde, wie in der Dressurreiterei. Kaum sichtbar und doch spürbar. Man darf von sich, seinem Pferd oder überhaupt in seinem Leben nicht zu viel verlangen, aber auch nicht zu wenig.

Nun geht es aber hier nicht um das Gewürz, sondern um eine ganz andere wichtige Zutat. Muskatnuss aber, genannt Nüsschen, das ist der Name vom Beistellpony von Rabauke. Die wichtigste Zutat überhaupt nicht nur im Pferdeleben – ein Begleiter. Der Geschmacksverstärker für alle Lebenslagen. Wir haben ja noch eine ganze Menge Äpfel, und das Minipony genießt so was wie lebenslanges Hausrecht und wird zur Verköstigung sogleich an Ort und Stelle in die Küche bugsiert.

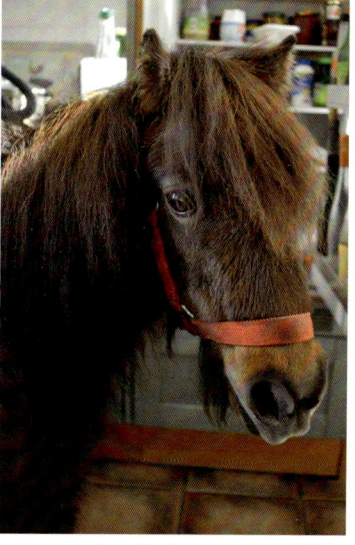

Pony Muskatnuss „inspiziert" den Kühlschrank der Balkenhols

Und schon sind wir beim nächsten Evergreen: „Klaus geh mal zur Tür. Es hat gebimmelt. Da steht ein Pferd auf dem Flur." Klaus Balkenhol kommt aber gerade selber aus dem Stall zur Tür herein mit Blick auf Minipony Muskatnuss und denkt nach. Mit Rabauke, der nunmehr im Pferdehimmel weilt, fing alles an. Und die Geschichte ist so besonders, weil die ganze Reiterfamilie besonders ist, derweil Nüsschen sich schon begeistert über die Apfelschalen hermacht.

Der Stoff, aus dem die Träume sind, fing eigentlich an mit einem Telefonanruf des Polizeireiters in Warendorf 1967 bei der Deutschen Reiterlichen Vereinigung. Klaus Balkenhol, der bis dahin unbekannte Dressurreiter, wollte mit seinem Düsseldorfer Streifenpferd Rabauke einmal zu einem Lehrgang eingeladen werden. Zuvor hatte der Polizeihauptmeister Klaus Balkenhol in seiner Freizeit seinem Polizeipferd schwierigste Lektionen der Hohen Schule beigebracht. Balkenhol stammte ursprünglich aus einem landwirtschaftlichen Betrieb. Um etwas Solides zu machen, war er zur Polizei gegangen und konnte hier sein Händchen für Pferde wunderbar einbringen. Während er seine Lektionen in Warendorf vorritt, kam die Überraschung: Der damalige Bundestrainer Willi Schultheiß war vom Vorreiten sehr angetan.

Durch ein Gesuch von Schultheiß an das Innenministerium wurde später erreicht, dass der Rheinländer nicht nur eine Förderung der Reiterlichen Vereinigung bekam, sondern auch, dass der damals 38-Jährige erstmals auf internationalen Turnieren weltweit in das Dressurviereck einreiten durfte. Bisher waren ihm, bedingt durch die Dienstordnung der Polizeistaffel, lediglich fünf Starts bei internationalen Wettbewerben innerhalb Deutschlands erlaubt. Der reiterlichen Karriere stand nun nichts mehr im Wege, sportlich ging es von nun an steil nach oben.

Steil nach oben geht es auch für unsere Kartoffeln auf der Julienne-Reibe – von Hand gerieben. „Am besten für Kartoffelpuffer sind mehlige Kartoffeln, diese haben in der Regel einen höheren Stärkegehalt", erklärt mir Frau Balkenhol, während sie ab und zu die Erinnerungen ihres Mannes an Rabauke komplettiert ...

Bekannte Kartoffelsorten sind Adretta, Aula oder Karlena. Auch vorwiegend festkochende Sorten wie Agria, Quarta oder Marabel kann man verwenden. Die Mühe der eigenen Zubereitung lohnt sich, denn selbst gemachte Kartoffelpuffer schmecken viel besser als tiefgekühlte Fertigprodukte. Reibekuchen sind ein traditionelles Bratgericht der deutschen, böhmischen und österreichischen Küche aus geschabten Kartoffeln und anderen Zutaten. Die Bezeichnung Kartoffelpuffer rührt von dem „puffenden" Geräusch des Kartoffelteigs beim Backen in heißem Fett. Vielfältig ist die Namensgebung für Kartoffelpuffer: Kartoffelplätzchen, Erdäpfelpuffer, Baggers, Bambes, Flinsen, Panneläppcher, Reiberdatschi, Erdäpfelpuffer, Dotsch, Rievkooche, Grommbierkischeljer, Grumbeerpannekuche, Kartoffelklitscher, Krumbirnpöngeli, Ballnklöß, Franzkung, Baggerla, Herdöpfelpuffer, Dädscha, Erdäpfelkrapferl, Härdöpfelchüechli oder Härdöpfeldätsch ...

Je nach Vorliebe kann man grobe oder glatte Kartoffelpuffer zubereiten. Für grobe Puffer werden die Kartoffeln in kleine Stifte gerieben, für glatte reibt man sie sehr fein. Je feiner die Reibe, desto mehr Wasser zieht die Kartoffel. Damit der Teig für die Reibekuchen nicht zu dünn wird,

Autor Andreas Frädrich schaut der Familie Balkenhol über die Schulter und erkundigt sich nach den Pferden und dem Essen.

muss man einen Teil des überschüssigen Wassers abgießen oder in einem Sieb ausdrücken. Frau Balkenhol spricht von „Trockenlegen". Allerdings verliert der Kartoffelteig durch zu festes Auspressen auch an Aroma. Für aromatische Kartoffelpuffer belässt man deshalb etwas Kartoffelflüssigkeit in der geriebenen Masse. Den Kartoffelteig vor dem Braten nicht lange stehen lassen, an der Luft wird er schnell braun. Darunter leidet auch der Geschmack. Zwiebeln pellen, ebenfalls fein reiben, mit Eiern, Mehl, etwas Pfeffer und Salz verrühren. Manche geben auch Eier, Mehl oder Haferflocken dazu. Oder Muskatnuss …

Genau: Wie war denn das nun mit Muskatnuss und Rabauke? „Rabauke war immer etwas eigenwillig und ohne Nüsschen ging gar nichts", erinnern sich die Balkenhols. Ursprünglich hatte er den Hannoveraner Wallach, der öfter kränkelte, beim Schmied entdeckt. Er war damals für 4.000 Mark als Zweieinhalbjähriger bei der Polizei in Düsseldorf angekauft worden. Ihm war sofort klar: „Der oder keiner!", so Balkenhol. Rabauke, nach Bundestrainer Willi Schultheiß der damalige Idealtyp eines Dressurpferdes, versah zum damaligen Zeitpunkt 1977 zusammen mit Klaus Balkenhol nach wie vor seinen normalen Dienst als Streifenpferd. Der Erfolg ließ auch nicht lange auf sich warten. Bereits 1979 wurde er auf seinem Polizeipferd Rabauke deutscher Vizemeister der Dressurreiter. Außerdem wurden sie mit der Equipe Mannschaftsmeister sowie Zweiter im deutschen Dressur-Derby. Darüber hinaus gehörte Klaus Balkenhol zum Kreis der Olympiamannschaft. 1979 war das Einsatzpferd Rabauke das erfolgreichste Pferd in der Weltrangliste Dressur.

Nach einer schweren Verletzung musste der Wallach mit 17 Jahren jedoch in den Ruhestand versetzt werden. Rabauke war seit längerer Zeit wegen einer Knieverletzung weder der Dauerbelastung des täglichen Reiterstreifendienstes noch den Belastungen des Spitzen-Dressursportes gewachsen. 1985 ging damit eine außergewöhnliche Pferdekarriere zu Ende. Als international erfolgreiches Dressur- und Polizeipferd wurde es vom damaligen Innenminister des Landes NRW in den Ruhestand versetzt und Klaus Balkenhol überlassen. Fortan stand „Rabauke" – zusammen mit seinem Spielkameraden Muskatnuss – auf einem Bauernhof im Münsterland und kam fast dreißigjährig in den Pferdehimmel.

Das Pony Nüsschen schaut mit großen Augen auf die restlichen Apfelschalen auf der Küchenarbeitsfläche. Währenddessen fängt Judith Balkenhol an, die Kartoffelpuffer zu braten. Dazu wird etwas Butterschmalz – man

kann auch Butter, Margarine oder Sonnenblumenöl nehmen – in einer großen Pfanne erhitzt und je ein großer Löffel Puffer-Masse ins heiße Fett gegeben. Frau Balkenhol nimmt Walnussöl. Das Bratfett für Kartoffelpuffer muss ganz heiß sein. Auf jeder Seite werden die Reibekuchen dann 3 Minuten gebacken – von beiden Seiten schön kross und knusprig braun. Am besten nicht mehr als drei Puffer gleichzeitig backen. Zeigt sich ein goldbrauner Rand, werden die Reibekuchen gedreht und bei mittlerer Temperatur fertig gebacken. Um die Fettmenge bzw. Kalorienzahl zu reduzieren, lässt man die Kartoffelpuffer auf Küchenkrepp abtropfen. Warmhalten kann man Kartoffelpuffer übrigens auch: bei ca. 100 Grad im Backofen.

Die Kartoffelpuffer sind nun zusammen mit dem Apfelmus servierfertig. Das soll nicht unter den Tisch fallen: Bei Balkenhols ist die ganze Belegschaft aus dem Stall mit großem Hallo zum gemeinsamen Essen gekommen. Reibekuchen sind einfach und lecker und geben Power. Muskatnuss ist derweil wieder in seiner Box – und träumt von ganz vielen Äpfeln …

KARTOFFELPUFFER MIT APFELMUS

Zutaten

1 kg geschälte Kartoffeln
1 Zwiebel
2–3 Eier (je nach Größe der Eier)
1 EL Kartoffelstärke (optional)
Öl, zum Braten, am besten ist Butterschmalz
1 Prise frisch geriebene Muskatnuss (optional)
frisch gemahlener, weißer oder schwarzer Pfeffer (optional)
1 Prise Salz
1 Glas (selbst gemachter) Apfelmus

Nährwerte pro 100g:

kj(kcal)	385 (92)
Eiweiß	2,6 g
Kohlenhydrate	19,6 g
Fett	0,2 g

EXKURS

Pferde + Äpfel = Pferdeäpfel. Hier fangen wir mal umgekehrt an, sozusagen von unten nach oben. Der Name Pferdeäpfel (auch Rossknödel) kommt daher, dass die einzelnen Kotballen in Größe und Form an einen Apfel erinnern. Pferde äpfeln alle 30 bis 120 Minuten, wobei sie – abhängig von der Fütterung – bis zu 50 Kilogramm Pferdeäpfel am Tag abgeben können. Dabei spielt Pferde-

mist in der Kreislaufwirtschaft eine bedeutende Rolle in der Lebensmittelgewinnung, nämlich als hochgeschätzter Dünger. Zu Zeiten der Pferdefuhrwerke und in der Nachkriegszeit gingen die Leute den Kutschen hinterher, um die Pferdeäpfel von der Straße einzusammeln. Heute wird Pferdemist im eigenen Garten vor allem als Rosendünger verwendet.

Äpfel als Saftfutter werden von Pferden gerne gefressen, trotzdem sollten Äpfel nur in geringen Mengen verfüttert werden. Für einen positiven Effekt mehr als zwei Stück pro Tag, höchstens jedoch zwei Kilogramm. Äpfel sind deshalb nur in geringen Mengen zu reichen, da die im Apfel enthaltenen Pektine (so wird der in der Frucht aufgebaute Vielfachzucker genannt) wasserunlöslich und unverdaulich sind. Große Mengen können wegen zu viel Säure Koliken verursachen. In der Pferdefütterung muss darauf geachtet werden, dass die Äpfel reif sind, keine faulen Stellen aufweisen und wurmfrei sind. Oberste Priorität hat eine erstklassige Qualität jeglicher Futtermittel, hierbei spielt es keine Rolle, ob es sich um Rau-, Kraft- oder Ergänzungs- und Saftfutter handelt. Äpfel sind sehr Vitamin-C-reich, die enthaltene Ascorbinsäure hilft bei chronischem Husten und beugt Infekten vor – bei Pferd und Mensch.

Genauso wie Pferde hat der Apfel eine hohe Symbolkraft. Als die Frucht schlechthin stehen Apfel und Apfelbaum in allen eurasischen Kulturen als Symbol für Erkenntnis und Entscheidung, Sexualität und Fruchtbarkeit, Leben und Reichtum. Der magische Apfel spielt in zahllosen Märchen, Mythologien und Ritualen eine Rolle. In Sagen und Legenden ist der Apfel dabei eine durchaus zwiespältige Frucht. Bei „Schneewittchen" birgt der Apfel dagegen den Tod. Eine andere Geschichte vom Apfelbaum ist die als Baum des ewigen Lebens. Tatsächlich galt auch im Mittelalter der Apfel seit früher Zeit als lebensverlängerndes Heilmittel. Der regelmäßige Verzehr von Äpfeln reduziert das Risiko an Herz- und Gefäßerkrankungen,

Asthma und Lungenfunktionsstörungen, Diabetes mellitus und Krebs zu erkranken. Äpfel sind zudem ein besonders guter Lieferant für Ballaststoffe.

Ganz anders die Vertreibung von Adam und Eva aus dem Garten Eden, in der Bibel erzählt: diese dürfte wohl auch unter einem Apfelbaum geschehen sein. Darauf könnte der lateinische Gattungsname „Malus" auch hinweisen, der gleichermaßen „Apfel und Obstbaum", aber auch „schlecht, böse, niederträchtig" bedeutet. Es wird angenommen, dass es sich bei der Frucht vom Baum der Erkenntnis von Gute und Böse, die Adam und Eva verbotenerweise aßen, um wie Gott zu werden, um einen Apfel handelte.

Die Saat der Zwietracht dieses Obstes geht noch weiter. Als „Zankapfel" bezeichnet man einen Gegenstand oder eine Tatsache, die zu einer Auseinandersetzung führt. Der Reichsapfel wiederum war ein Herrschaftszeichen in Form einer Weltkugel mit aufgesetztem Kreuz und symbolisierte die universale Reichsidee des Römischen Reichs. Die ursprüngliche Heimat des Kulturapfels liegt dabei wahrscheinlich in Asien. Heute gibt es allein in Mitteleuropa nahezu Tausend verschiedene Züchtungen. Das heutige größte Obstanbaugebiet in Deutschland ist das Alte Land entlang des südlichen Elbufers in Niedersachsen (übrigens ist hier auch Rabauke geboren!) und zum kleinen Teil auf Hamburger Landesgebiet liegend. Nach den verschiedenen Verwendungsmöglichkeiten unterscheidet man in Tafeläpfel, Kochäpfel (Kompott), Industrieäpfel (Marmelade, Apfelmus) und Mostäpfel (Saft, Wein).

„WIR WOLLEN EIGENTLICH NUR SCHÖN REITEN" – oder:
Ein Dressur-Menü in sechs Gängen

Dressurreiten als eine Disziplin des Pferdesports, bei der die natürlichen Veranlagungen des Pferdes durch gymnastische Übungen gefördert und verfeinert werden, entstand Ende des 19. Jahrhunderts aus dem Vergleich zwischen Offizieren und war, wie die meisten reitsportlichen Disziplinen, anfangs ausschließlich diesen vorbehalten. Das Reglement der seit 1912 olympischen Sportart geht auf die militärischen Anforderungen der Kavallerie zurück. Beginnend in der Antike bis in die Neuzeit, galt diese militärische Waffengattung als beherrschend. Dressurreiten hat das rittige Pferd zum Ziel,

das auf minimale Signale („Hilfen") hin zum exakten Ausführen einer gewünschten Aufgabe („Lektion") veranlasst werden kann.

Die dressurmäßige Ausbildung des Pferdes stellt nach wie vor die Grundlage jeder reiterlichen Betätigung dar und findet ihre Vollendung in der Hohen Schule. Frauen sind im Dressursport führend. Seit 2009 werden Männer und Frauen bei den Deutschen Meisterschaften gemeinsam gewertet. Dressurreiten ist eine der erfolgreichsten Sportarten, in der deutsche Sportler international antreten.

In den französischen Bezeichnungen der Hohen Schule wie Piaffe („piaffer" = tänzeln, stampfen) oder Pirouette („Pirouette" = „sich im Kreis drehen" oder „schnell seinen Standpunkt ändern") kommt die Pferdedressur im höchsten Schwierigkeitsgrad zum Ausdruck und wird deutlich: Französisch ist die internationale Reitersprache. „Die Hohe Schule soll keine Künstelei für sich sein, sondern das letzte Glied in einer Kette, die in ihren Anfangsgraden das für jede Art der Verwendung richtig vorbereitete Gebrauchspferd gibt", sagte mal der bedeutende Hippologe Gustav Rau. Ähnliches gilt auch für die französische Nationalküche (Cuisine française), der einflussreichsten Landesküche Europas. Vor „künstlichen Verzerrungen, die nichts als schlechter Zirkus sind", wird in beiden Disziplinen gewarnt. Spitzenköche und Reitkünstler zeichnet eine besonnene, beherrschte und konzentrierte Geisteshaltung aus.

Das Menü (im 19. Jahrhundert aus dem französischen Menu für „klein", „Kleinigkeit" entlehnt) bezeichnet in der Gastronomie eine Speisefolge, die aus mindestens drei Gängen besteht. Man spricht noch heute von einem Gang, weil zum Herbeibringen des neuen Gerichtes eines Menüs der Bedienstete jedes Mal einen neuen Gang machen musste.

Für die drei Grundgangarten des Reitpferdes – Schritt, Trab, Galopp – wird auf das räumliche und zeitliche Gleichmaß der Bewegungen Wert gelegt. Takt ist der erste Schritt bei der Grundschulung auf der Skala der Ausbildung mit dem Ziel der Durchlässigkeit. Beim Anreiten sorgt der Reiter dafür, dass das Pferd unter seinem Gewicht ins Gleichgewicht kommt, dass es lernt, geradeaus und auf gebogenen Linien in allen drei Grundgangarten geradegerichtet zu gehen sowie die Gewichts-, Schenkel- und Zügelhilfen des Reiters zu verstehen und die verschiedenen Lektionen auszuführen. Die Dressurausbildung ist die Grundlage aller Reitdisziplinen. Dressurreiten fördert und verfeinert die natürlichen Bewegungen des Pferdes und ermöglicht ihm, das Gewicht des Reiters optimal zu tragen, und trägt dadurch zur Gesunderhaltung des Pferdes bei.

Es gibt wichtige Regeln, die jeder Spitzenreiter – und jeder Starkoch – beherrschen muss. Zusammen mit Klaus Balkenhol servieren wir eine Art Sechsgänge-Menü mit besonderen Akzenten der pferdegerechten Ausbildung ...

1.GANG
Hors d'œuvre froid
LOSGELASSENHEIT

Losgelassenheit ist der zweite Punkt auf der Ausbildungsskala. Das Pferd strahlt idealerweise Zufriedenheit aus, keine Hektik in der Bewegung, der Schweif pendelt, ein selbstverständlicher, nicht übertriebener Schwung, ein entspanntes Schnauben. Bei Balkenhol beginnt die Lösungsphase mit Schritt in der Bahn am langen Zügel völlig gelassen und unaufgeregt. Oberste Maxime von Klaus Balkenhol ist, sich Zeit lassen und dem Pferd Zeit geben in der Lösungs- und Aufwärmphase. Das können auch schon über 20 Minuten Schritt sein. „Der Reiter muss sich dazu auch loslassen", erklärt Balkenhol. Wenn der Reiter verspannt ist, nimmt ein Pferd das sehr früh wahr. „Ein hochsensibles Pferd wie Dablino merkt das sofort", weiß der Reitmeister. „Lass dich locker, vorsichtig Schenkel anfallen lassen", ruft er in die Reithalle. Balkenhol ist für Losgelassenheit rundum im Körper. Nur ein Pferd, das psychisch und physisch entspannt ist, kann seine Leistungsbereitschaft und -fähigkeit erlangen. Ein Pferd, das sich innerlich und äußerlich loslässt, versorgt seine Muskeln, Sehnen und Bänder besser mit Sauerstoff. Ein verspannter Muskel kann kein Blut durchlassen und sich somit auch nicht schnell erholen. Muskel- oder Sehnenzerrungen und Gelenkschäden sind häufige Folgen.

Schritt ist die schwierigste Gangart: „Das Geheimnis des Annehmens liegt immer im Nachgeben", erklärt Balkenhol. Denn das ist nicht nur Motivation, sondern zugleich eine Maßnahme, das Pferd zu lösen, wenn man mit der lobenden Hand den Zügel vorgibt. „Dazu muss man das Pferd immer wieder loben!" Ein starker, raumgreifender Schritt, etwa nach einer Passage-Tour, zeigt später, ob ein Pferd übermäßig angespannt oder wirklich losgelassen ist. Wenn ein Pferd piaffiert, also auf der Stelle trabt, statt gehorsam zu halten, dann ist es verspannt, und nicht losgelassen.

„Das meiste habe ich vom reinen Zuschauen gelernt und aus Büchern – die habe ich förmlich verschlungen", verrät Klaus Balkenhol. Die Heeres-Dienstvorschrift Nr. 12 als die Grundlage der heutigen FN-Richtlinien in der Grundausbildung für Reiter empfiehlt im Kapitel 53 insbesondere bei Pferden mit Gebäudefehlern Übungen zur Losgelassenheit. Dazu zählen Longenarbeit, Freispringen, Leichttraben im Gebrauchstempo auf gebogenen Linien, des Weiteren Bodenrick- und Kletterübungen unter dem Reiter. Im Stall Balkenhol werden kleinere Gebäudefehler schon mal toleriert, wenn ein federndes, energisches Abfußen der Hinterhand gegeben ist.

2.GANG
Potage
GEFÜHL

Gefühl steht für die unterschiedlichsten Erfahrungen und Reaktionen und umfasst Angst, Ärger, Übermut, Freude oder Zuneigung. Das Gefühl des Reiters für Rhythmus und Bewegungsabläufe ist eine Sache des Einfühlungsvermögens, schnellen Reaktionsvermögens, der Konzentrationsfähigkeit und Sensibilität. Hier geht es um eine harmonische, vertrauensvolle und wirkungsvolle Verständigung zwischen Reiter und Pferd. „Anlehnung, Grundschwung, Takt – das alles muss man fühlen, um eine gute Einwirkung zu bekommen", berichtet Anabel Balkenhol. „Das, was man gibt, kriegt man wieder zurück", unterstreicht Klaus Balkenhol. „Die Pferde nehmen sich dazu die Freiheit. Nicht das Pferd hinzwingen, sondern einfühlen. Bei Pferden, die so ausschließlich unter Druck oder aus Missverständnissen heraus gearbeitet werden, ist schon der Schritt häufig nicht mehr in Ordnung. Niemals ein Pferd im Zorn zu behandeln ist für das Pferd die beste Lehre und Gewohnheit", plädiert Balkenhol. „Es ist etwas Unbedachtsames um den Zorn, sodass er oft etwas bewirkt, was man bereuen muss."
„Was ein Pferd alles so wahrnimmt, ist unglaublich", spricht Balkenhol weiter. „Gefühl ist, früher reagieren, was ein Pferd so will. Man lernt dazu, bis man selber Pferd ist", sagt er.

3.GANG
Hors d'œuvre chaud
VERTRAUEN

Um den Menschen verstehen zu können, muss das Pferd Vertrauen haben. Balkenhol spricht deswegen auch von Vertrauensdimensionen. Vertrauen ist die subjektive Überzeugung von der Richtigkeit, Wahrheit bzw. Redlichkeit von Handlungen, Einsichten und Aussagen eines

anderen oder von sich selbst (Selbstvertrauen). Die Stimme ist ein Mittel, um das Vertrauen des Pferdes zu erlangen. Vertrauen ist aber auch mehr als nur Glaube oder Hoffnung, es benötigt immer eine Grundlage, die „Vertrauensgrundlage". Vertrauen ist der Wille, sich verletzlich zu zeigen und hinzugeben. Gottvertrauen ist hilfreich, aber in der Reiterei nicht ausreichend. Schon der antike griechischer Politiker, Feldherr und Schriftsteller Xenophon (4. Jh. v. Chr.) wetterte gegen die Versklavung der Vierbeiner und lehnte Gewalt strikt ab, Belohnung dagegen war für ihn die wichtigste Ausbildungshilfe. „Immer wieder loben, lob ihn zwischendurch", lautet auch die Maxime von Klaus Balkenhol. „Das Pferd muss selber Freude an der Reitbahn haben, sonst wird dem Reiter nichts mit Anmut gelingen" – die verfassten Grundsätze über die Ausbildung des Pferdes sowie des Reiters haben bis heute Gültigkeit und müssen nicht verändert werden. „Die freie, natürliche Art, aus dem Stand anzutraben, zu galoppieren und im Galopp kontrolliert umzuspringen und dann wieder ruhig schwingend zu gehen – all dies gehört doch zur Schönheit des Pferdes", betont Klaus Balkenhol, „um sich herzugeben, benötigt es Vertrauen." Schon Xenophon forderte dazu auf, das Pferd als Partner zu sehen. Das Pferd müsse daher gut behandelt werden, damit man sich im Krieg und in Notsituationen – und heutzutage in technisch komplizierten Spring-Parcours oder im anspruchsvollen Vielseitigkeitsgelände – 100 % darauf verlassen kann. Dazu ist bedingungsloses Vertrauen erforderlich.

Vertrauen spielt bei Polizeipferden eine besonders große Rolle, wie bei denen, die Klaus Balkenhol sowohl auf Streife als auch im olympischen Viereck geritten hat. Ob Demonstrationen, randalierende Hooligans bei Fußballspielen oder auf Pferde abgezielte Feuerwerkskörper bei Castor-Transporten – die Pferde müssen entgegen ihres Fluchtinstinkts ihrem Reiter in Grenzsituationen vertrauen.

4.GANG
Pièce de résistance
DISZIPLIN

Als pièce de résistance (franz. = „Stück, das Widerstand leistet") wird in der klassischen Menüfolge der französischen Küche das Hauptgericht bezeichnet. Dieser Gang stellt die Krönung des Ganzen dar. Im übertragenen Sinne wird pièce de résistance auch im Sinne von „Kern, Herzstück, Hauptsache" oder für eine herausragende Leistung (vergleichbar dem „Meisterstück" oder „Aushängeschild") gebraucht. Es ist also doppelsinnig und eher im Sinne einer Herausforderung zu betrachten. Ein Pferd, das nicht am Zügel geht, leistet keinen Widerstand. Die Herausforderung liegt woanders, unter anderem auf dem Rücken des Pferdes.

Die Heeres-Dienstvorschrift beschreibt im Kapitel 14: An-diezügelstellen heißt, das Pferd derartig von hinten nach vorn heranschieben, dass im Halten sowohl im Gang zwischen Reiterhand und Pferdemaul eine unbedingt sichere, wenn auch leichte Verbindung hergestellt ist. „Diese Vorschrift hat nichts an Aktualität verloren", erläutert Klaus Balkenhol. Anlehnung ist der Punkt 3 in der Ausbildungsskala: Dies ist das Ergebnis der richtig entwickelten Schubkraft.

„Einmal energisch werden, aber nicht so doll!", ruft Klaus Balkenhol manchmal seiner Tochter zu, wenn sie gerade mit Dablino arbeitet. Das ist die Kunst: Das Maß zu finden zwischen konsequentem Fordern von Disziplin, aber zugleich freundlich zu bleiben und zu verstehen, wenn etwas gerade nicht klappen kann. „Dressur ist Disziplin", sagt Klaus Balkenhol. Aber eben auch Liebe, Hingabe und Verständnis für den Partner Pferd.
„Der fehlerhaften Neigung der meisten Reiter, zu viel mit den Händen und zu wenig mit den Schenkel- und Gewichtshilfen einzuwirken, muss energisch entgegengetreten werden", betont Klaus Balkenhol. „Wenn man das Pferd tiefer einstellt und es kommt dabei etwas hinter die Senkrechte, ist das nicht schlimm. Wichtig ist, dass das Verhältnis zwischen Hals und Rücken stimmt. Wenn ein Pferd aber mit Hilfszügeln und scharfen Gebissen sehr eng geritten und der Kopf über eine längere Phase gewaltsam tief-, eng- und teilweise zusätzlich seitwärtsgezogen wird, dann entspricht das nicht der artgerechten Ausbildung des Pferdes."

5.GANG
Entremet de fromage
GYMNASTIZIERUNG

Man kann sich streiten, ob Käse vor oder nach dem Dessert kommt. Auf jeden Fall soll Käse den Magen schließen. In der Dressur kommt es zur Abrundung des Gesamtbildes auf die ehrliche Gymnastizierung des ganzen Pferdekörpers an. Der berühmte Reitlehrer Pluvinel verglich im 17. Jahrhundert die „natürliche Anmut" des gewaltfrei gerittenen Pferdes mit dem „Blütenduft der Früchte". Sollte dieser sich einmal verflüchtigen, ist er nie wieder zu erlangen. Die Anmut des Pferdes ist gebrochen. Pluvinel vertrat die Ansicht, dass alle Reitfiguren nur ein Herausarbeiten der natürlichen Bewegungen des Pferdes seien, die durch die Reiterei ausdrucksvoller gestaltet werden sollten. „Und nicht dieses Drücken, Pressen und Ziehen, um etwas Graziles, Harmonisches zu erzeugen", ergänzt Klaus Balkenhol.

Grundsätzlich steht die professionelle, artgerechte und pferdeschonende Gymnastizierung im Vordergrund. Nur ein gut durchgymnastiziertes und durchlässiges, also auf alle Hilfen gut reagierendes Pferd kann ein zuverlässiger, leistungsfähiger und gesunder Partner im Sport werden. Die freie, natürliche Art, aus dem Stand anzutraben, zu galoppieren und im Galopp kontrolliert umzuspringen und dann wieder ruhig schwingend zu gehen – all dies gehört doch zur Schönheit des Pferdes.
Ein Pferd für kurze Zeit auch mal rund zu stellen, also den Hals herunterzunehmen, um den Rücken zu heben, das kann als gymnastische Übung sinnvoll sein. Das Dressurpferd wird in der Reitkunst als künstlerisches Medium verstanden, das es optimal in Szene zu setzen gilt. Dabei soll der Reiter eine untergeordnete, unauffällige und gute Figur machen und das Pferd mit unsichtbaren Hilfen steuern. Bei der Ausbildung der Reitpferde müssen die natürlichen Anlagen der Pferde berücksichtigt und gefördert werden. Einem Sechsjährigen eine Phase der Versammlung bis hin zum Beginn von Piaffe und Passage abzuverlangen ist kein Problem, wenn der Muskel- und Sehnenapparat des jugendlichen Sportlers durch systematische, aber schonende Gymnastizierung darauf vorbereitet worden ist.
„Die gute klassische fundierte Reiterei ist auf jeden Fall die bessere", so Klaus Balkenhol: „Aggressives Reiten hat sich überholt. Zwar hat es im Laufe der Geschichte immer Übertreibungen und Auswüchse gegeben – die richtlinienkonforme Reiterei hat sich über Jahrhunderte bewährt."

6.GANG
Dessert
GRAND PRIX SPÉCIAL

Der Grand Prix Spécial ist die schwerste internationale Dressurprüfung. Ein Pferd, das sich in allen drei Gangarten versammeln lässt, hat das Ziel der Ausbildungsskala erreicht, nämlich die höchste Stufe der Durchlässigkeit. Hier beweist sich der reelle Ausbildungsstand. „Je höher die Versammlung, desto schwieriger für ein Pferd", weiß Klaus Balkenhol. „Und umso mehr Zuspruch ist erforderlich."

Anabel Balkenhol ritt bereits in den 1990er-Jahren auf Grand-Prix-Niveau, ihren ersten Grand Prix bestritt sie bereits im Alter von 22 Jahren. Mit ihrem Pferd Dablino schaffte sie im Juli 2010 den Sprung von Platz 133 auf Platz 16 der Weltrangliste. Aufgrund der erreichten Erfolge wurde sie für die Weltreiterspiele 2010 in Lexington nominiert. Seit 2011 ist sie Teil des A-Kaders (Championatskaders) der deutschen Dressurreiter. Bei den Olympischen Spielen 2012 war sie mit Dablino zum ersten Mal Teil der deutschen Olympiamannschaft. Damit tritt sie in die Fußstapfen – oder soll man sagen – in den Hufschlag ihres Vaters.

Der fiel als Reiter in Polizeiuniform schon damals durch sein feines Reiten auf und wurde schließlich mit seinem Polizeipferd Goldstern bei den Olympischen Spielen 1992 und 1996 weltberühmt. „Ein Leben ohne Pferd kann ich mir gar nicht vorstellen", erinnert sich Klaus (eigentlich Nikolaus) Balkenhol zurück an die allerersten Anfänge. Der Polizeihauptmeister, der schon seit seiner Jugend immer ein Herz für Pferde und den Reitsport hatte und das Nützliche mit dem Angenehmen verband, träumte anfangs nie von einer internationalen Karriere im Sattel. Dabei ist der Polizist ein echter „Überzeugungstäter". Im Jahre 1981 besichtigte Klaus Balkenhol gemeinsam mit seinem Chef in der Remonteabteilung der Reitschule Köln „rein interessehalber" die dortigen Neuzugänge. Balkenhol war sofort klar, dass in „Goldstern" ganz besondere Qualitäten schlummerten. „Er ist zwar ein kleines Pferd, kann aber mal ein ganz Großer werden", hieß es. Es war Liebe auf den ersten Blick. „Ein Flegel mit enormem Ehrgeiz und Leistungsbereitschaft", charakterisiert Balkenhol seinen damaligen Schützling. So kam Goldstern zur Düsseldorfer Reiterstaffel. Das Land NRW kaufte den Wallach Goldstern – für knapp 7.000 Mark. Trotz intensiver Ausbildung gingen die ersten Prüfungen mit Goldstern total in die Hose, weil er „temperamentmäßig auch nicht ganz einfach war."

In geduldiger Kleinarbeit – peu à peu – wurde der Westfale in den folgenden Jahren mit der Hohen Schule der Dressur vertraut gemacht und behutsam an neue Lektionen herangeführt. Als Dienstpferd gingen anfangs beide aber auch auf Streife bei Rosenmontagszügen und Heimspielen der Fortuna. 1989 errang das Duo dann die ersten Grand-Prix-Siege. Die Erfolge lockten schnell Interessenten. Doch der Polizeipräsident in Düsseldorf wurde auch bei einer Kauf-Offerte von 400.000 Mark nicht schwach. Zehn Jahre hat es gedauert, bis Goldstern und Balkenhol zum ersten Mal deutscher Meisterwurden. Ein Spitzenpferd, wie sich herausstellen sollte. Goldstern wurde zum Goldstück, denn den größten Erfolg feierten sie 1992 bei der Olympiade in Barcelona: Gold mit der Mannschaft, Bronze in der Einzelwertung.

Fünfmal wurde Klaus Balkenhol Deutscher Meister. Nach den Olympischen Spielen 1996 in Atlanta, wo er mit dem westfälischen Wallach zum Gold-Team gehörte, übernahm der gebürtige Westfale den Posten des Bundestrainers der deutschen Dressurreiter. 1999 wurde der Fuchswallach, 18-jährig, endgültig aus dem großen Sport verabschiedet. Das Polizeipferd „Goldstern" hatte seinem Namen alle Ehre gemacht. Während seiner Trainerzeit, die vier Jahre später nach den Olympischen Spielen von Sydney endete, gewannen die deutschen Mannschaften vier Goldmedaillen bei Championaten sowie zweimal Einzel-Gold und zweimal Einzel-Silber. 2001 bis 2008 trainierte Klaus Balkenhol das US-amerikanische Dressurteam, wiederum mit großem Erfolg.

Verständnis fürs Pferd und Horsemanship – das macht Klaus Balkenhol aus. Seinen Erfahrungsschatz gibt er an die nächste Generation weiter. Vor allem seine Tochter Anabel und so erfolgreiche Reiter-Amazonen wie Nadine Capellmann, Laura Bechtolsheimer und Helene Langehanenberg sowie diverse vielversprechende Nachwuchsreiter betreut der Dressurausbilder. Die klassische, pferdegerechte Ausbildung von Reitern und Pferden bleibt ihm eine echte Herzensangelegenheit.

KLAUS BALKENHOL – SEINE WICHTIGSTEN ERFOLGE ALS REITER

1979	Deutscher Vize-Meister mit Rabauke
1988	Europameister der Polizeireiter
1990	deutscher Vize-Meister mit Goldstern
1991	Mannschafts-Europameister und Vize-Europameister Kür (Einzel) mit Goldstern, deutscher Meister mit Goldstern
1992	Mannschafts-Olympiasieger und olympisches Einzel-Bronze in Barcelona mit Goldstern, deutscher Meister mit Goldstern
1993	Mannschafts-Europameister mit Goldstern, deutscher Meister mit Goldstern
1994	Mannschafts-Weltmeister und Vize-Weltmeister Einzel/Kür mit Goldstern
1995	deutscher Meister mit Goldstern, Mannschafts-Europameister und 6. Platz in der Einzelwertung mit Goldstern
1996	Mannschafts-Olympiasieger und 6. Platz in der Einzelwertung mit Goldstern
1993 bis 1996	Außerdem rund 90 nationale und internationale Siege und Platzierungen (Grand Prix, Grand Prix Special, GP-Kür) mit den Pferden Goldstern, Ehrengold, Laudatio, Gracioso und Garcon.
Auszeichnungen	
1992	Silbernes Lorbeerblatt
1992	Bambi
2011	Reitmeister

Klaus Balkenhol, Olymische Spiele Barcelona 1992

ANABEL BALKENHOL — IHRE WICHTIGSTEN ERFOLGE

2013	Bronze im Grand Prix Special Deutsche Meisterschaft in Balve mit Dablino
	Diamonds Forever bestes Pferd im Finale beim Dressur-Derby in Hamburg
	1. Platz Grand Prix, 1. Platz Grand Prix Special Dressur-Derby in Hamburg mit Dablino
	2. Platz Grand Prix, 3. Platz Grand Prix Special CDI*** in Hagen a.T.W. mit Dablino
	2. Platz Grand Prix, 2. Platz Grand Prix Special Meggle Championat inDortmund mit Dablino
2012	1. Platz Grand Prix, 1. Platz Grand Prix Special German Masters in Stuttgart mit Dablino
	1. Platz Grand Prix, 1. Platz Grand Prix Special CDI in Donaueschingen mit Dablino
	1. Platz Grand Prix, 1. Platz Grand Prix Special Turnier der Sieger in Münster mit Dablino
	Deutsche Einzelreiterin Olympische Spiele in London mit Dablino, Platz 19 in der Einzelwertung
	4. Platz Grand Prix CDIO in Aachen mit Dablino
	2. Platz Grand Prix, 3. Platz Grand Prix Special CDI in Hagen a.T.W mit Dablino
	2. Platz Grand Prix Kür CDI in Dortmund mit Rubins Royal
2011	7. Platz Grand Prix, 4. Platz Grand Prix Kür CDI**** in Aachen mit Rubins Royal
	Bronze Grand Prix Special, 4. Platz Grand Prix Kür Deutsche Meisterschaft in Balve mit Dablino
	1. Platz Grand Prix, 1. Platz Grand Prix Special mit Rubins Royal, 2. Platz Dressur-Derby CDI**** Hamburg
	2. Platz Grand Prix, 2. Platz Grand Prix Kür mit Rubins Royal; 5. Platz Grand Prix, 5. Platz Grand Prix Special mit Dablino CDI**** Lingen
	3. Platz Grand Prix, 7. Platz Grand Prix Kür mit Rubins Royal; 2. Platz Grand Prix, 3. Platz Grand Prix Special mit Dablino CDI*** Hagen a.T.W.
2010	Bronze (Mannschaft) WM Lexington/USA mit Dablino
	8. Platz (Grand Prix Special) WM Lexington/USA mit Dablino
	13. Platz (Grand Prix Kür) WM Lexington/USA mit Dablino
	8. Platz Grand Prix, 8. Platz Grand Prix Special mit Dablino CDIO*****, 8. Platz Grand Prix, 4. Platz Grand Prix Kür mit Rubins Royal CDI**** Aachen
	Silber Grand Prix Special, 6. Platz Grand Prix Kür Deutsche Meisterschaft Münster mit Dablino
	2. Platz Grand Prix, 2. Platz Grand Prix Special mit Dablino; 4. Platz Grand Prix, 4. Platz Grand Prix Kür mit Rubins Royal CDI**** Fritzens-Wattens/AUT
	5. Platz Grand Prix, 5. Platz Grand Prix Kür mit Rubins Royal; 3. Platz Grand Prix, 4. Platz Grand Prix Special mit Dablino CDI**** Lingen 2. Platz Grand Prix Special CDI*** München mit Dablino
	4. Platz Grand Prix, 7. Platz Grand Prix Special mit Dablino; 9. Platz Grand Prix, 7. Platz Grand Prix Kür mit Rubins Royal CDI*** Hagen a.T.W.
2009	3. Platz Grand Prix Kür, 2. Platz Grand Prix mit Rubins Royal; 5. Platz Grand Prix, 10. Platz Grand Prix Special CDI***** Stuttgart mit Dablino
	1. Platz Finale Mediencup mit Dablino,1. Platz Grand Prix *** mit Dablino, 4. Platz Grand Prix Kür CDI**** Münster mit Rubins Royal
	2. Platz Nachwuchspferde-Grand Prix (Mediencup-Qualifikation) CDN Mönchengladbach-Wickrath mit Dablino
	5. Platz Grand Prix, 6. Platz Grand Prix Kür CDI**** Lingen mit Easy
	1. Platz Nationenpreis CDIO*** Saumur/FRA mit Easy3. Platz Grand Prix, 3. Platz Grand Prix Kür CDN Münster mit Easy

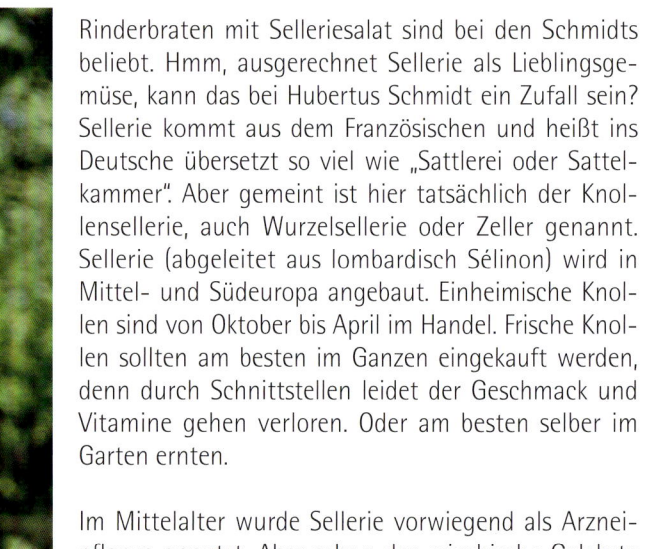

Rinderbraten mit Selleriesalat sind bei den Schmidts beliebt. Hmm, ausgerechnet Sellerie als Lieblingsgemüse, kann das bei Hubertus Schmidt ein Zufall sein? Sellerie kommt aus dem Französischen und heißt ins Deutsche übersetzt so viel wie „Sattlerei oder Sattelkammer". Aber gemeint ist hier tatsächlich der Knollensellerie, auch Wurzelsellerie oder Zeller genannt. Sellerie (abgeleitet aus lombardisch Sélinon) wird in Mittel- und Südeuropa angebaut. Einheimische Knollen sind von Oktober bis April im Handel. Frische Knollen sollten am besten im Ganzen eingekauft werden, denn durch Schnittstellen leidet der Geschmack und Vitamine gehen verloren. Oder am besten selber im Garten ernten.

Im Mittelalter wurde Sellerie vorwiegend als Arzneipflanze genutzt. Aber schon der griechische Gelehrte und Arzt Hippokrates erkannte in der Antike die Heilwirkung, unter anderem dass Selleriesaft einen zu hohen Blutdruck senken kann. Bei Pferden ist das mit der Gesundheit und Sellerie so eine Sache. Manche schwören mit wenig Sellerie als Pferdeleckerli als Hilfe bei Hufrehe. So manches andere Pferd reagiert aber auch mit Kolik. Daher sollte man beim Füttern auch sehr vorsichtig sein!

Und so geht der Schmidt'sche Selleriesalat mit der gesunden Wirkung für das leibliche Wohl des Menschen: Am Vortag wird die Sellerieknolle in Salzwasser bissfest gegart und dann kalt gestellt. Am nächsten Tag wird (nachdem der Rinderbraten schmort und die Kartoffeln kochen) die Sellerieknolle jetzt erst geschält und in kleine Würfel geschnitten. Eine halbe Zwiebel wird zerkleinert, mit Salz, Pfeffer, einem Pflanzenöl der Wahl und Essig angerührt. Dann werden die Selleriewürfel zugegeben, dass Ganze knapp zwei Stunden ziehen lassen.

Rinderbraten
UND SELLERIESALAT

Hubertus Schmidt – Reitmeister, Mannschafts-Olympiasieger, Welt- und Europameister in der Dressur

Nun der Rinderbraten. Hubertus Schmidt züchtet eigene Highland-Rinder. Das Fleisch besitzt nur 30 % des Fettgehaltes des Fleisches normaler Rinder und nur 75 % des Cholesterins, dafür aber mehr Eiweiß. „Eigenes Rindfleisch schmeckt nicht nur besser", erzählt Hubertus Schmidt, „sondern ist auch besser – es ist nicht zäh und vor allem ohne Medikamente. Alles nur mit Gras ..."

Ein Highland-Rind wächst wesentlich langsamer, das Fleisch ist reifer, hat einen geringeren Wasseranteil, was sich bei der Zubereitung, beim Braten bemerkbar macht. So behält das Fleisch seine Konsistenz und schrumpft nicht zusammen. Diese besonders hohe Qualität des Fleisches lässt sich durch die besondere Haltung der Tiere erklären. Das Fleisch stammt von Tieren, die sehr langsam herangewachsen sind – ein Highland Cattle benötigt bis zur Schlachtreife 3 bis 4 Jahre.

„Wichtig ist, dass das Fleisch gut abhängt", erklärt Hubertus Schmidt. Es sollte mindestens eine Woche hängen, damit es zarter und mürber wird. Besser sind sogar zwei oder sogar drei Wochen. Als Bratenstück eignet sich besonders die Lende, die auch erstklassige Steaks liefert.

Hubertus Schmidt: Hier kocht der Chef noch selbst.

RINDERBRATEN UND SELLERIESALAT

Zutaten (für 4 Personen)

*2–3 kg Rinderbraten
(gut abgehangen)
2–3 Zwiebeln
1 Sellerieknolle
Kartoffeln nach Bedarf
Salz und Pfeffer
2 Esslöffel Schmand oder
Crème fraiche
1 Tasse Rotwein
Olivenöl oder ein anderes
(z.B. Walnussöl)
Essig*

Den Backofen auf 200 °Grad, Umluft 180° Grad, vorheizen. Der Rinderbraten wird in einen Bratentopf gegeben und in etwas Öl von allen Seiten angebraten. Danach mit Salz und Pfeffer würzen und Zwiebeln gewürfelt hinzugeben. Wenn die Zwiebeln anbräunen, wird eine Tasse Wasser dazugegeben. Danach lässt man den Braten ca. 2 bis 2 ½ Stunden schmoren. Das Fleisch muss komplett bedeckt sein, notfalls etwas Rotwein oder Wasser nachgießen. Nach 2 Stunden wird eine Tasse Rotwein dazugegeben. Zwischendurch können die Salzkartoffeln zum Kochen gebracht werden. Ist der Braten gar, wird er herausgenommen und in dünne Scheiben geschnitten.
Der Bratensaft wird durch ein Sieb gegossen und mit Schmand oder Crème fraiche angedickt. Nach Bedarf würzen oder mit Rotwein abschmecken. Und fertig ist der Sonntagsbraten. Wenn nicht gerade Turniertag ist ...

EXKURS

Aus Hubertus Schmidts Küche kann man ins Altenautal und direkt die Weiden überschauen. Man sieht seine Pferde und etwas weiter stehen seine Hochlandrinder, auch Highland Cattle oder Kyloe genannt (schottisch-gäl. Bò Ghàidhealach „gälisches Rind"). Hochlandrinder gelten als gutmütig, robust und langlebig, sie eignen sich für die ganzjährige Freilandhaltung, kalben leicht und viel und ohne menschliche Hilfe. „Wenn die Kühe kalben, muss man zusehen, gleich am ersten Tag Kontakt zu haben", erzählt Schmidt, „sonst bekommt man die nicht mehr eingefangen."

Seinen Ursprung hat das Highland Cattle im Nordwesten Schottlands in den Hochlandmooren. Die Rasse gilt als Robustrind, aufgrund der windigen Begebenheiten und seinen niedrigen Ansprüchen. Diese Rinder benötigten auch im tiefsten Winter keinen Stall. Die Tiere verbringen ihr gesamtes Leben in der natürlichen offenen Weidehaltung.
Die Weidefläche wird pro Kuh mit einem Kalb auf etwa einem Hektar gerechnet – eine ähnliche Faustformel wie bei Pferden. Hochlandrinder eignen sich besonders für extensive Weidebewirtschaftung. Eine Mischbeweidung mit Pferden und Rindern ist besonders vorteilhaft, da sich beide Tierarten in ihrem Grasungsverhalten ergänzen. Bei abwechselnder Beweidung verbleiben kaum Weidereste und die Grasnarbenauflockerung und Bodenverdichtung ist weniger stark. Zudem kann der Parasitendruck vermindert werden. Pferde ergänzen sich mit Rindern und sind in der Lage, den Parasitenbefall der jeweils anderen Tierart zu senken. Die eine oder andere Wurmkur kann so auf natürlichem Wege gespart werden …

Im fliegenden Wechsel zu Hubertus Schmidt

Was macht ein Mannschafts-Olympiasieger, Weltcup-Sieger, vielfacher Meister der Deutschen Berufsreiter, Pferdewirtschafts- und Reitmeister, zudem einer der erfolgreichsten Dressurausbilder, eben mal schnell, wenn er nach Hause kommt? Spaghetti mit Thunfischsoße! Nach dem Turnier gibt es also Thun. „Das ist ausgesprochen lecker", sind sich Doris und Hubertus Schmidt einig. Sie sucht eine Dose Thunfisch, derweil er das Wasser für die Nudeln zum Kochen aufsetzt.

Im Altenautal, den Ausläufern vom Sauerland, gelegen beim ostwestfälischen Borchen-Etteln unweit von Paderborn, wird nicht nur auf kleiner Flamme geköchelt. Hu-bertus Schmidt ist ein Meister der Dressur, stets ein haushoher Favorit in Dressurprüfungen bis zur schwersten Klasse. Er hat über 30 Pferde bis zur Grand-Prix-Reife ausgebildet und ist auch international als Ausbilder tätig, unter anderem als Trainer der Finnischen Dressur-Equipe und als Lehrgangsleiter in Nordamerika.

Die Pferdepassion wird auch von seiner Frau Doris und seinen beiden Kindern, Sohn Nikolas (geb. 1987) und Tochter Inga (geb. 1989), geteilt. Die Schmidts sind eine Familie, die traditionell der Pferdezucht und der Reiterei verbunden ist. Schon der Name ist Programm. Fleyenhof ist altdeutsch und heißt Fohlenhof – bereits seit dem 17. Jahrhundert wird dieser von der Familie bewirtschaftet. Sein Vater, Hubert Schmidt senior, wurde als Soldat zum Reiter ausgebildet und führte als Landwirtschaftsmeister seit den 1920er-Jahren ein Gestüt. Damals war man noch in der Kaltblutzucht und Landwirtschaft verankert, dass änderte sich aber in den 1960er-Jahren, in dem man sich der Warmblutzucht zuwandte.

„Wenn man nach einem anstrengenden Turnier-Wochenende wieder zu Hause ist, hat man keine Lust großartig zu kochen", erklärt Hubertus Schmidt, während das Wasser brodelt. Apropos Wasser. Der alte Fleyenhof war sozusagen zu nahe am Wasser gebaut und ging unter bei einer Flutkatastrophe 1965. Im Zuge der Umsiedlung wurde auch eine Reitanlage neu errichtet, damit reifte auch der Entschluss, sich ganz auf Reitschule, Sportpferdezucht und Ausbildung zu konzentrieren. In der Folge florierte auch die Reitausbildung von Hubertus Schmidt, der auf den eigenen Zuchtstuten reiten lernte und dabei anfangs von seinem Vater unterrichtet wurde. 1976 wurde der Hof als Ausbildungsstätte für den Beruf „Pferdewirt: Zucht und Haltung" anerkannt.

1985 übernahm Hubertus Schmidt den Fleyenhof zusammen mit seiner Frau Doris, heute stehen dort etwa 60 Pferde. „Züchten tun wir nicht mehr. Wir haben nur noch eine Zuchtstute. Die heutige Pferdezucht ist genauso komplex wie das Berufsreiten auf höchstem Niveau", sagt der Grand-Prix-Reiter. „Man muss genau wissen wie und sehr planvoll vorgehen und sich auf eins konzentrieren", während er eine Packung Nudeln hervorholt. Die Pferdezucht hat sich verändert und ist für die Züchter mittlerweile alles andere als leicht. „Wenn wir Grand-Prix-Pferde suchen, ist das bei 3- und 4-jährigen noch schwierig", berichtet Schmidt. Ein Urteil kann man sich eher bei einem 5-Jährigen bilden. Ob die genug

Hubertus Schmidt mit Fontane, platziert im Nachwuchs-Grand-Prix 2011 in Hagen a.T.W.

schwingen. Nach einer halben Stunde weiß ich das. Bei manchen schon nach 10 Minuten, dass die nicht geeignet sind.

Die Nudeln brauchen keine 10 Minuten. Gar, aber nicht zu weich. „Das Pferd muss richtig schwingen, dass ist das A und O", unterstreicht Hubertus Schmidt noch mal. Die Philosophie in der Reiterei hat sich verändert, der heutige Dressurpferdetyp sei auch elastischer, schwungvoller geworden. „Alle, die vorne dabei sind, kommen angeflogen. Dressurpferde alten Schlages hatten noch nicht das Vermögen so zu traversieren wie die heutigen. Ein modernes Pferd, das über einen elastischen Trab geradeaus

verfügt – das lässt sich auch am äußeren Zügel seitwärtsschwingen. An der Reitlehre hat sich nichts geändert – die Hilfen sind dieselben geblieben, das Ausbildungssystem ist gut", betont Hubertus Schmidt. Mit so mancher vor 40 Jahren preisgekrönten Pirouette würde man heute keinen Blumentopf mehr gewinnen, hier haben sich die Zeiten geändert.

„Ja, zwischendurch gab es auch unschöne Bilder und den Irrweg mit der zu langen Überdehnung des Halses", erinnert sich Hubertus Schmidt. „Einmal eng machen ist o.k. Ein Pferd für kurze Zeit auch mal rundzustellen, also den Hals herunterzunehmen, um den Rücken zu heben, das kann als gymnastische Übung sinnvoll sein. Mehr dressieren als gymnastizieren geht aber nicht", so der Routinier. Und das fängt schon auf dem Abreiteplatz an.

„Ich definiere Anlehnung als eine konstante, leichte Verbindung zum Pferd. Also weder zu leicht, noch zu stark: Es darf für Pferd und Reiter nicht unangenehm werden", beschreibt der Pferdewirtschaftsmeister. „Wenn ich nichts in der Hand habe, ist das nix, und wenn ich zu viel Druck spüre, ist es das auch nicht optimal. Das fühlt natürlich jeder anders und ist bei jedem Pferd auch unterschiedlich. Es hängt eben davon ab, wie der Reiter zur Hand ist und wie sensibel das Pferd. Je feinfühliger die Pferde sind, je leichter werden sie an der Hand."

„Die Leute reiten heutzutage besser als früher, wir haben wesentlich mehr richtig gute Reiter auf hohem Niveau", freut sich der Aktivensprecher der Dressur. Ein guter Ansporn sei zum Beispiel der Piaff-Förderpreis. Beim „Piaff-Förderpreis" wächst man gemeinsam mit den Aufgaben. So kann man Chancen besser nutzen, sich langsam mit den höchsten Anforderungen des Dressurreitens vertraut machen, ohne dabei gleich gegen Profis, „alte Hasen" und aktuelle Topreiter antreten zu müssen. Wo dem

Dressurreitsport früher Nachwuchstalente verloren gingen, auch weil einfach die Berufsausbildung Vorrang hatte, sei heute für Dressurreiter bis 25 Jahre eine eigene Szene junger Grand-Prix-Reiter entstanden.

Spaghetti mit Thunfischsoße, dass könnte auch eine Leibspeise sein für jugendliche Nachwuchsreiter ... „Das Gericht hat sich bei uns etabliert", lacht Hubertus Schmidt, nachdem die Nudeln abgegossen wurden. Er lässt den Thunfisch gut auf einem Sieb abtropfen. Eine kleine Kasserolle (Stieltopf) wird auf den Herd gestellt und der Thunfisch unter Zugabe von etwas Mayonnaise etwas angewärmt. Es darf aber nicht kochen, sonst zerkocht der Fisch, zum Schluss wird die Soße mit Salz und Pfeffer abgeschmeckt. Einfach und doch raffiniert.

„Ich sehe die Zukunft des deutschen Dressursports sehr positiv", orakelt Hubertus Schmidt. Peu á peu zum Erfolg – das ist auch das Rezept von Hubertus Schmidt in der Reiterei. Lieber gibt er auch seinem Sportpferd die Zeit, die es braucht, statt zu früh schwierige Lektionen zu reiten. Zu den Zutaten eines erfolgreichen Reiters gehören – Geduld und Ausdauer. Aber auch die richtigen Pferde. 1987 hatte Hubertus Schmidt seine ersten Grand-Prix-Erfolge. „Ich habe das Glück gehabt, mehrere Grand-Prix-Pferde zu besitzen und so im internationalen Viereck mitzureiten. Für alle Reitsportdisziplinen werde es allerdings immer wichtiger, dass einem die erstklassigen Pferde nicht ,unterm Hintern' ins Ausland wegverkauft werden. „Sichere Besitzerverhältnisse würden immer wichtiger." Unsere Erfolgspferde seien ein nationales Gut und müssten noch stärker von Interessenverbänden für den deutschen Sport gebunden werden. Der fünffache Champion der Berufsreiter ist bekannt für seine solide Ausbildung junger Dressurpferde und beweist immer wieder ein gutes Händchen, Talente bis in den großen Sport zu fördern. Doch wie viele andere Berufsreiter musste er oft die von ihm ausgebildeten Pferde nach den ersten Erfolgen wieder abgeben.

„Das Gericht hat sich bei uns etabliert, Spaghetti in Thunfischsoße."

Und was sind die Zutaten für ein Erfolgspferd? „Möglichst sensibel! Lieber etwas nerviger", antwortet Hubertus Schmidt. „Früher mochte ich nicht so gerne Hengste reiten", gesteht Hubertus Schmidt. Der Blick in seinen aktuellen Stall spricht aktuell eine andere Sprache: Da steht zum Beispiel der westfälische Siegerhengst der NRW-Hauptkörung 2006 und Dressursieger der HLP Adelheidsdorf 2009, Estobar NRW. Oder der achtjährige KWPN-Hengst Florenciano, dessen Rittigkeit im 30-Tage-Test in Münster-Handorf mit der Rekordnote von 9,75 bewertet wurde. Florenciano siegte serienweise in schweren Dressuren. Die Erfolge seiner Nachzucht brachten Florenciano 2011 in die Top-1-% der FN-Zuchtwertschätzung der Dressurhengste.

Und last but least ist da auch der Trakehnerhengst Imperio (ein Connery-Balfour-xx-Sohn). „Der ist Weltklasse", ist der Berufsreiter überzeugt. Imperio wird ein Wörtchen mitreden, von meinen bisherigen Pferden können ihm alle das Wasser nicht reichen. „Tolle Piaffe und Passage, das Pferd hat alle Qualitäten", wiederholt Schmidt: „Mit Abstand das beste Pferd im Stall. Und mit 10 Jahren nicht alt." Mit Imperio verbindet Hubertus Schmidt große Hoffnungen für die Zukunft, auch weil er aufgrund der jüngsten Eigentümer-Konstellation – dem Landgestüt Schwaiganger (50 %), dem Deutschen Oympiade-Komitee für Reiterei (DOKR) in Warendorf und der Hubertus Schmidt GmbH – langfristig an den Fleyenhof gebunden werden konnte. Da die Besitzfrage nun geklärt ist, muss noch der sprichwörtliche „Gelbe Schein" weg. Vom Verletzungspech seiner Pferde war Hubertus Schmidt immer wieder geplagt. Bei Imperio ein Haarriss im Hufbein, aber er ist absolut zuversichtlich. Hubertus Schmidt weiß, – wie mit den Pferden – mit dem Schicksal geduldig, aber auch zielstrebig umzugehen.

Seine internationale Reiterkarriere ist auch kein Selbstläufer, aber fußt auf einer grundsoliden und klassischen Ausbildung, die ihn bis zu den olympischen Spielen zum Erfolg geführt hat. Oder auch nicht, wie London 2012. Da musste er seinen hoch talentierten Wallach Donnelly – eigentlich Schmidts Hoffnungsträger für London 2012 – Ende Dezember in die USA verkaufen. Ein schwerer Krankheitsfall in seiner Familie hatte die sportlichen Pläne erst einmal in den Hintergrund gestellt. Um seiner Frau zur Brustkrebsbehandlung die beste medizinische Versorgung zu gewährleisten, verkaufte Schmidt seinen olympischen Hoffnungsträger. Der Mannschafts-Olympiasieger von Athen: „Für meine Frau habe ich Donnelly aufgegeben. Wenn zu Hause jemand ernsthaft erkrankt,

muss man als vernünftiger Mensch anders denken als nur an sportlichen Ruhm."

Aber schon der Weg nach Athen 2004 war kein leichter. „Davor war ich mehrere Male immer nur kurz davor, an den Olympischen Spielen teilzunehmen, wie z.B. bei Sydney", beschreibt der nervenstarke Profi die damalige Situation. „Das war immer etwas frustig, dass ich nie in die deutsche Mannschaft gekommen bin. In Aachen fühlte ich mich schon sicher, aber hatte auch eine unheimliche Anspannung. Und dann wackelt wieder meine Teilnahme. Diesmal gab es aber ein öffentliches Aufbegehren zu meinen Gunsten. Zum Glück hat es zum Schluss doch noch geklappt."

Der damalige Debütant rückblickend: „Athen war für mich dann ganz besonders. Da hat sich ein Traum erfüllt. Und wir fühlten uns sicher. Ich habe Olympia richtig genossen. Meine Hannoveraner Stute Wansuela suerte (von Warkant) war gut drauf. Zunächst war ich überhaupt nicht nervös. Erst am letzten Tag wurde ich etwas nervös. Als nämlich der Gedanke aufkam, was wäre, wenn wir diesmal olympisches Gold mal nicht gewinnen würden ...

Die Olympia-Dressur-Erfolge der deutschen Mannschaft waren ja regelrecht ein historisches Erbe: Seit Los Angeles (1984) hatte die deutsche Dressur-Mannschaft ununterbrochen (fünfmal) bei den Olympischen Spielen Gold errungen. Nach den vorangegangenen Diskussionen um mich in den Medien, wo man sich für meine Olympiateilnahme stark gemacht hatte, dachte ich: Jetzt darf am Ende nichts mehr passieren!"

Zu den Klängen von Herbert Grönemeyer überzeugte das Paar Schmidt/Wansuela suerte dann nicht nur in Losgelassenheit, Anlehnung, Takt und Durchlässigkeit, sondern auch mit Piaffen auf den Punkt sowie ausdrucksstarken Übergängen und Passagen. Wie stark das Quartett Ulla Salzgeber, Martin Schaudt und den zwei Olympia-Neulingen Heike Kemmer und Hubertus Schmidt wirklich war, zeigte die Einzelwertung, in der alle vier Deutschen unter den ersten zehn lagen – am Start waren 51 internationale Reiter mit einer verhältnismäßig hohen Leistungsdichte. Am Samstagnachmittag war dann die Freude bei Schmidt am größten. „Ich war so glücklich über unseren Erfolg, schließlich war ich ja als Letzter auf den Olympia-Zug gesprungen." 2008 wurde Wansuela suerte auf dem internationalen Dressur- und Springfestival in Verden aus dem Dressursport verabschiedet. Hubertus Schmidt hat die nächsten Olympischen Spiele in Rio fest im Blick: „Ich bin noch nicht vom alten Eisen. Wir haben ausnehmend gute Pferde im Stall."

PORTRAIT

Geduld ist Triumph

Hubertus Schmidt wurde 1959 in Haaren geboren und die Pferdezucht sowie die Reiterei wurden ihm förmlich auf dem Fleyenhof in die Wiege gelegt. 1976 begann Hubertus Schmidt seine Lehre zum Bereiter, zunächst auf dem Fleyenhof und ab 1977 im Bielefelder Reit- und Fahrclub bei Hans Gerlach, wo er 1978 die Prüfung ablegte. 1983 bestand er die Prüfung zum Pferdewirtschaftsmeister mit der besonderen Auszeichnung der Steensbeck-Plakette.

1984 gewann er seine erste S-Dressur auf Pacifik. Neben einigen Siegen in Grand-Prix-Prüfungen der Dressur hat er Erfolge im Springreiten bis zur Klasse S zu verbuchen. Drei Jahre später war er das erste Mal in einem Grand Prix de Dressage platziert, diesmal mit Playboy. Hubertus Schmidt nahm immer wieder an Lehrgängen teil, vor seiner Meisterprüfung in der Deutschen Reitschule in Warendorf, später unter anderem bei Reiner Klimke und Harry Boldt. „Auf die ständige reiterliche Weiterbildung habe ich stets großen Wert gelegt", betont Schmidt. Doch sein sportlicher Durchbruch kam später.

Von 1997 bis 2004 wurde Hubertus Schmidt fünfmal Champion der Berufsreiter. 2004 wurde Hubertus Schmidt beim Turnier der Sieger in Münster der Titel des Reitmeisters verliehen. Nach mehreren Silbermedaillen und einer Bronzemedaille wurde er 2005 deutscher Meister im Dressurreiten, was er 2007 wiederholen konnte.

Weitere Höhepunkte waren die Einzel-Silbermedaille bei den Europameisterschaften 2005 und die Goldmedaille mit der Mannschaft. Auch bei den Weltreiterspielen 2006 in Aachen gewann er Mannschafts-Gold. Sein bisher größter Erfolg war die Nominierung für die Olympischen Spiele 2004 in Athen, wo er den 5. Platz in der Einzelwertung erreichte und damit Zweitbester der deutschen Reiter war. Mit der Mannschaft gewann er die Goldmedaille. 2008 erhielt er das Silberne Lorbeerblatt. An seinen Trainer Holger Schmezer erinnert sich Hubertus Schmidt eindrucksvoll. „Er sagte immer nichts in der Bahn und fand trotzdem stets klare Worte. Ein Mann der leisen, nur notfalls energischen Töne, der immer nur das Beste für die Dressur erreichen wollte." Schmezer starb überraschend im April 2012.

Seit Mai 2012 konnte sich Hubertus Schmidt auch Derby-Sieger nennen. Im Deutschen Dressur-Derby in Hamburg-Klein Flottbek verwies der Pferdewirtschaftsmeister den Niederländer Aat van Essen auf den zweiten und die 22-jährige Vorjahressiegerin Kathleen Keller auf den dritten Platz. Im Finale spielte Hubertus Schmidt all seine Erfahrung aus. Überrascht sagte er damals: „Ich bin eigentlich nur nach Hamburg gekommen, um mir mal das Derby mit Pferdewechsel anzuschauen."

ERFOLGE

Einzel
5. Platz Olympische Spiele 2004
Vize-Europameister 2005

Deutsche Meisterschaften
Gold: 2005, 2007
Silber: 2000, 2003, 2004, 2006
Bronze: 2002, 2008

Championat der Berufsreiter
1. Platz: 1997, 1998, 1999, 2000, 2004
2. Platz: 2001

Mannschaft
Gold Olympische Spiele 2004
Europameister 2005
Weltmeister 2006

*EM-Silber in der Einzelwertung und Gold
mit der Mannschaft: Hubertus Schmidt
und Wansuela suerte 2005 in Hagen a.T.W.*

Spargel

ÜBERBACKEN MIT BÄRLAUCH UND WEISSWEIN

Hannelore Brenner – Mehrfache Deutsche Meisterin, Europa- und Weltmeisterin Para-Equestrian und vierfache Paralympic-Siegerin

überbacken mit Bärlauch. „Auf Bier oder Rotwein sollte man beim Spargelessen unter Kerzenschein verzichten. Denn die kräftigen Gerbstoffe der beiden Getränke verstärken die Bitterstoffe im Spargel – und das schmeckt nicht. Zu grünem und weißem Spargel passt eben am besten Weißwein. Besonders gut harmonieren Silvaner, Weißburgunder oder Riesling mit dem Saisongemüse.

Spargel ist eben ein sehr empfindliches Gemüse und sollte von der Ernte bis zur Zubereitung sorgsam behandelt werden. Am besten empfiehlt es sich, deutschen Spargel zu kaufen. Denn was Frische angeht, ist Spargel empfindlich: Das Gemüse verliert nach der Ernte schnell an Geschmack und Aroma. Kommt er aus dem Ausland, hat er immer eine Reise hinter sich, egal wie schnell der Transport

„Nicht nur Losgelassenheit bei Pferden ist wichtig. Auch mal von den Pferden loslassen können gehört dazu. Wir lieben es, zusammen zu kochen und dann gemütlich bei Kerzenschein zu essen." Wir, das sind Hanne Brenner und Dorte Christensen, Hannelore Brenners Lebenspartnerin, die sie auch als Trainerin erfolgreich betreut. Der festliche Rahmen und die atmosphärischen Bedingungen sind damit schon mal festgelegt.

„Wir wohnen ja hier in den Weinbergen", erzählt die geborene Norddeutsche, die jetzt im rheinhessischen Wachenheim im Zellertal wohnt, im Süden des Bundeslandes Rheinland-Pfalz in der Metropolregion Rhein-Neckar. „Deshalb ein schönes Rezept mit Weißwein: Spargel

erfolgt. Wer hingegen heimischen Spargel kauft, kann davon ausgehen, dass er am selben Tag oder am Vortag geerntet wurde. Spargel hält man am besten in einem feuchten Handtuch frisch und legt ihn dann bei 3–5 °C in den Kühlschrank. So hält er sich etwa drei Tage lang.

„Spargel ist das in Deutschland am häufigsten angebaute Freilandgemüse". Hanne Brenner ist ja ganz in der Nähe eines klassischen Spargelanbaugebiets geboren. Da gibt es mehrere kleinere Standorte in der sandigen Lüneburger Heide, unter anderem bei Bardowick bei Lüneburg, einer Gegend, die auch sehr von Pferden geprägt ist. Und nicht weit weg, wo sie als Vielseitigkeitsreiterin vor 27 Jahren schwer verunglückte ...

„Essen und Trinken war mir immer wichtig, auch im Krankenhaus, sehr früh nach dem Unfall", erklärt die Neu-Wachenheimerin freimütig. „Es steht für Lebensfreude und Geselligkeit." Für unser heutiges Festgericht müssen auch verschiedenste Bedingungen stimmen. Da sich die Spargelernte kaum automatisieren lässt und man zwischen unreifem und ausgewachsenem Spargel anhand von kleinen Erdrissen unterscheiden muss, ist die Ernte sehr personalintensiv, denn hier sind Gefühl und Handarbeit gefragt. In Deutschland wird sie traditionell von gering bezahlten Saisonarbeitern ausgeführt. Damit ist Spargel auch ein bisschen Politikum in Sachen Mindestlohn, sonst wird es schwierig mit der Spargelausbeute.

Der Erntearbeiter erkennt den knapp unter der Oberfläche austreibenden Spargel und gräbt ihn mit den Fingern auf, um den geeigneten Punkt zum Abtrennen am unteren Ende des Spargels zu finden. Nach dem „Stechen" – das ist das Abtrennen der Spargelstange durch einen stoßartigen Schnitt mit einem speziellen länglichen Spargelstechmesser – wird das Erdloch wieder zugedeckt und die Oberfläche geglättet. Durch Aufhäufeln der Erde bei der Spargelzucht bleiben die Triebe auch bei einer Länge von 20 Zentimetern hell, da sie ohne Licht kein Chlorophyll bilden können. Diese kleinen Erdwälle werden im süddeutschen und österreichischen Sprachgebiet als Bifang bezeichnet. Der so gezogene Spargel wird weißer Spargel genannt und ist erst seit Ende des 19. Jahrhunderts bekannt. Bis dahin wurde nur grüner Spargel geerntet, der nicht durch Erde vor dem Sonnenlicht geschützt wird und in voller Länge kräftig grün gefärbt ist. Der Spargel wird anschließend im Betrieb mit einer Spargelsortiermaschine nach Qualitäten getrennt und an Händler weitergegeben oder direkt verkauft.

Spargel wird meistens gekocht, seltener gedünstet oder gebraten. Zur Vorbereitung muss weißer und violetter Spargel geschält werden, da die Schale faserig und zäh ist. Die Enden werden abgeschnitten. Zur Frischeprobe ruhig mal mit dem Daumennagel quer zur Faser in die Schnittstelle des Spargels stechen. Wenn das ohne Probleme klappt und vielleicht sogar noch ein bisschen Wasser herausläuft, dann ist der Spargel frisch. Außerdem kann man zwei Spargelstangen nehmen und gegeneinanderreiben: Quietscht es leicht, dann ist die Außenhaut noch frisch und der Spargel nicht holzig.
Für Hanne Brenners Rezept wird der geschälte Spargel nun im Spargeltopf mit zerlassener Butter angedünstet

Traumpaar: Hanne Brenner mit ihrer Lebensgefährtin und Trainerin Dorte Christensen

und mit Weißwein abgelöscht. Alles würzen und eine Viertelstunde schmoren lassen. Zuvor den Backofen auf 225 °C vorheizen. Nun die Bärlauchblätter putzen, waschen, vorsichtig abtrocknen und fein hacken. Das Ganze dann mit Crème fraiche vermischen. Den Spargel aus dem Kochtopf nehmen, abtropfen lassen und in eine Ofenform legen. Die entstandene Schmorflüssigkeit mit der Bärlauch-Crème-fraiche-Masse mischen und alles über den Spargel verteilen. Schließlich den geriebenen Emmentaler darüberstreuen und alles dann eine weitere knappe Viertelstunde überbacken.

SPARGEL ÜBERBACKEN MIT BÄRLAUCH UND WEISSWEIN

Zutaten (für 4 Personen)

1,5 kg weißer Stangenspargel
50 g Butter
1 Glas trockener Weißwein
ein Strauß Bärlauch, 200 g
250 g Crème fraiche
100 g geriebener Emmentaler Käse
Zucker, Salz, Pfeffer, Muskatnuss

ein schwacher Trost. Ich treffe die Handicap-Reiterin heute in Warendorf gerade zur Kadersichtung für 2014. „Damals war ich viel zu beschäftigt, meine Identität neu zu finden und auszuloten, was kann man eigentlich noch machen mit so einem Handicap und was nicht. Doch diese Erkenntnis, dass eine Einschränkung im Leben unabhängig von einer Behinderung vor allem ihren Ursprung in einem selbst hat und dass man ganz allein dafür verantwortlich ist, setzt sich erst im Laufe der Jahre durch."

Am 21. Juni 1963 wurde Hannelore Brenner in Lüneburg geboren. Wie so viele andere normale Mädchen begeistert sie sich für Pferde, nimmt Reitunterricht seit ihrem 12. Lebensjahr, nachdem sie rund 5 Jahre ihre Eltern dafür bekniet hat. Es wird ein Stückchen Lebensinhalt, die Reiterei klappt gut, sie hat Talent. Schließlich macht sie auch mit bei Wettkämpfen mit Schwerpunkt auf Vielseitigkeitsreiten, so auch bei den Landesstandartenwettkämpfen1986 in Luhmühlen in einer großen L-Vielseitigkeit. Da ist sie gerade 23 Jahre alt.

„Es war ein Tag wie jeder andere", erinnert sich Hanne Brenner. Aber sie erinnert sich gut, als ob es gestern war, dabei sind es schon fast drei Jahrzehnte her. „Ich weiß sogar heute noch den Kurs. Eigentlich lief alles genial, ich hatte an diesem Tag ein tolles Gefühl", so Brenner weiter. Ihr Pferd war ein selbst gezogener, 7-jähriger

Hanne Brenner und Woman of the World bei der täglichen Arbeit

Hannoveraner, der bis dahin noch keine L-Vielseitigkeit gegangen war. „Er war sehr guckig in der Dressur, doch an diesem Tag war er fast perfekt. Ich lag nach der Dressur auf dem 4. Platz."

Nach der Rennbahn ging es auf die 4 ½ km lange Geländestrecke. Am drittletzten Hindernis, dem Heidmärker, es war ein Tor als Tiefsprung mit einem reetgedeckten Dach darüber, stutzt ihr Wallach. Der Sprung war auf Höchstmaß gebaut, fest und mit einer Landestelle 2 m tiefer als Absprungstelle. „Er wusste nicht, was es ist, konnte das Dach nicht einschätzen. Wir standen. Jedes Zögern erzeugt Unsicherheit, jeder Reiter weiß es. Das sind nur Bruchteile von Sekunden, die einem eine Entscheidung abringen. Und ich entschied mich, aus dem Stand heraus zu springen. Und genau das ging eben nicht."

Das Pferd versucht es, es springt ab und bleibt am Hindernis mit den Vorderbeinen hängen. „Ich wusste, dass dies nicht gut gehen würde."

Dann ging alles sehr schnell. „Das Pferd überschlug sich und fiel mit dem Rücken auf mich drauf, mich unter sich begrabend, aber den Sattel als „Brücke" über mir". Einige Sekunden sind ausgeblendet. „Dieses unangenehme Gefühl, wenn einem die Luft fehlt, ist das woran ich mich als Erstes erinnere." Und die Füße – ich spürte sie nicht mehr. Ich hatte einfach kein Gefühl mehr in den Füßen. Ein Nichtgefühl.

„Ich wusste schon vorher, Vielseitigkeitsreiten ist nicht ungefährlich." Doch für die Schwere des Unfalls hatte ich noch viel Glück im Unglück. „Ich zertrümmerte mir ‚nur' den ersten Lendenwirbel."

„Danach ist vieles richtig passiert", so die Rückblende von Hanne Brenner. „Die Rettungskette hat funktioniert. Die Ersthelfermaßnahmen verliefen gut, ich wurde erschütterungsfrei auf einer Vakuummatratze transportiert. Der Rettungshubschrauber kam, der Arzt untersuchte mich. Währenddessen wurde auch mein Pferd wieder eingefangen, das war nämlich über alle Berge und wurde kilometerweit entfernt erst wiedergefunden. Es war unversehrt."

Ganz anders bei Brenner. „Ich bin dann ins St. Georg Krankenhaus nach Hamburg geflogen worden. „Wieder diese Reiter.' Dieser unausgesprochene Vorwurf schwebte förmlich über einem. Ich habe mich damals sehr alleine gefühlt. Aber ich werde nie eine Schwester vergessen, die mich als Einzige angelächelt hat. Dann bin ich ab zur OP."

Die Diagnose: eine inkomplette Querschnittslähmung. Das bedeutet, dass bei dem Unfall nicht alle Nerven im Rückenmark zerstört wurden, sondern nur ein Teil. „Hierdurch bin ich noch in der Lage, mithilfe von Stöcken und Schienen bzw. Spezialschuhen zu laufen", erklärt Brenner.

Jedes Jahr verletzen sich bundesweit 1.800 bis 1.900 Menschen so stark am Rücken, dass sie teilweise oder komplett gelähmt bleiben, etwa 70 bis 80 % davon sind Männer. Die häufigste Ursache (ca. 70 %) sind Unfälle (spinales Trauma) mit Frakturen der Wirbelsäule. Man unterscheidet zwischen Paraplegie (auch genannt Paraparese: Lähmung der unteren Extremitäten bei Schädigung tieferer Abschnitte des Rückenmarks wie auch bei Hanne Brenner – insgesamt ca. 60 % aller Fälle) und Tetraplegie (auch Tetraparese: Lähmung aller vier Extremitäten bei Schädigung des Halsmarks, ca. 40 % der Fälle). Die Läsionshöhe wird durch das letzte noch intakte Rückenmarksegment definiert.

Früher bedeutete eine Verletzung der Wirbelsäule oft eine Tragödie und den Verlust eines erheblichen Teils der Mobilität. Die Patienten lagen wochenlang in der Gipsschale. Zurück blieben oft Schmerzen und Fehlstellungen. Dies hat sich geändert. Die Chancen, dem Rollstuhl zu entgehen, haben sich gebessert. Ungefähr sechs Stunden haben Ärzte nach einem Unfall Zeit, um geschädigte Nerven zu retten. Spätestens eine Stunde nach seiner Einlieferung in eine Klinik sollte für jeden Patienten mit Verdacht auf Querschnittlähmung eine genaue Diagnose vorliegen, sodass er umgehend operiert werden kann.

Zudem gibt es neue Operationstechniken. Mediziner haben bessere Möglichkeiten, beschädigte Teile der Wirbelsäule unmittelbar nach der Verletzung zu stabilisieren. Dies bedeutet, dass die Phase der Rehabilitation viel früher einsetzen kann. Damit steigen die Chancen, Beeinträchtigungen wie Lähmungen ganz oder zumindest teilweise rückgängig zu machen. Im Vergleich mit der Zeit vor 10 oder 20 Jahren verläuft die Rekonvaleszenz bei der Hälfte der Patienten deutlich besser. Die Hoffnung der Mediziner, in 20 bis 30 Jahren noch weiter erhebliche Fortschritte zu machen, bezieht sich in erster Linie auf die inkomplette Querschnittlähmung. Von großer Bedeutung ist dabei ein durchgängiges, interdisziplinäres Behandlungskonzept durch eng zusammenarbeitende Expertenteams.

„Als ich damals im Nebel der Narkosenachwirkungen erwachte, sagte mir der Arzt: ‚Laufen werden Sie nicht mehr können'. Nach dem anfänglichen Schock kam der Zweifel. Woher will er das wissen? Ich kann doch noch meine Beinmuskeln anspannen. Da habe ich innerlich mein Ziel formuliert: Das Krankenhaus werde ich zu Fuß verlassen! Und dieses Ziel habe ich dann auch erreicht, unter enormen Anstrengungen, fünf Monate später. Zunächst ging es nur Step by Step. Eine Woche nach dem Unfall konnte ich das erste Mal wieder duschen, das war dann schon der erste Fortschritt. Im Querschnittzentrum habe ich dann auch irgendwann wieder meine Lebensfreude gefunden. Wir waren einfach eine tolle Clique dort im Krankenhaus. Ob Rollstuhl-Basketball oder später das Tauchen, meine vielen sportlichen Aktivitäten haben mir geholfen, letztendlich wieder aufs Pferd zu kommen."

„Für mich war es damals unheimlich schwer, im Krankenbett den superschönen Altweibersommer 1986 erleben zu müssen. Das war die Zeit, in der mir das Reiten am allermeisten Spaß gemacht hat. Ohne Bremsen auszureiten und den Wald zu genießen. Ich wollte immer nur aufs Pferd. Und an den Wochenenden, an denen ich nach vielen Wochen wieder nach Hause durfte, kam ich dann auch wieder auf mein Pferd. Allerdings war das Gefühl nicht mehr so wie früher. Mir fehlten ganze Muskelgruppen und ich konnte einfach nicht mehr so sitzen und einwirken wie vor meinem Unfall. Das hat mich ganz schön frustriert und ich wollte irgendwann lieber aufhören zu reiten.

Das änderte sich aber 1989. „Ausgerechnet am Tag des Maucrfalls, am 9. November 1989 zog mich mein BWL-Studium nach Heidelberg in den ‚Süden'. Bis dahin war ich eine ‚echte Norddeutsche', die sich in Lüneburg sehr wohlgefühlt hat. In meiner neuen Heimat begann ich, nach einem Reitstall zu forschen. Durch einen Zufall fand ich eine gute Reitbeteiligung. Das war wie Urlaub, Entspannung pur. Ich ritt in dieser Zeit fast nur aus und genoss die Natur."

„Mein großer Vorteil war und ist, dass ich durch meinen Unfall nicht mein Urvertrauen verloren habe. Der Unfall passierte durch meine Fehleinschätzung. Mein Pferd war nur gehorsam. Einen Vertrauensverlust zum Pferd gab es nicht. Und so ritt ich später jedes Pferd, das ich für zuverlässig hielt. Glücklicherweise hat es auch immer geklappt."

„Mit einer bestimmten Technik mithilfe eines teppichbeklebten Stuhls (verminderte Rutschgefahr auf der Sitzfläche beim Aufsteigen) schaffe ich es, alleine und sicher aufzusteigen. Ein Problem war jedoch, dass ich beim Reiten immer mit den Unterschenkeln zu sehr schlackerte. Ein Fischen nach den Steigbügeln ist nicht möglich, weil ich ab dem Knie komplett gelähmt bin. Die Fixierung meiner Füße im Steigbügel ist deswegen wichtig; dafür ist vorne ein spezieller Haltesteg eingelassen („Brennerbügel"). Meine schwächeren Beine kann ich mit zwei Gerten kompensieren, muss es aber bei sensiblen Pferden oft gar nicht. Manchmal allerdings fehlt mir die Kraft in bestimmten Momenten. So manches Pferd lässt mich dann regelrecht „verhungern". Nicht so meine Olle: Sie versteht mich auch ohne oder nur mit einer Gerte. Ansonsten sieht mein Training genauso aus wie bei jedem anderen ‚normalen' Reiter. Wichtig ist allein, dass das Pferd die Kommandos des Reiters versteht und umsetzen kann. Meiner Meinung nach braucht es nur einen Impuls,

keinen Druck. Und genauso reitet Dorte unsere Pferde, sodass ich das ganz einfach nachreiten kann. Ich kann mich direkt nach ihr auf das Pferd setzen und profitiere von der Arbeit, die Dorte mit dem jeweiligen Pferd geleistet hat."

„1997 ging es dann wieder mehr in Richtung professionelles Reiten, da wurde mir in Hittbergen (bei Lüneburg) von einem guten Bekannten ein 5-jähriger halber Araber angeboten. Dieses Pferd mit Namen Geronimo war damals perfekt für mich. Er war unglaublich zuverlässig und ausgeglichen. Mit ihm bekam ich viel Selbstvertrauen und startete wieder in das Turnierleben. Begonnen haben wir neben dem Behindertensportreiten auf ganz normalen Turnieren in der Klasse E."

Dann ging alles ganz schnell. Brenner kam 1998 in den B-Kader und ein Jahr später in die Nationalmannschaft. Hier kam der internationale Durchbruch mit dem Gewinn der Weltmeisterschaft in Grade III in Vilhelmsborg/Dänemark in der Championatsaufgabe. „Im Jahr 2000 konnte ich zu meinen ersten Paralympics nach Sydney fahren", so Brenner. Aber damals galt im Para-Reitsport noch die Regelung, dass auf internationalen Championaten mit zugelosten Leihpferden gestartet wurde. Da war man natürlich total abhängig von der Qualität und Ausbildung des Pferdes und vom Losglück.

„Die Jahre danach waren von zahlreichen Auf und Abs gekennzeichnet", erzählt Hanne Brenner. „Meine Höhepunkte in dieser Zeit hatte ich mit Fabiola, einer damals 7-jährigen Stute, die mir zur Verfügung gestellt wurde und mit der ich bei der ersten Europameisterschaft in Portugal 2002 Doppelgold erreiten konnte. Es war ein tolles Pferd und ich war sehr glücklich. In den folgenden Jahren waren allerdings die Erfolge nicht ganz so toll und die Besitzer sehr unzufrieden mit uns. Schließlich fuhren wir 2004 zu den Paralympics nach Athen. Ich war mir nach dem Sieg in der Vorprüfung ganz sicher, die Individual gewinnen zu können. Doch dann bekam Fabiola über Nacht eine Huflederhautentzündung und fiel aus. Da ist für mich echt eine Welt zusammengebrochen. Aber wie sooft im Leben hatte das Schlimme auch eine andere Seite. Bianca Vogel stellte mir kurzfristig ihren Roquefort für die Kür zur Verfügung. Ich hatte null Erwartungshaltung, weil das Schlimmste, was einem Reiter passieren kann, ja schon passiert war mit Fabiolas Ausfall. So ritt ich ganz locker und war total überrascht, weil die Musik super gepasst hat." Das Ergebnis konnte sich sehen lassen: Freud und Leid sind manchmal ganz nahe beieinander – Hanne Brenner gewann ihre erste Silbermedaille, sowohl in der Kür als auch in der Mannschaft.

Die größten Erfolge verdankt Brenner aber ihrer mittlerweile 18-jährigen Hannoveraner Stute Women of the World, mit der sie aktuell den Titel der Deutschen Meisterin, Europameisterin, Doppel-Weltmeisterin und Doppel-Paralympicssiegerin hält. Mit dem Erfolgspferd ist Hannelore Brenner heute bis zur Klasse S im Regel-Dressursport (2011) siegreich. „Dieser S-Sieg war ein persönlicher Triumph, über den ich maßlos glücklich bin. Diese Erfolge verdanke ich in erster Linie Dorte Christensen, die sowohl mein Pferd als auch mich mit großer Geduld und ganz viel Einsatz sowohl mental als auch körperlich Stück für Stück aufbaute und schließlich ‚S-fertig' machte."

Für Hanne Brenner ist Women of the World etwas ganz Besonderes. Auch wenn sie nicht immer einfach zu händeln ist. „Sie hat manchmal so Tage, da kriegt sie sich kaum mehr ein. So habe ich es noch nie mit einem Pferd erlebt. Sie ist äußerst sensibel und hat eine Fähigkeit, sich auszudrücken, wie ich es noch nie gesehen habe. Women of the World kann mich lesen und ich kann sie lesen. Sie ist ein Pferd, das man nicht zwingen kann. Aber ‚die Olle' mag überhaupt keinen Druck und hatte deshalb, bevor sie zu uns kam, auch nur mäßige Erfolge. Sie spürt den kleinsten Impuls vom Reiter und sie will immer arbeiten. Sie ist von sich aus bereit, alles zu geben, aber sie muss auch verstehen, was man von ihr will. Ich glaube, dass gerade unsere Kommunikation und unser gegenseitiges Verständnis die Harmonie ausmachen." Und dann ist da noch die regelrechte Phobie vor Siegerehrungen. „Solange die Olle nicht blind und taub ist, wird sich das nicht mehr ändern", sagt Hanne Brenner lachend.

Wie lange die Stute Women of the World noch im Sport gehen wird, ist ungewiss. „Ich denke noch nicht ans Aufhören", erklärt die Para-Dressurreiterin. Topfit präsentiert sich die Stute, es scheint, als denke sie noch lange nicht an den Ruhestand. Auch Hannelore Brenner ruht sich nicht auf ihren Lorbeeren aus. Zusammen mit ihrer Trainerin Dorte Christensen baut sie mit Kawango ein junges Pferd Stück für Stück auf, das später vielleicht einmal in die Fußstapfen der erfolgreichen Stute Women of the World treten soll. Der 8-jährige Trakehner-Wallach – auch Kiwi genannt – ist die Nachwuchshoffnung im Stall Wachenheim. „Am Anfang war der Wallach ziemlich dick,

haarig und außerdem noch grün hinter den Ohren", daher erklärt sich der Spitzname Kiwi. „Wir haben ihn in Warendorf durch Zufall entdeckt, eine Nacht darüber geschlafen und ihn dann gekauft. Er ist ein ganz freundliches Pferd, mit viel Schwung und relativ unerschrocken, und vor allem gelassen, im Gegensatz zu Woman of the World", resümiert Hanne Brenner – gerade Letzteres ist natürlich für eine Reiterin mit Handicap besonders wichtig. Im Stall steht Kiwi direkt und ganz zufrieden neben WoW. „Der wiehert immer, wenn die Olle kommt", schmunzelt Hannelore Brenner.

Die Zeiten, die Pferde und die Wettbewerbe ändern sich. Nicht nur, das man über die Jahre mit dem Pferd zusammenwächst. „Ich fand bisher alle Paralympics, die ich miterleben durfte, ganz besonders", so die 50-Jährige. „Allerdings gab es noch nie diese Begeisterung im Reitstadion wie in London 2012. Bis zu 15.000 Menschen wollten uns sehen. Die Zuschauer waren bei uns sehr sensibel. Sie haben sofort aufgehört zu klatschen, wenn die Pferde sich aufregten, und winkten stattdessen. Die Briten sind einfach eine große Reiternation und deshalb war alles einfach nur perfekt in diesem schönen Stadion vor dem Queens House. Ich fand die ganze Zeit in London genial. Mal abgesehen von meinem Blackout ..."
„Ich war mit hohen Erwartungen in den Wettbewerb gegangen", besinnt sich die Paralympic-Reiterin auf die da-

maligen Tage zurück. Nachdem sie schon in der Team-Prüfung zum Auftakt der Reitwettbewerbe in London das beste Ergebnis erzielt hatte, fühlte sich Hanne Brenner eigentlich gut präpariert. „Das hatte ich auch meiner Lebenspartnerin Dorte zu verdanken, dass ich mit einer gewissen Sicherheit in London auftreten und letztendlich ein wunderbares Pferd in Topform präsentieren konnte."

Die Stimmung im Greenwich Park war gigantisch. Doch dann verritt sie sich im Championship-Test. „Ich war ich die letzte Reiterin vom deutschen Team und von mir hing die Teamsilbermedaille ab. Ich hatte wegen des Erfolgsdrucks einen kurzen Blackout und hatte die Aufgabe nicht mehr ganz im Kopf. So hatte mich die ganze Atmosphäre im Stadion schon erfasst." Brenner musste die Richterin nach der Aufgabe fragen, verstand sie falsch und verritt sich erneut. Glücklicherweise realisierte sie während des Reitens nicht, dass es ein zweimaliges Verreiten war und ein drittes Mal zum Ausschluss geführt hätte. So machte sie einfach weiter. Ihre Stute lief einfach perfekt und ließ sich von dem Hin- und Her nicht irritieren. „Mein Pferd machte einfach weiter, bis ich wieder zu mir gefunden hatte", sagte Brenner. Direkt nach der Prüfung hatte ich keinen Gedanken an eine Medaille.

Ich haderte mit mir wegen meines FauxPas und hatte mich eigentlich schon raus gesehen aus den Medaillenrängen." Sie erzielte 73,467 Punkte – und siegte vor der Britin Deborah Criddle mit LJT Akilles (71,267). „Das habe ich zunächst gar nicht realisiert. ‚I have never seen such a unhappy gold medal winner', sagte mir ein Steward. Da erst verstand ich. Das unglaubliche war eingetreten, ich hatte trotz dieser Fehler gewonnen."

Meine schönste Erinnerung an London war dann eindeutig meine letzte Prüfung in der Kür mit Musik. Da fiel der ganze Druck von mir ab, die ganze Anspannung war weg und ich habe den Ritt in vollen Zügen genossen. Das Einreiten in das Stadion, die Stimmung, die vielen Zuschauer und vor allem mein Pferd waren einfach nur perfekt. „Ich denke, dass ich die Ritte in London auch deshalb so genossen habe, weil Ollie mir immer das Gefühl gab: ‚Jetzt geht s los!', schwärmt Hannelore Brenner. Ihre beiden Titel aus Hongkong konnte Hanne Brenner verteidigen. „Nein, ich habe damals ganz sicher nicht damit gerechnet, den Erfolg von Hongkong mit der zweiten Goldmedaille in der Kür wiederholen zu können. In Hongkong kam ich mir vor wie auf einem anderen Stern. Das war ein Ritt auf dem Vulkan, weil Ollie so aufgeregt war ...", sagt Hanne Brenner und ergänzt: „Aber das war auch die größte Herausforderung, die wir zusammen gemeistert haben. Auf jeden Fall haben wir die Jahre nach Hongkong gut genutzt und uns dank Dorte immer weiter entwickelt. Ich durfte durch meinen Sport so viele tolle Dinge erleben, dass ich nun nicht mehr tauschen möchte mit meinem Leben vor meinem Unfall. Ich bin glücklich mit meinem Leben, so wie es ist."

PORTRAIT

Hanne Brenner bleibt ungeschlagen

Die aktuell erfolgreichste deutsche Para-Dressurreiterin ist Hannelore „Hanne" Brenner. Die 50-jährige Betriebs- wirtin aus Wachenheim ist seit einem Reitunfall inkomplett querschnittsgelähmt. Sie startet national und interna- tional in der Wettkampfklasse (Grade III). 1999 nahm Hanne Brenner an den Weltmeisterschaften in Dänemark teil und gewann die erste von mittlerweile 13 goldenen, 16 silbernen und zwei bronzenen Medaillen.

Für ihre Erfolge wurde sie mehrfach ausgezeichnet, u.a. mit dem PSI-Award (2008), dem Friedensreiterpreis des Westfälischen Reit- und Fahrvereins (2009) und mit dem „Silbernen Pferd" des Deutschen Reiter- und Fahrerver- bandes in der Rubrik „Persönlichkeit" (2011). „Ich habe absolut das Gefühl, vollständig als Behinderte in unserer Gesellschaft integriert zu sein", sagt die Para-Equestrian-Reiterin und ist überzeugt: „Integration beginnt bei den Betroffenen selbst. Wenn wir mit unserem Handicap normal umgehen, tun dies auch alle anderen."

Die Weltmeisterschaft in Kentucky 2010 war da ein historischer Schritt nach vorne in Richtung Integration. Frü- her fanden die Paralymic-Championate praktisch unter Ausschluss der Öffentlichkeit statt. Doch bei den letzten Paralympics und vor allem auch der WM in Kentucky wurde das anders, allein durch die vermehrte Berichterstat- tung in den Medien. Auch dort gab es zweimal Gold im Einzel und Team-Silber für Hanne Brenner. „Besonders wichtig war, dass Behindertenreiter zusammen mit den Nicht-Behinderten bei einer gemeinsamen WM starten durften." Die Paralympics in London haben diesen Trend erfreulicherweise fortgesetzt. Hier gewann Hanne Bren- ner Doppelgold. Insgesamt waren 23 Nationen mit 78 Para-Dressurreitern vertreten.

Nach ihrem BWL-Studium und 17 Jahre andauernder Tätigkeit bei der Deutschen Telekom arbeitet Brenner seit Anfang 2009 bei Lotto Rheinland-Pfalz. Hier hat sie mit der Funktion der Schulungsleitung für Menschen, die in Lotto-Annahmestellen arbeiten, ihre berufliche Bestimmung, ihre Berufung gefunden. Zudem ist Lotto der größte Sportförderer im Lande und unterstützt Brenner in ihrer sportlichen aktiven Laufbahn, wo immer dieses möglich ist. Auch ihr neues „Projekt", die Gründung des Vereins „kleine Glücksritter" wird maßgeblich von Lotto unter- stützt. Die kleinen Glücksritter haben zum Ziel, lebensverkürzend erkrankten Kindern ganz schnell und unkom- pliziert Momente mit Pferden zu ermöglichen, wenn sie es möchten. Hierzu soll ein Netzwerk aufgebaut werden, das Pferdebesitzer und kranke Kinder über ganz Deutschland zusammenbringt.

ERFOLGE (AUSZUG)

1999	Weltmeisterin
2000	4. und 8. Platz bei den Paralympics in Sydney
2002	Doppel-Europameisterin und Mannschaftssilber, Deutsche Meisterin
2003	Doppel-Vizeweltmeisterin und Mannschaftssilber, Deutsche Meisterin
2004	Silbermedaille und Mannschaftssilber in Athen bei den Paralympics, Deutsche Meisterin
2005	Europameisterin, Vizeeuropameisterin und Mannschaftssilber, Deutsche Meisterin
2006	Deutsche Meisterin
2007	Doppel-Vizeweltmeisterin und Mannschaftssilber, Deutsche Meisterin, mit Women of the World
2008	Zwei Goldmedaillen und Mannschaftssilber in Hongkong bei den Paralympics, Deutsche Meisterin, mit Women of the World
2009	Doppel-Europameisterin und Mannschaftssilber, Deutsche Vizemeisterin mit Women of the World
2010	Doppel-Weltmeisterin (Championshiptest) und Mannschaftssilber, Weltreiterspiele 2010, Deutsche Meisterin, mit Women of the World
2011	Europameisterin, Vizeeuropameisterin und Mannschaftsbronze, Deutsche Meisterin, mit Women of the World
2012	Zwei Goldmedaillen bei den Paralympics London, Deutsche Meisterin, mit Women of the World
2013	Europameisterin, Vizeeuropameisterin und Mannschaftssilber, Deutsche Meisterin, mit Women of the World

MEHR ALS
Mango

Dr. Angelika Trabert – Mehrfache Paralympic Zweit- und Drittplatzierte und vielfache Para-Equestrian Welt- und Europameisterin

Das Wohnzimmer von Angelika Trabert ist in Pastellfarben gehalten. Eine Wohlfühlwohnung im indisch-afrikanischen Style. Ich bin zum Frühstück da, endlich hat es geklappt, denn Angelika Trabert ist ganz schön in der Welt unterwegs. An der Wohnzimmerwand hängt ein großes stilvolles Gemälde, ebenfalls in sanften pastellfarbenen Übergängen, von ihren drei Pferden Ghazim, Londria und Walmorel. „Pferde haben mir die Welt eröffnet", schwärmt Angelika. „Dank der Pferde bin ich schon einmal um die Welt herumgekommen, habe verschiedene Kulturen kennengelernt. Ohne Handicap wäre mir das nicht möglich gewesen", resümiert sie. „Ja, die Pferde haben mir Beine gemacht und halten mich auf Trab", so die weltweit führende Dressurreiterin mit Handicap. Ihre Mobilität ist darüber hinaus bemerkenswert. Technische

Spezialentwicklungen, mit denen sie sportlich unterwegs ist, wie eine Mono-Skifeder, ein modifizierter Scooter oder ein geländegängiges Dressurturnier-Quad zeigen, wie Angelika Trabert „in die Gänge kommt".

Ein launiges Sprichwort behauptet: „Vorher hatte man ein Vermögen, jetzt hat man Pferde." Bei der mehrfachen Paralympic-Reiterin geht es anders rum: „Jetzt hat man Pferde und zudem das Vermögen, sich und was zu bewegen. Was für Trabert zählt, ist, das verfügbare Potenzial optimal zu nutzen. „It s a ability not a disability that counts", lautet ihr Motto. Angelika Trabert ist der Antityp des mit sich hadernden Schicksals. Sie schlüpft in die Rolle der Aktiven. Das fällt nicht immer leicht, ganz schlimm war es, als ihr Freund bei einem Flugzeugabsturz unter ungeklärten Umständen vor einigen Jahren ums Leben kam. Da sind wir wieder beim manchmal unbegreiflichen Schicksal und dem vermeintlichen Sinn des Lebens, zu dem Antworten zu fehlen scheinen.

Pastellfarben und schicksalsbehaftet ist heute auch Angelika Traberts Lieblingsgericht, nämlich Mango mit Mozzarella. Denn die Mango wird seit jeher als „Götterfrucht" verehrt, für Hindus und Buddhisten ist sie ein religiöses Symbol. Eine Erwähnung als „Götterspeise" findet sich in den hinduistischen Veden, die etwa 1.200 v. Chr. geschrieben wurden. In der indischen Kultur spielen diese Früchte immer noch eine bedeutende Rolle, sie sind sowohl bei den Hindus als auch bei Buddhisten von religiöser Bedeutung. Die Sanskrit-Bezeichnung Amra wurde früher gerne als Vorsilbe benutzt, um einer Person oder einer Sache das Attribut von „Würde" oder „Bewunderung" zu verleihen. Die Mangoblüte wird mit Hindu-Gottheiten in Verbindung gebracht, und in der indischen Dichtkunst ist es der Duft der Blüte, der den Schmerz des einsam liebenden Herzens schürt. Auch heute noch wird sie den Göttern zum Zeichen des Reichtums und der göttlichen Süße dargeboten. Die Mango ist die nationale Frucht u.a. von Indien, Pakistan, den Philippinen, Bangladesch und auch von Guinea in Westafrika.

Die Mango gilt als Symbol für Kraft und Stärke, und dafür stehen auch die Anfangsbuchstaben MANGO, nämlich für den Verein „Medizinische Aktionen in Guinea e.V." Für dessen humanitäre Aktionen in Form von medizinischer Hilfe und Equipment vor Ort braucht man in einem der ärmsten Länder der Welt auch viel Kraft und Stärke. Hier engagiert sich Angelika Trabert ehrenamtlich und aktiv. Von Berufs wegen war Dr. Trabert seit 1996 Assistenzärztin in der Klinik für Anästhesiologie an der Uni Klinik in Mainz. Seit 2004 arbeitet sie als Fachärztin, derzeit zur Hälfte angestellt in der Tagesklinik in Frankfurt Höchst und zur Hälfte freischaffend, meist im Sana Klinikum Offenbach, auch das ein Zugeständnis an den Sport. „Ich arbeite in der Anästhesie, was sich für mich als ideale Wahl entpuppt hat, denn hier kann ich praktisch arbeiten", erzählt sie. Gerade im Frühjahr 2013 war Trabert zuletzt in Guinea im Einsatz, in einem Operationssaal mitten im Busch, nur von einem Notstromaggregat betrieben. Jenseits von Afrika ist sie unerschrocken in ihrem Rolli unterwegs und kümmert sich zum Beispiel um Intubationsvollnarkosen. „Improvisieren und organisieren, lautet da die Devise", so Trabert im Rückblick. Viele Einheimische müssten sich ihr Leben lang mit ihrem schweren Schicksal wie etwa schwersten Missbil-

dungen plagen, aber auch mit für uns banalen Dingen wie Hernien, die in Guinea ungeahnte Größen erreichen und lebensbedrohlich werden können, wenn es unseren Verein MANGO nicht gäbe. Ganz klar, Angelika Trabert ist entschlossen, das Schicksal selbst in die Hand zu nehmen und es nicht nur darauf zu belassen. Ein glückliches Händchen beweist die promovierte Medizinerin etwa nicht nur bei einer Spinalanästhesie, sondern auch beim Dressurreiten und beim Kochen.

Dabei kochen wir heute eigentlich nicht, sondern machen uns an ein Gericht, dessen Zubereitungsweise mehr ans Cocktailmixen erinnert und übrigens auch kein Obstdessert ist, sondern eher eine Vorspeise. Obwohl es sich bei der Mango um eine Tropenfrucht handelt, die zum Obst zählt, werden die unreifen Früchte in Asien zubereitet wie ein Salat bzw. Gemüse. Darüber hinaus werden die reifen Früchte zu Pickle verarbeitet. Mangos werden zu Saft, Kompott, Marmelade und Eiscreme verarbeitet. Allen bekannt sind die Mango-Chutneys, die mild oder stark gewürzt bei keiner Reistafel fehlen dürfen. Am interessantesten ist Mango in Verbindung mit Milchprodukten. Mango-Eis und -Joghurt verkaufen sich in verschiedenen europäischen Ländern mit großem Erfolg. Mango eignet sich wie keine andere Frucht zur Verarbeitung in einer Vielzahl von Fertigprodukten und Kindernahrungsmitteln. Bei der Herstellung von Kompott und Marmelade sind Hitzeschäden zu vermeiden.

Die Ernte und der Verkauf von Mangos von März bis Mai sind in Indien ein Medien-Event. „Frooti", ein populäres indisches Mangogetränk, wird nicht umsonst von Coca-Cola mit „Maaza" imitiert. Die heutige zentrale Heimat der Mango ist Indien, wo sie schon seit über 4.000 bis 6.000 Jahren kultiviert wird und dort unübertroffen in

Frühstück bei Trabert

10 bis 16 cm langen Rispen. Aus ihnen entstehen die köstlichen Steinfrüchte, welche an langen Stielen von den Ästen hängen. Mangos haben einen besonders süßen Geschmack, eine glatte, ledrige, goldgelbe Schale (mit etwas Grün) und ein saftig gelb-oranges Fruchtfleisch. Reife, ungeschälte Mangos verströmen einen charakteristischen harzig, süßen bis starken Duft. Auf Druck geben sie leicht nach und auf der Frucht sind 1 bis 4 mm große schwarze Punkte zu erkennen. Unreife Mangos können unter Kühlung noch 4 bis 5 Tage nachreifen. Der Geschmack und die Textur des Fruchtfleisches variieren zwischen den Sorten. Getrocknete Mango, die Schale (die auch bei empfindlichen Personen eine Kontaktdermatitis verursachen kann) und ihre Samen werden auch in der ayurvedischen Medizin verwendet.

Und hier nun Angelika Traberts Rezept: Mango schälen und in Scheiben schneiden. Mozzarella auf einem Sieb abtropfen lassen und ebenfalls in Scheiben schneiden. Mango und Mozzarella dachziegelförmig auf eine Platte mit Rand legen. Vom Zitronengras die harten Hüllblätter entfernen und den weichen Teil in feine Ringe schneiden, dann fein hacken. Von einer Limette die Schale abreiben und mit dem Zitronengras in eine Schüssel geben. Limetten auspressen und braunen Zucker zu dem Zitronengras geben. Chili entkernen und in feine Würfel schneiden. Koriandergrün hacken. Alles mit dem Olivenöl und den anderen Zutaten gut verrühren, sodass sich der Zucker auflöst. Über die Mango-Mozzarella-Scheiben geben und mit gehackten Nüssen bestreuen. Yummy!

ihrer Vielfalt an Varietäten. Auch heute gibt es dort urwüchsige Mangowälder. Indien ist auch der größte Produzent von Mangos.

Inzwischen sind über 1.000 Mangosorten bekannt, die sich in Form, Größe und Geschmack unterscheiden. Namentlich erwähnenswert ist hier die sogenannte Stinkende Mango (Mangifera foetida), eine in Südostasien bis in Höhen von 1.000 m häufig kultivierte Art. Die Stinkende Mango stammt ursprünglich aus den feuchten Tieflandregenwäldern der Malaiischen Halbinsel und Indonesiens und wird im Englischen auch als „Pferde-Mango" bezeichnet. Die reifen Früchte sind essbar und strömen einen sehr starken Duft aus, daher auch die etwas unschmeichelhafte deutsche Bezeichnung. Wieso Horse-Mango, lässt sich an dieser Stelle nicht eindeutig beantworten, aber die Frage, wenn im Paddock Mangobäume stehen und die Früchte herunterfallen, dahingehend, dass gefressene Mangos für Pferde wohl nicht giftig wirken.

Inzwischen werden Mangos in vielen tropischen und subtropischen Gebieten, z.B. in den USA (Florida), in Mexiko, Mittel- und Südamerika, der Karibik, Afrika (Kap-Provinz), Asien, Australien, Israel, Zypern, Ägypten und auch im Süden Spaniens und auf den Kanarischen Inseln angebaut. Der immergrüne Mangobaum zählt zu den größten Obstbäumen der Welt und kann über 45 m hoch werden. Die weißen, gelben oder leicht rosafarbenen Blüten sind entweder männlich oder verschieden geschlechtlich, 5 bis 8 mm im Durchmesser und stehen an

MEHR ALS MANGO

Zutaten (für 4 Personen)

1 Mango
1 Chilischote, rot, entkernt
1 Esslöffel brauner Zucker
2 Limetten (Bio)
3 Kugeln Mozzarella
2 Stängel Zitronengras
2 Esslöffel Koriandergrün
50 g Nüsse (Erdnüsse oder Macadamia) ungesalzen, gehackt
1 Esslöffel Olivenöl

EXKURS

Wenn der kleine Hunger kommt, verheißt ein Werbeslogan. Tatsächlich sind Appetit, Hunger und Heißhunger völlig unterschiedliche Zustände. Appetit ist kein physiologisches, sondern ein psychisches Phänomen. Hunger dagegen ist das Ergebnis ungerechter Verteilung strategischer Ressourcen. 1,4 Milliarden Menschen mit Appetit haben Übergewicht, 870 Millionen hungern. Ein Mensch braucht am Tag mindestens 1.700 bis 2.000 Kalorien, um gesund zu bleiben und ein aktives Leben führen zu können. Einem Achtel der Menschheit steht derzeit dieses Minimum an Kalorien nicht zur Verfügung.

Die Ursachen für Hunger sind vielfältig: Vielen Menschen wird der Zugang zu lebenswichtigen Ressourcen wie Acker- und Weideland oder Wasser verwehrt. Andere verlieren ihre Lebensgrundlage, weil Böden unfruchtbar werden und Wasserquellen versiegen, Pflanzen- und Tierarten verschwinden oder traditionelle Nutzungsrechte und lokale Märkte streitig gemacht werden. Viele Menschen beziehen buchstäblich nur Hungerlöhne und können sich nicht ausreichend Nahrungsmittel kaufen. Immer mehr Böden werden unfruchtbar – durch menschliche Einwirkung. Die fruchtbare Bodenschicht (Humusschicht) geht verloren, damit wird es schwieriger, Nahrungsmittel anzubauen. Der Anstieg des Fleischkonsums führt dazu, dass mehr Nahrung an Nutztiere verfüttert wird (z.B. Mais und Soja), anstatt den Menschen zur Verfügung zu stehen. Es gibt oft keine strukturierte Vorsorge vor Hungerkrisen. Auch die Spekulation mit Nahrungsmitteln in der Finanzbranche macht Essen für Millionen Menschen unbezahlbar. Finanzakteure wetten auf steigende oder fallende Nahrungsmittelpreise, um schnell hohe Gewinne zu erzielen. Auf Millionen von Hektar Land werden zudem Biospritpflanzen angebaut – Fläche, die auch zum Anbau von Nahrungsmitteln genutzt werden könnte. So werden Tanks statt Mägen gefüllt.
Dabei ist der gerechte Zugang zu Boden, Wasser, Saatgut, Dünger und Arbeitsgeräten besonders für Menschen in ländlichen Regionen existenziell. In den meisten Ländern Afrikas, Asiens und Lateinamerikas sind Hunger und Armut daher auch eine wesentliche Frage der regionalen Selbstversorgung.

Bei stark reduzierter Nahrungszufuhr oder völligem Nahrungsentzug schaltet der Körper schon nach einem Tag auf den sogenannten Hungerstoffwechsel um. Hunger ist eine unangenehme körperliche Empfindung, die Menschen und Tiere dazu veranlasst, Nahrung zu suchen. Die biologische Funktion dieses Reizes besteht darin, die ausreichende Versorgung des Organismus mit Nährstoffen und Energie sicherzustellen. Hunger entsteht nachweislich nicht im Magen, denn auch Menschen, denen der Magen operativ entfernt wurde, verspüren deutliche Hungergefühle. Die Füllung des Magens ist für die Entstehung des Hungerreizes also nicht ausschlaggebend. Reguliert wird das Hungergefühl unter anderem durch Neurotransmitter, die im Hypothalamus produziert werden, was zu psychischem Stress und innerer Unruhe führt.
Obwohl Fasten für den Körper physiologisch dieselben Auswirkungen hat wie Hungern, entfällt in diesem Fall der psychische Stress, da der Nahrungsverzicht freiwillig erfolgt und auch stimmungsaufhellende Hormone gebildet werden wie Serotonin. Das führt dazu, dass wesentlich mehr Endorphine als Stresshormone gebildet werden, die aufgrund des verlangsamten Stoffwechsels lange im Blut bleiben. Diese wirken als körpereigene Opioide und können einen leichten Rauschzustand erzeugen, der bis zu euphorischen Zuständen reichen kann. Dieser Rauschzustand spielt auch bei Magersucht eine Rolle. Ein Hungerstreik ist als freiwilliger Nahrungsverzicht psychisch mit dem Fasten vergleichbar.

Der sogenannte Heißhunger ist ein Signal für eine akute Unterzuckerung, also ein starker Abfall des Blutzuckerspiegels. Am schnellsten steigt der Blutzuckerwert durch schnell resorbierbare Kohlenhydrate wie Traubenzucker (Glukose) an, da diese Zuckerart besonders schnell ins Blut aufgenommen wird. Heißhunger kann durch häufiges Essen von schnell resorbierbaren Kohlenhydraten wie Einfachzucker und Weißmehlprodukte begünstigt werden. Vollkornprodukte und fett- oder eiweißreiche Lebensmittel dagegen verzögern den Blutzuckeranstieg und halten den Zuckerspiegel nach einer Mahlzeit für längere Zeit konstant. Nach Diäten kann es zu Heißhungeranfällen kommen, da der Körper so den Kalorienverlust wieder ausgleichen will.

Je schneller der Blutzuckerspiegel sinkt, desto heftiger verspüren wir das Bedürfnis nach Energienachschub. Zucker muss wieder her. Bevorzugt greifen wir dann zu kohlenhydratreichen Speisen. Kohlenhydrate sind die wichtigsten Energielieferanten. Sie bestehen aus unterschiedlichen Zuckerverbindungen, die bei der Verdauung zu einem ihrer Grundbestandteile, nämlich Traubenzucker, aufgespalten werden. Dieser erreicht über das Blut die einzelnen Körperzellen, die daraus Energie gewinnen. Zucker ist in aller Munde. Auf die Frage, ob Pferde den so beliebten Würfelzucker als Belohnung nun bekommen sollten oder nicht, streiten sich die Gemüter. Sicher ist, vieles steht und fällt mit Zucker. Wann ist man wirklich über- oder unterzuckert?

Anders als der Name vermuten lassen könnte, wird die Zuckerkrankheit (Diabetes, aus dem gr. , heißt so viel wie honigsüßer Durchfluss) nicht direkt durch ein Übermaß an Zucker verursacht, sondern zur Überzuckerung des Blutes (Hyperglykämie) kommt es unter anderem aufgrund einer genetischen Disposition und einem Insulinmangel. Auch Pferde können an Diabetes mellitus erkranken. Typischerweise saufen betroffene Pferde auffällig häufig und viel Wasser, dies kommt durch den vermehrten Zucker im Blut, durch den Urin wird mehr ausgeschieden und es kommt zu einem Wasserverlust. Daher müssen betroffene Pferde und Menschen auch mehr Flüssigkeit aufnehmen.

Am häufigsten wird eine Diabetes beim Pferd durch eine Erkrankung der Nebenniere (Cushing-Syndrom) hervorgerufen. Eine weitere Ursache für Diabetes mellitus beim Pferd kann das sogenannte Metabolische Syndrom (equine metabolic syndrome) sein. Hieran erkranken übergewichtige Pferde, die häufig zu viel eiweiß- und energiereiches Futter erhalten und sich zu wenig bewegen. Tiermediziner vermuten, dass ähnlich wie beim Menschen eine genetische Vererbung und die nicht optimale Haltungsbedingungen zusammen zur Zuckerkrankheit führen.

Der Zuckerkonsum in Europa steigt weiter: Jeder Einwohner Deutschlands nimmt pro Jahr durchschnittlich 36 Kilogramm Zucker zu sich. Drei Viertel davon sind in verarbeiteten Lebensmitteln enthalten. Zucker wird in Form von Streuzucker und Würfelzucker im Haushalt verbraucht, wird in Lebensmitteln weiterverarbeitet und findet außerdem Verwendung in der chemischen Industrie. Die Getränkeindustrie und die Süßwarenhersteller sind mit jeweils etwa einem Fünftel des Verarbeitungszuckers die größten Zuckerverbraucher.

Der Bezeichnung Zucker als Nahrungs- und zugleich Genussmittel steht zumeist als Sammelbegriff für alle süß schmeckenden Saccharide (Einfach- und Zweifachzucker). Zucker ist aus dem Sanskrit-Wort (arkar) für „süß" entlehnt, das als sukkar ( ) ins Arabische übernommen wurde und von dort in den europäischen Sprachraum gelangte. Saccharose stellt einen wichtigen

Bestandteil der menschlichen Ernährung dar in Form von Haushalts- oder Kristallzucker, der aus der Zuckerrübe, dem Zuckerrohr, der Zuckerpalme und in kleinen Mengen auch aus dem Saft des Zuckerahorns gewonnen wird. Bei dem sogenannten Kristallzucker, der Zucker-Raffinade, handelt es sich um chemisch fast reine Saccharose (99,8 Gewichtsprozent).

Saccharose als Zweifachzucker besteht aus je einem Baustein Fructose und Glucose (Traubenzucker). Die Einfachzucker (Monosaccharide) Glucose, Fructose und Galactose sind die wichtigsten Zucker des Stoffwechsels, Energieträger und dienen auch als Zellbausteine. Sie sind die Bausteine aller Kohlenhydrate und können sich zu Zweifachzuckern, Mehrfachzuckern oder Vielfachzuckern verbinden. Fructose (Fruchtzucker) kommt in der Natur vor allem in Früchten wie Kernobst und Beeren, aber auch in tropischen Früchten wie die Mango und im Honig vor. Fructose schmeckt wesentlich süßer als Glucose. Aufgrund der 20 % höheren Süßkraft der Fructose ist eine zunehmende Verdrängung anderer Süßstoffe festzustellen. Der Blutzucker steigt bei Zufuhr von Fruchtzucker deutlich langsamer an als bei Zufuhr des in der Küche üblicherweise verwendeten Haushaltszuckers. Daher wurde Fruchtzucker auch zum Süßen diätetischer Lebensmittel empfohlen.

Im Gegensatz zu Fructose und Saccharose können Fructane nicht vom Menschen resorbiert werden und eignen sich daher auch als Süßstoff für Diabetiker. Fructane als Mehrfachzucker bestehen aus mehreren miteinander verknüpften Fructoseeinheiten. Je nachdem wie viele Einheiten verknüpft sind, heißen die Verbindungen Inulin, Oligofructose oder Fructane. Fructan ist eine bestimmte in Pflanzen vorkommende Art von langkettigen Zuckern. Diese speziellen Zucker dienen in Pflanzen als kurzfristiger Energiezwischenspeicher. Einige Pflanzen akkumulieren Fructane bei Trockenheit oder Frost. Etwa bei starkem Sonnenschein und gleichzeitig niedrigen Temperaturen kann die durch Sonneneinstrahlung gewonnene Energie von Gräsern nicht unmittelbar in Wachstum umgewandelt werden und wird daher in Form von Fruktanen zwischengespeichert. Dies ist vor allem an den ersten sonnigen Frühjahrstagen und im Spätherbst der Fall. Durch die höhere Konzentration an gelösten Stoffen in der Pflanzenzelle wird das osmotische Potenzial vergrößert und das Wasser kann dadurch von der Pflanze besser aufgenommen werden. Andererseits schützen Fructane auch die Zellmembrane.

Die so entstehende Konzentration an Fructan kann bei Pferden zur Hufrehe führen. Aufgrund ihrer Struktur gehören die Fructane zu den rasch fermentierbaren Kohlenhydraten, die im Dickdarm des Pferdes einem schnellen mikrobiellen Abbau unterliegen. Die bei der Fermentation entstehenden Produkte können durch die vorgeschädigte Darmschleimhaut in den Blutkreislauf gelangen, gefäßverengend wirksam werden und eine Hufrehe auslösen.

Aus diesem Grund sollten rehegefährdete Pferde an einem frostigen und noch dazu sonnigen Morgen nicht auf die Weide gelassen werden. Bei diesem Wetter ist abhängig von der Fotosynthese-Rate die höchste Fructankonzentration zu erwarten. Das Gras kann wegen der Kälte nicht wachsen, die Energieproduktion läuft aber wegen des Sonnenscheins auf Hochtouren mit dem Ergebnis der Fructananreicherung.

Die Fructanbildung in der Graspflanze wird dabei von einer Vielzahl von Faktoren beeinflusst. Insbesondere die Pflanzenart, Tages- und Jahreszeit, die Vegetationsperiode, klimatische Bedingungen, wie Temperatur und Lichtintensität, und das Weidemanagement spielen eine große Rolle. Intensive Düngung und Nutzung der Weiden führen hingegen zu einer Abnahme der Fructangehalte im Gras. Der Fructangehalt der auf europäischen Pferdeweiden vertretenen Pflanzen variiert beträchtlich. Vor allem deutsches, welsches und Hybrid-Weidegras enthalten viel Fructan, während zum Beispiel Wiesenlieschgras, Rotschwingel und Wiesenfuchsschwanz als fructanarm gelten. Daher sollten bevorzugt fructanarme Gräserarten angebaut werden.

Die richtige Menge der Zuckers im Blut ist also nicht nur ein komplexes weltumspannendes Problem, sondern erfordert individuelle und lokale Lösungen, um Hunger und Krankheit bei Mensch und Tier effektiv zu vermindern.

Gegen alle Schwierigkeiten

Ich gebe ihr die Hand zur Begrüßung, an ihrer rechten Hand fehlen ihr zwei Finger und die jeweiligen Mittelgelenke. „Dies behindert mich jedoch so gut wie nicht", erklärt die Handicap-Reiterin. Sie wurde zudem mit einer Dysmelie, einer Fehlbildung beider Beine, geboren, weshalb sie sich mittels zweier Oberschenkelprothesen fortbewegt – auf längeren Strecken mit einem Rollstuhl – oder eben zu Pferd. „Damit bin ich ‚Profile 11', erklärt Trabert, „das ist national und international in der Wettkampfklasse Grade II zugeordnet." Mit der Klassifizierung in Graden, die nach funktionellen Gesichtspunkten bezo-

gen direkt auf das Reiten erfolgt, wird sichergestellt, dass vergleichbare Einschränkungen zu vergleichbaren Leistungen führen.

Grade Ia bezeichnet die am schwersten behinderten Reiter. Die Athleten sind hauptsächlich Rollstuhlbenutzer. Hier sind nur Schritt- und in Ib Schritt-Trab-Aufgaben vorgesehen. Bei Grade II sind Schritt-Trab-Aufgaben mit Tempiunterschieden gefordert, Galopp und Lektionen der Klasse L sind aber in der Kür durchaus üblich. (Anmerkung: fliegende Wechsel sind in Grade II nicht mehr erlaubt). Grade III ist das in Deutschland am meisten vertretene Grade. Hier wird L-Niveau geritten. Auch Reiter, die als B1 (blind) klassifiziert sind, starten in dieser Klasse. Bei Grade IV kommen Lektionen aus dem M-Niveau dazu. Bei der Kür wird fast alles außer Passage und Piaffe gezeigt.

Glücklich über dreimal Silber bei den Europameisterschaften 2013 in Herning/DEN: Dr Angelika Trabert und Ariva Avanti

Die Anforderungen bei der Ausführung der geforderten Elemente, in den Lektionen, unterscheiden sich bei speziellen Behindertenturnieren nicht von den Regelturnieren. Grundlage ist ebenfalls die Skala der Ausbildung (Takt, Losgelassenheit, Anlehnung, Schwung, Geraderichten, Versammlung). „Aus diesem Grund benötige ich ein sensibles Pferd, das so charakterstark und mutig ist, dass es nicht bei jeder Kleinigkeit die Flucht ergreift", weiß Trabert. „Es darf gerne neugierig sein, aber es darf keine schlechten Erfahrungen mit der Gerte gemacht haben, denn diese benötige ich für meine Hilfengebung. Damit kompensiere ich das fehlende (oder verkürzte) Bein. Der Rest lässt sich den meisten Pferden mit etwas Geduld beibringen."

Zur Hilfengebung setzt sie verstärkt Gewichtshilfen ein und reitet viel mit Kreuz. Allerdings macht nicht jedes Handicap jedes Pferd besser", fügt sie hinzu. Mit einem Handicap fordert man das Pferd psychisch wie physisch stärker. Es muss auf kleinste Hilfen reagieren und soll auch noch differenzieren, welche Hilfe vielleicht aufgrund der Handicaps ungenau gegeben wurde und welche Hilfe dann doch so gemeint war.

Man muss auch für reiterliche Abwechslung sorgen, sonst sind bei den Pferden Rückenprobleme vorprogrammiert. „Ein Bereiter ab und zu für den Ausgleich beim Pferd ist ziemlich wichtig. Aufgrund der mangelnden Entspannungsmöglichkeit des sowieso schwer beanspruchten Pferderückens muss manchmal sogar akkupunktiert werden oder osteopathisch vorgegangen werden. Denn beim Handicap-Reiten sind ein leichter Sitz und auch Leichttraben oft nicht möglich, und auch durch den hohen Schwerpunkt und das fehlende Auspendeln der Beine muss man durch zusätzliche, komplementäre Arbeit immer wieder ausgleichen."

International ist Angelika Trabert – Spitzname „Geli" – seit 1991 aktiv, war auf fünf Paralympics, fünf Weltmeisterschaften und fünf Europameisterschaften unterwegs für Deutschland und errang insgesamt 18-mal Silber, drei Gold- und drei Bronzemedaillen. Die achte von der FEI (International Federation of Equestrian Sports) zugelassene Disziplinen ist neben Dressurreiten, Springreiten, Vielseitigkeitsreiten, Fahren, Distanzreiten, Voltigieren, Reining das sogenannte Para-Equestrian. Nach den Weltreiterspielen 2010 ist es das erste Mal, dass Para-Equestrian auch Bestandteil von regulären Europameisterschaften ist. Mit im Kader aufgestellt für den Start in

2014 ist auch Angelika Trabert. „Die vorangegangenen Weltreiterspiele in Kentucky waren ein Ort der gegenseitigen Begegnung und Wahrnehmung", berichtet sie. „Hier gab es ein völlig neues Gemeinsamkeitsgefühl", so Trabert.

„Ich halte es für ein Privileg, für mein Land starten zu dürfen", erzählt mir Angelika Trabert, als ich gleich auf die letzten Paralympischen Spiele zu sprechen komme, wo sie den dritten Rang in der Kür, in der Chmpionatsaufgabe und den zweiten Rang mit der Mannschaft erreichte. „London war toll. Bis zu 15.000 Zuschauer haben bei den Dressurprüfungen der Para-Reiter das Stadion im Greenwich Park zum Toben und die achte Disziplin in eine neue Dimension gebracht. London 2012 hat gezeigt, dass die Paralympics ein Sport-Event mit eigenen Werten und Normen sind, die der Olympiade in nichts nachstehen müssen!" Die Paralympics 2012 in London wurden erstmalig medial stark beachtet und mit zahlreichen Übertragungen auch zu den Hauptsendezeiten den Olympischen Spielen angenähert. Viele Jahre standen diese im Verhältnis zu den Olympischen Spielen weit weniger in der öffentlichen Wahrnehmung.

Die ersten Paralympics fanden 1976 in Schweden statt. Seit den Sommer-Paralympics 1988 finden die Spiele regelmäßig am selben Ort wie die Olympischen Spiele statt. Seit 1992 sind die Paralympischen Spiele organisatorisch mit den Olympischen Sommerspielen verbunden und finden jeweils drei Wochen danach am gleichen Ort statt.
Für ihr sportliches Engagement erhielt Angelika Trabert zahlreiche Ehrungen, unter anderem am 11.11.1996 das Silberne Lorbeerblatt für hervorragende sportliche Leistungen bei den Paralympics in Atlanta/USA aus der Hand des Bundespräsidenten Roman Herzog, am 20.11.2008 die erneute Anerkennung nach den Paralympics 2008 in Hongkong durch den damaligen Bundespräsidenten Horst Köhler und nach den Paralympics in London 2012 am 07.11.2012 durch den amtierenden Bundespräsidenten Joachim Gauck. 2010 bekam sie den Preis der FEI „Against all odds" durch HRH Prinzessin Haya in Taiwan bei der General Assembly verliehen.

Im Gegensatz zu anderen Nationen sind die Para-Dressurreiter im deutschsprachigen Raum durchweg Amateure, die allesamt berufstätig sind, wie auch Trabert als Ärztin. „Ich schaffe es im Schnitt dreimal in der Woche aufs Pferd." Seit den Europameisterschaften 2002 in Portugal können Handicap-Reiter nur noch mit ihren eigenen oder ihnen zur Verfügung gestellten Pferden starten. Zuvor wurden die Pferde vom Gastgeberland für die Veranstaltung bereitgestellt, die Reiter hatten nach Losentscheid zwischen 5 bis 8 Tage Zeit, sich auf ihre vierbeinigen Partner einzustellen. Nun ist das Niveau auf den „eigenen Pferden" natürlich rasant gestiegen. Allerdings sind die Kosten für die Anschaffung, die Ausbildung, den Transport oder den Unterhalt von den nationalen Verbänden, wie auch von den Reitern selbst, kaum aufzubringen, weshalb hier Sponsoren eine besondere Rolle spielen.

Die Paralympics dürfen keineswegs als „Parallelwelt" verstanden werden. „Reiten ist gelebte Integration, was auch heißen kann, dass man auf dem Abreiteplatz mal umgeritten werden kann", erzählt Trabert, die zehn Jahre (1996–2006) Athletensprecherin im International Paralympic Equestrian Committee war. „Man muss sich aufs Pferd verlassen, dann ist man nicht verlassen, es sei denn man verlässt das Pferd. Mündigkeit ist, sich auch mal zu verletzen." Und schon sind wir mitten im Thema Teilhabe und Inklusion.

Dahinter steht die UN-Behindertenrechtskonvention. Ziel ist es, Menschen mit Behinderung die Teilhabe an allen gesellschaftlichen Prozessen zu garantieren. Durch das in Deutschland am 26.3.2009 in Kraft getretene „Übereinkommen über die Rechte von Menschen mit Behinderungen" der Vereinten Nationen ist das Recht auf Teilhabe und Selbstbestimmung ein menschen- und völkerrechtlicher Anspruch geworden. Teilhabe am Leben in der Gesellschaft ist ein unmittelbarer Aspekt der Freiheit selbst. Denn die Gleichheitssätze des Grundgesetzes, insbesondere das Benachteiligungsverbot, sichern auch chronisch kranken, pflegebedürftigen und behinderten Menschen rechtliche und soziale Gleichheit.

Eine zentrale Bedeutung hat hier das Prinzip der Sozialen Inklusion mit der Zielsetzung eines verstärkten Zugehörigkeitsgefühls („enhanced sense of belonging"). Hiermit hat ein neuer Begriff Eingang in die Menschenrechtsdiskussion gefunden. Die Forderung nach sozialer Inklusion gilt als verwirklicht, wenn jeder Mensch in seiner Individualität von der Gesellschaft akzeptiert wird und die Möglichkeit hat, in vollem Umfang an ihr teilzuhaben oder teilzunehmen. Inklusion beschreibt dabei die

Gleichwertigkeit eines Individuums, ohne dass dabei Normalität vorausgesetzt wird. Normal ist vielmehr die Vielfalt, das Vorhandensein von Unterschieden.

Grundsätzlich kann also jeder entsprechend seinem Talent, seinen Fähigkeiten und seiner Ausdauer auch am Leistungssport teilhaben und teilnehmen. Im Leistungssport nehmen behinderte Reiter und Fahrer sowohl an Regelturnieren gemeinsam mit Nichtbehinderten als auch an speziellen Behindertenturnieren teil. Angelika Trabert reitet heute im Regelsport erfolgreich bis Klasse M.

Als Kind hatte Angelika Trabert aber erst zu kämpfen, um ihren Traum vom Reiten zu verwirklichen. „Mit sechs Jahren saß ich zum ersten Mal auf einem Pony. Da mein Interesse an Pferden weiterhin bestehen blieb, bemühten sich meine Eltern um eine Möglichkeit, das Reiten zu erlernen, was sich damals als sehr schwierig herausstellte. „Über das Kuratorium für Therapeutisches Reiten habe ich den Einstieg in den Reitsport gefunden", erzählt Trabert, die auf 22 Jahre internationale Reiterfahrung zurückblicken kann. „Hier ging es los über die Hippotherapie", erinnert sich Trabert. Das Deutsche Kuratorium für Therapeutisches Reiten e.V. (DKThR) als Dachverband für den Pferdesport mit Handicap wurde 1970 gegründet und arbeitet zusammen mit der Deutschen Reiterlichen Vereinigung (FN) und dem deutschen Behindertensportbund (DBS). Er gliedert sich in die vier Fachbereiche Hippotherapie, heilpädagogische Förderung, ergotherapeutische Behandlung und Reiten für Menschen mit Behinderungen.

Beim Therapeutischen Reiten steht die wohltuende Wirkung des Reitens zur Heilung und Förderung der geistigen, sozialen und körperlichen Entwicklung im Vordergrund. Psychosoziale Probleme und Störungen können so erheblich gelindert und körperliche Behinderungen erfolgreich behandelt werden. Dabei wird das Pferd auch präventiv zur motorischen und pädagogischen Förderung von Kindern an Kindergärten und Schulen eingesetzt. Bereits in der Antike spielte das therapeutische Reiten eine Rolle.

Hippotherapie ist eine ärztlich verordnete Fachbehandlung, diese wird durchgeführt von Physiotherapeuten mit entsprechender Zusatzausbildung. Die heilpädagogische Förderung mit dem Pferd wird durchgeführt von Pädagogen oder Psychologen mit entsprechender Zusatzausbildung, ebenso die ergotherapeutische Behandlung mit dem Pferd von einem speziell ausgebildeten Ergotherapeuten. Reiten als Sport für Menschen mit

Behinderungen ergänzt als paralleler Ansatz die oben genannten Fachbereiche bis hin zu den Paralympics.

1985 kam Angelika Trabert nach verschiedenen Odysseen, Pferden und Reitlehrern in den USA für fünf Wochen in der Familie Price unter, die eine Tochter namens Michelle hatten, die durch Knochenkrebs mit acht Jahren ihr rechtes Bein verloren hatte. Sie bat mich, auf ihrem sensiblen Pferd namens „Prince" ohne Prothesen zu reiten, wie sie es selbst auch tat. Dies war eine ganz neue Erfahrung und ein Schlüsselerlebnis, ohne größere Schmerzen war nun das korrekte Reiten möglich. Zurück in Deutschland, setzte Trabert das Reiten im Westernsattel fort, der ohne Prothesen ihr wesentlich mehr Halt gab.

1989 wurde ihr schließlich mithilfe von Pfarrer Gottfried von Dietze, (* 16. April 1921 in Breslau; † 17. Mai 2012 in Nieder-Moos), der ersten Spezialsattel ermöglicht. Von Dietze, Rittmeister a.D., Rechtsritter des Johanniterordens und Pferdefachmann gilt als Wegbereiter des Therapeutischen Reitens. In Stalingrad 1942 explodierte direkt neben ihm eine Bombe und verletzte sein rechtes Bein schwer. Die Ärzte wollten amputieren, doch Dietze weigerte sich. Lange war er im Lazarett in Freiburg. Am 3. November 1943 – am Hubertustag – hielt es Dietze nicht mehr in seinem Rollstuhl: Er ließ sich in einer Reitanlage auf ein Pferd mit einem Damensattel setzen und probierte eine halbe Stunde lang alle Gangarten. Entgegen dem Rat seiner Ärzte begann er wieder zu reiten, erlangte dadurch seine Gehfähigkeit zurück und entdeckte den therapeutischen Wert der Bewegungen des Pferdes für den menschlichen Körper. Er trainierte zahlreiche Reitlehrer, Therapeuten und Pferde und entwickelte Sättel, Gurte und Zäume für alle erdenklichen Fälle, zum Beispiel für Amputierte.1970 war er unter den Gründungsmitgliedern und Vorsitzenden des Deutschen Kuratoriums für Therapeutisches Reiten.

„Der richtige Sattel ist für uns Handicapreiter das A und O", betont die Narkoseärztin. Heute verwendet sie eine Spezialsattelanfertigung, eine Weiterentwicklung des damals dem Damensattel nachempfundenen Prototypen. „Nicht immer findet man gleich eine optimale Lösung und noch schwieriger ist es, einen entsprechenden Sattlermeister zu finden, der dies umsetzt." Ein Gurt über beide Hüften, der vorne durch zwei Ösen läuft und dann den „Angstriemen" bildet gibt ihr die nötige Stabilität, ohne sie daran zu hindern, sich im Notfall vom Pferd lösen zu können. „Früher bin ich bis zu dreimal am Tag runtergeflogen, das ist heute zum Glück nicht mehr der Fall. 1990 begann für mich das Dressurreiten, da erwarb ich das Reiterabzeichen der Klasse IV und der Klasse III, es folgte der Reitwart (Trainer C) und Ausbilder im Reiten als Sport für Behinderte."

Trabert begann 1991 mit ihrer Karriere im internationalen Behindertensport, als sie von der zweiten WM mit zwei Silbermedaillen heimkehrte. Damals fand dies alles noch auf Leihpferden statt, die vom Gastgeberland zur Verfügung gestellt wurden. Dies änderte sich nach den Paralympics in Sydney. (Anmerkung: Schon 1999 bei der WM in Dänemark wurde auch auf eigenen Pferden geritten, jedoch wurde dies getrennt gewertet, dementsprechend gab es Weltmeister auf eigenen und auf Leihpferden). Ihr erstes eigenes Pferd kaufte sie 1992 mit dem Trakehner-Wallach Ghazim. Gemeinsam haben die beiden viele Höhen und Tiefen durchgestanden. „Einen Teil Geld hatte ich selbst gespart, einen größeren Teil erhielt ich von meiner Oma und meinem Großonkel. Damit kaufte ich mir den damals dreijährigen Ghazim von Anduc aus einer Kastillo-Tochter. Viele erklärten mich für verrückt, mir ein solch junges Pferd zu kaufen. Mit Geduld und fachkundiger Hilfe schafften wir es jedoch gemeinsam bis zum Reitabzeichen der Klasse II und dem Amateurreitlehrer (Trainer A) im Landgestüt in Dillenburg", sagt die 45-jährige im Rückblick.

Nachdem Ghazim 2003 aufgrund eines Fesselträgerschadens aus dem Leistungssport ausschied, suchte sie nach einem neuen Pferd, welches sie in Form von Walmorel durch Heinrich Brähler im Frühjahr fand. Die damals neunjährige Hannoveraner Stute von Wolkenstein II, aus einer Pik Bube Mutter, besticht durch ihren Arbeitenseinsatz und ihre Feinfühligkeit. „Mich hat sie noch nie im Stich gelassen, und sie hat mir neue Dimensionen in der Reiterei eröffnet. So durfte ich 2009 mit ihr meine erste S-Dressur gehen", berichtet die Anästhesistin.

In 2007 verletzte sich Walmorel. „Und da ich mal wieder nichts zum Reiten hatte", durfte ich die siebenjährige Londria – von Londonderry aus einer Weltmeyer-Mutter – mitreiten", erzählt Trabert. Glücklicherweise gab es dank des Teams Rheinland-Pfalz eine adä-

quate Förderung, sodass es mir möglich war, die Stute zu kaufen und auch weiter zu finanzieren. „Sie ist keine einfache Stute, wird aber aufgrund ihrer Taktsicherheit und ihrer Sensibilität sehr geschätzt", schließt Trabert. „Es ist schon ein bisschen ein Kreuz mit der Pferdesuche", meint die Reiterin aus Dreieich. „Leider ist man bei der Suche nach einem geeigneten Pferd hauptsächlich auf sich selbst und seinen Bekanntenkreis gestellt."

An den Stuten Walmorel und Londria, die sie in Athen und Hongkong ritt, hängt Angelika bis heute. Ihre aktuelle Nummer eins im Stall heißt heute Ariva-Avanti. Siebenjährig gab die Stute ihr sensationelles Championatsdebüt bei den Weltreiterspielen in Kentucky. Es reichte auf Anhieb zu Gold für die beiden.

Zehn Jahre lang unterrichtete Angelika Trabert auch Kinder und Jugendliche mit Handicap. „Für viele ist es eine ganz neue Erfahrung, einmal selbst entscheiden zu müssen, wie man sich gegenüber dem Lebewesen Pferd durchsetzt. Ein Handicap ist nicht nur eine Last und Bürde, sondern auch eine Möglichkeit, neue Herausforderungen anzunehmen und neue spannende Wege zu beschreiten. **CARPE DIEM!**"

Weltmeisterschaften

Jahr	Ort	Prüfung	Pferd	Rang
2010	Lexington/USA	Championatsaufgabe	Ariva-Avanti	4.
2010	Lexington/USA	Kür	Ariva-Avanti	Gold
2010	Lexington/USA	Mannschaft	Ariva-Avanti	Silber
2007	Hartpury/GBR	Championatsaufgabe	Walmorel	4.
2007	Hartpury/GBR	Mannschaft	Walmorel	Silber
1999	Vilhelmsborg/DEN	Championatsaufgabe	Ghazim	Silber
1999	Vilhelmsborg/DEN	Kür	Ghazim	Silber
1999	Vilhelmsborg/DEN	Mannschaft	Ghazim	Silber
1994	Hartpury/GBR	Championatsaufgabe	Leihpferd	Silber
1994	Hartpury/GBR	Kür	Leihpferd	1. Platz. Damals war die Kür noch keine Medaillenprüfung
1991	Vilhemsborg/DEN	Championatsaufgabe	Leihpferd	Silber
1991	Vilhemsborg/DEN	Mannschaft	Leihpferd	Gold

Paralympische Spiele

Jahr	Ort	Prüfung	Pferd	Rang
2012	London/GBR	Championatsaufgabe	Ariva-Avanti	Bronze
2012	London/GBR	Kür	Ariva-Avanti	Bronze
2012	London/GBR	Mannschaft	Ariva-Avanti	Silber
2008	Hongkong/HKG	Championatsaufgabe	Londria	8.
2008	Hongkong/HKG	Mannschaft	Londria	Silber
2004	Athen/GRE	Championatsaufgabe	Walmorel	5.
2004	Athen/GRE	Kür	Walmorel	9.
2000	Sydney/AUS	Kür	Leihpferd	6.
1996	Atlanta/USA	Championatsaufgabe	Leihpferd	Silber
1996	Atlanta/USA	Kür	Leihpferd	Silber

Europameisterschaften

Jahr	Ort	Prüfung	Pferd	Rang
2013	Herning/DEN	Championatsaufgabe	Ariva Avanti	Silber
2013	Herning/DEN	Kür	Ariva Avanti	Silber
2013	Herning/DEN	Mannschaft	Ariva Avanti	Silber
2011	Moorsele/BEL	Championatsaufgabe	Ariva-Avanti	6.
2011	Moorsele/BEL	Kür	Ariva-Avanti	4.
2011	Moorsele/BEL	Mannschaft	Ariva-Avanti	Bronze
2009	Kristiansand/NOR	Championatsaufgabe	Londria	Silber

„Frühstück gibt es zusammen mit den Arbeitskollegen in der Firma", erzählt Kutscher. Da geht es insgesamt früh und sportlich los. Die notwendigen Kohlenhydrate gibt's zuerst für die Pferde, dann für das Team. Auch mittags gibt es öfter Müsli – bei Marco Kutscher, und für das eine oder andere Pferd.

Neben einem gewissen Springvermögen in besonderem Maße sind Mut, Vertrauen und Kondition von Pferd und Springreiter gleichermaßen gefordert. In den letzten Jahren verdichten sich die Hinweise darauf, dass ein gutes Frühstück die kognitiven Fähigkeiten des Menschen zu verbessern vermag. Zwar gilt in Nord- und Zentraleuropa, insbesondere in Großbritannien, das Frühstück häufig als wichtigste, zentrale Mahlzeit des Tages und als äußerer Rahmen der Begegnung mit der ganzen Familie.

Auch in deutschen Ställen ist Frühstück eine wichtige Sache. Dennoch verzichten heutzutage viele Menschen in Europa und den USA aufs Frühstück: Je nach Alters- und Bevölkerungsgruppe bzw. Definition von „Frühstück" beläuft sich der prozentuale Anteil der „Frühstücksignoranten" auf 10 % bis 30 %. Die meisten sind in der Stallgasse auf jeden Fall mit ordentlichem Kaffee unterwegs. Während im Futtertrog das morgendliche Kraftfutter klar definiert ist, sind Gestaltung, Rituale, Zeitpunkt, Dauer, vor allem aber Umfang und Nahrungsbestandteile des Frühstücks zwischen und in den verschiedenen zwischenmenschlichen europäischen Kulturkreisen ganz schön unterschiedlich. Das deutsche Wort Frühstück reicht etymologisch bis ins 15. Jahrhundert zurück und bedeutete ursprünglich das frühmorgens gegessene Stück Brot. Das Wort löste den bis dahin üblichen mittelhochdeutschen Ausdruck „morgenbrt" ab. Im Schwedischen spricht man von „frukost" und die Dänen sagen „morgenmad".

Der englische Ausdruck „breakfast" dagegen ist ein klarer Bruch. Er bezeichnet nämlich das durch die erste Nahrungsaufnahme am neuen Tag vollzogene „Fastenbrechen" nach der Nacht. Die Engländer schlagen mit Ham and Eggs und baked beans allerdings dann gleich ordentlich zu. Ähnliches gilt für das Französische, wo sich „petit-déjeuner" wörtlich auf das „kleine Fastenbrechen" bezieht („jeûner" = fasten; „déjeuner" = Mittagessen). Auch im Spanischen ist die Benennung „desayuno" für das erste Essen am Tag auf diese Weise motiviert (ayunar = fasten).

Die Firma, in der Marco Kutscher frühstückt und arbeitet, das ist der Stall Ludger Beerbaum. Fasten hat man hier weniger im Sinn, dafür geht es manchmal ziemlich schnell zu. „Das klassische Springen ist mit Stechen", erklärt Kutscher. „Und null ist null". Soll heißen, ein Springfehler kann passieren, aber aufgrund der hohen Leistungsdichte im internationale Springreiten ist es meist auch schon ein Aus.

Marco Kutscher wohnt und trainiert in Riesenbeck und ist seit vielen Jahren eine große Stütze am Stall von Ludger Beerbaum in Riesenbeck, und umgekehrt für Kutschers vielen internationalen Erfolge. Seit 1999 ist Kutscher in Beerbaums Stall in Riesenbeck beschäftigt. Neben den drei Goldmedaillen bei Europameisterschaften erlangte Marco Kutscher 2004 zwei Bronzemedaillen bei Olympischen Spielen in Athen, jede Menge Siege in Weltcup-Springen und zahlreiche Erfolge in großen Preisen und Nationenpreisen mit der deutschen Mannschaft, und das mit der wesentlichen Hilfe seines Coachs Ludger Beerbaum. Im April 2011 schloss der Ostfriese seine Prüfung zum Pferdewirtschaftsmeister erfolgreich ab.

Marco Kutscher mit Markus Ehning bei der Parcoursbesichtigung EM Herning/DEN 2013

Kutscher ist auch Absolvent der Bundeswehrsportschule in Warendorf und ist Inhaber des goldenen Reitabzeichens. Zum Reiten kam Marco Kutscher über seine Eltern. Die begannen in einem Verein zu reiten und nahmen die Kinder einfach mit. Marco und sein drei Jahre älterer Bruder Frank durchlebten das Vereinsleben mit Voltigieren, Jugendreiterzeit, Stute Limone und allem, was dazugehört.

Heute füllt das Reittraining den Alltag aus, da bleibt oft nicht viel Zeit zum abendlichen Kochen. „Abends wird es recht spät, bekennt Marco Kutscher, „und ich koche ganz selten, dann aber sehr gerne Filetsteak, gut angebraten, mit Kartoffelpüree, oder ganz klassisch Spaghetti Bolognese. Doch ist nicht nur der eigene Kühlschrank aufgrund des arbeitsreichen und reisefreudigen Alltags oft recht leer, sondern auch der Kühlschrank von seiner Lebensgefährtin und fünffachen Deutschen Meisterin Eva Bitter ist nicht so voll.

Marco Kutscher gibt sich trotzdem gut gelaunt. Abgestellt werden die Kühlschränke trotzdem nicht. „Eine gewisse Betriebstemperatur ist eben nötig. Wir Springreiter können über den Tellerrand hinwegschauen und müssen auch manchmal gewaltige Sprünge machen." Aber bis Rio zu den nächsten Olympischen Spielen 2016 ist es ein weiter Weg und da gibt's auch ganz schöne Hindernisse. Eine Distanz von 25 m zwischen zwei Hindernissen wird während einer Springprüfung je nach Tempo, Ausbildungsstand, Bodenverhältnissen und Größe des Pferdes abwechselnd mit fünf, sechs, sieben oder acht Galoppsprüngen (Galoppsprung ungefähr 3,50 m) passiert.
„Aber nach Rio sind es noch ganz viele Galoppsprünge", lacht Kutscher.

Die Olympischen Spiele sind für Marco Kutscher bis dato noch nie nach Wunsch gelaufen. „Aber brasilianisches Frühstück soll ja sehr leicht sein", sagt Kutscher. Vorher gibt es die Fußballweltmeisterschaft im Probelauf. Dann man tau! – lautet ein plattdeutscher Wahlspruch.

Brasilien ist ein wahres Paradies was Früchte betrifft. Viele dieser tropischen Früchte sind in den letzten Jahren auf dem europäischen Markt aufgetaucht, deren Namen man vor einiger Zeit noch gar nicht kannte. Hier eine Liste der gängigen Früchte:

Abacate – Avocado	Abacaxí – Ananas
Abricó – Aprikose	Açaí
Acerola	Ameixa – Pflaume
Babaçu	Banana – Banane
Buriti	Cacau
Cajá	Cajú
Caqui	Catuaba
Cereja – Kirsche	Coco – Kokosnuss
Cupuaçu	Goiaba – Guave
Graviola	Guaraná
Jabuticaba	Jaca
Jenipapo	Laranja – Orange
Limão – Limone	Maçã – Apfel
Manga – Mango	Mamão – Papaya
Maracujá	Melancia – Melone
Melão – Honigmelone	Mexerica – Clementine
Miriti	Morango – Erdbeere
Perâ – Birne	Pêssego – Pfirsich
Pitanga	Tamarindo – Tamarinde
Tangerina – Mandarine	Umbu
Uva – Traube	

Besondere Früchtchen von Marco Kutscher sind Cash (sein Lieblingspferd, geb. 1996, brauner Holsteiner Wallach, Vater: Carthago, Muttervater: Lavall II, Besitzerin: Madeleine Winter-Schulze) und Cornet Obolensky, der bereits mit neun Jahren Championatspferd war. „Da hilft das beste Frühstück manchmal nicht, was die Rittigkeit bei dem 13-jährigen Hengst angeht." Schneeweiß, perfekt gebaut, ausdrucksvolles Gesicht, geschmeidige Bewegungen und geballte Kraft – das ist Cornet Obolensky, das Springpferd. Jeder Zoll ein Star – und doch ist der Schimmel bisher nicht zum gebührenden Ruhm gelangt. Als Vatertier schon gehörte der schimmlige Cornet Obolensky zu den am meisten gefragten Zuchttieren im Spring-Geschäft. „Die Geschichte dieses Pferdes ist turbulent", so Kutscher. „Da ist zum einen die Scharte von Hongkong. Das war ein Schuss in den Ofen, eigentlich noch schlimmer – eine Katastrophe." Ja, man kann sich auch grämen, dass das Duo Cornet Obolensky – Marco Kutscher im Vorfeld zu London nicht funktionierte und somit nicht nominiert wurde. Das war umso bitterer, weil der Schimmelhengst in den Monaten zuvor auf allen Turnierplätzen der Welt glänzende Leistungen geboten hatte.

„Der ganze Sport, die Reiter und die Pferde sind sehr individuell", sagt Kutscher. Wie ein typischer Tagesablauf ist auch die persönliche Karriere von Höhen und Tiefen

VORSCHLAG FÜR EIN „RIO"-FRÜHSTÜCK

Milchkaffee
Brot, Toastbrot, Brötchen bzw. Semmeln/Wecken, Kleingebäck, Kuchen
Butter oder Margarine
Marmelade, Zuckerrübensirup, Honig, Nuss-Nougat-Creme
Wurst, Käse, Quark, Joghurt
Frühstücksei
Multivitaminsaft
Vollkorn-Müsli, Frühstücksflocken

*Marco Kutscher,
Cornet's Cristallo,
Stuttgart 2013*

gekennzeichnet. So ist das genauso bei den Pferden, und bei Marco Kutscher. Über sein Verletzungspech in seinem Lebenslauf wollen wir gar nicht sprechen, so ärgerlich war das Ganze, und alles langwierig noch dazu. Adduktorenzerrung, Arm ausgekugelt, Muskelfaserriss im Oberschenkel, immer ist was. Wer Marco Kutscher nicht kennt, denkt, der Mann hat ständig den gelben Krankenschein im Anschlag. Das Gegenteil ist der Fall, Marco Kutscher ist nämlich hoch motiviert. Die Verletzungszeit hat Kutscher genutzt, um zuzuschauen und dabei zu lernen – wie Pferde auch beim Zuschauen voneinander lernen.

Der Bundestrainer der deutschen Springreiter, Otto Becker, macht sich Sorgen. Marco Kutscher hat seiner Ansicht nach derzeit kein absolutes Spitzenpferd unterm Sattel. Da Investoren bereit sind, Rekordpreise für Sportpferde zu zahlen, verkaufen viele deutsche Reiter ihre Spitzenpferde. Für richtige Kracher gibt es im Moment einfach mehr Nachfrage als Angebote, deshalb gehen die Preise in den Himmel. Kunden aus Saudi-Arabien, den USA und Brasilien kaufen ihre Pferde in Deutschland. Hochkarätige Springpferde fehlen dann in der deutschen Equipe, um in internationalen Wettkämpfen zu gewinnen. Die Spitzenreiter selbst stehen vor einem Konflikt: Auf der einen Seite sind sie Reiter, auf der anderen Seite Händler. Ausbilden und Verkaufen gehören laut Ludger Beerbaum zum Job. Denn allein mit Preisgeldern kann man keinen Turnierstall unterhalten. „Deutsche Reitställe sind Wirtschaftsunternehmen und müssen verkaufen. Wir stehen in einem weltweiten Wettbewerb", betont Marco Kutscher. Wünschenswert ist auf jeden Fall die zielgerichtete Investition in den deutschen Reitsport, vergleichbar wie etwa das lanjährige Engagement von Madeleine Winter-Schulze.

Einige Zeit nach unserem Treffen im Kaffeezelt ist Marco Kutscher am Start mit dem Sohn Cornet's Cristallo (geboren 2003, brauner Westfälischer Wallach, Vater: Cornet Obolensky, Muttervater: Pilot). Beim Weltcupturnier (CSI5*) in Lyon konnten Marco und Cornets's Cristallo die mit 59.000 Euro dotierte Qualifikation zum Großen Preis und dem Stall eine Prämie von 14.750 Euro sichern. Marco Kutscher ist ein Stehaufmännchen unter den Springreitern. „Jedes Wochenende bietet eine neue Chance", erklärt Kutscher. Man müsse sich permanent weiterentwickeln, mit neuen Ideen unterwegs sein und dauernd an sich arbeiten. „Das ist auch eine Gefühlssache." Wir sehen uns wieder – beim Frühstück in Warendorf oder beim Fastfood in Rio.

ERFOLGE

Olympische Spiele	Bronze (Mannschaft): 2004
	Bronze (Einzel): 2004
Auszug	
2012	1. Platz Weltcup-Springen CSI*****-W Zürich mit Cornet Obolensky
	1. Platz Weltcup-Springen CSI*****-W Göteborg mit Satisfaction FRH
2011	2. Platz Championat von Paderborn mit Satisfaction FRH
	2. Platz Großen Preis von Paderborn mit Satisfaction FRH
2010	1. Platz Großer Preis CSI***** Paris/FRA mit Cash
	1. Platz Großer Preis CSI*** Hachenburg mit Frodo
	2. Platz Nationenpreis CSIO***** Aachen mit Cash
	2. Platz Großer Preis CSI***** Estoril/POR (Global Champions Tour) mit Cash
	2. Platz Nationenpreis CSIO***** St. Gallen/SUI mit Cash
	1. Platz Großer Preis (Global Champions Tour) CSI***** La Mandria/ITA mit Cash
	2. Platz Weltcup-Springen CSI-W***** Göteborg/SWE mit Cash
	4. Platz Weltcup-Springen CSI-W***** Vigo/ESP mit Cash
	2. Platz Gesamtwertung Global Champions Tour
2009	3. Platz Großer Preis CSI**** Frankfurt mit Cornet Obolensky
	2. Platz Großer Preis CSI**** Paderborn mit Cash
	3. Platz Großer Preis CSI***** Rio de Janeiro/BRA mit Cornet Obolensky
	3. Platz Nationenpreis (Mannschaft) CSIO***** La Baule/FRA mit Montender
	3. Platz Großer Preis CSI***** Valencia/ESP mit Cash
	1. Platz Großer Preis (Global Champions Tour) CSI***** Arezzo/ITA mit Cash
	1. Platz Weltcup-Springen CSI****-W mit Cash 63
	1. Platz Großer Preis CSI*****-W Bordeaux/FRA mit Cash 63,
	2. Platz Weltcup-Springen CSI*****-W mit Cornet Obolensky
2008/2009	1. Platz bei der Global Champions Tour in Arezzo mit Cash
	1. Platz Weltcupspringen Vigo mit Cash
	1. Platz im Großen Preis von Bordeaux mit Cash
	2. Platz Weltcupspringen Bordeaux mit Cornet Obolensky
	2. Platz im Großen Preis von Brüssel mit Cash
	2. Platz Global Champions Tour in Estoril mit Cash
	2. Platz im Großen Preis von Rotterdam mit Cornet Obolensky
	1. Platz im Großen Preis von Balve mit Cornet Obolensky
	3. Platz Weltcupspringen Hertogenbosch mit Cash
	1. Platz Großer Preis von Cervia mit Cornet Obolensky
Nationenpreise 2008/2009	
	3. Platz in La Baule mit Montender (2009)
	1. Platz in Barcelona mit Cornet Obolensky (2008)
	1. Platz in Aachen mit Montender (2008)
	1. Platz in Rotterdam mit Cornet Obolensky (2008)
	2. Platz in St. Gallen mit Montender (2008)
	3. Platz in Rom mit Cornet Obolensky (2008)
2007	2. Platz beim Großer Preis der Metropolregion Rhein-Neckar mit Cornet Obolensky
	1. Platz Nationenpreis Barcelona mit Cornet Obolensky
	2. Platz GP Sao Paulo mit Cash
	3. Platz GP La Baule mit Cash
	1. Platz GP Vigo mit Cash
2006	1. Platz Nationenpreis Barcelona mit Montender
	2. Platz Großer Preis Balve mit Cash
	3. Platz Großer Preis mit Montender
	1. Platz Nationenpreis Barcelona mit Montender
	1. Platz Nationenpreis Luzern mit Montender
	1. Platz Nationenpreis La Baule mit Montender
	3. Platz Weltcupspringen Leipzig mit Cash
2005	Doppel-Europameister in San Patrignano mit Montender
	3. Platz Großer Preis La Coruna mit Montender
	1. Platz Großer Preis Steinhagen mit Swanky

Pasta
MIT LACHS UND MÖHREN

Ein riesiger Parmesan-Käse liegt in ihrer amerikanischen Küche, gut 45 Kilo schwer. „Der muss peu à peu weg", lacht Ingrid Klimke. Ein toller und nützlicher Preis aus Marbach vom CIC***, vor allem wenn mediterranes Kochen angesagt ist wie bei Pasta mit Lachs und Möhren. Das ist nämlich Ingrid Klimkes Lieblingsrezept.

Am liebsten verwendet die dreimalige Mannschafts-Olympiasiegerin in der Vielseitigkeit frische Zutaten. Kräuter kommen aus dem Garten. Und der Fisch am besten frisch: Wenn sie die Zeit dazu hat, geht sie regelmäßig auf den Münsteraner Wochenmarkt einkaufen. Sie liebt den Markt und den Flair, der zweimal in der Woche auf dem Münsteraner Domplatz herrscht.

Zunächst werden die Möhren geschält und mit einer Reibe geraspelt. Zwiebel schälen und würfeln. Die Zwiebeln werden dann in Butter angedünstet, später die Möhrenraspel dazugegeben und ebenfalls angedünstet. Nun einen Schlag Sahne und zwei Schmelzkäseecken dazugeben, ja und auch den Parmesan. Nach Bedarf auch mit einem Brühwürfel arbeiten.

Während alles zusammen dünstet, die Nudeln kochen. Die besten Nudeln sind die selbst gemachten. Die Nudeln am besten al dente kochen, je nach Nudelart sind das zwischen 8 und 12 Minuten. Gar, aber nicht zu weich, klebrig oder zerkocht. Eben bissfest.

Den Lachs in Streifen schneiden und in den Topf geben. Zum Schluss den Lachs unter die Nudeln heben und mit dem Möhrengemüse auf einem Teller schön anrichten. Nach Belieben mit Salz und Pfeffer „ordentlich" (O-Ton Klimke) würzen, die frische Petersilie und Parmesan nicht vergessen. Guten Appetit!

Ingrid Klimke – dreimalige Mannschafts-Olympiasiegerin in der Vielseitigkeit und Reitmeisterin

EXKURS

Man nennt sie Mohrrüben, Rüben, Karotten, Wochler, Gäibe Ruam oder Wurzeln: Möhren gehören vermutlich zu den ersten Nahrungsmitteln der Menschen. Beim Einkauf sollte man darauf achten, dass sie fest sind und möglichst hellorange und oben keine grünen oder gelben Köpfe haben. Möhren enthalten viel Carotin, Mineral- und Ballaststoffe. Carotine (von lateinisch carota: „Karotte") sind zu den Carotinoiden gehörige Naturfarbstoffe. -Carotin (Alpha-Carotin) ist mit -Carotin der Farbstoff der Mohrrübe. Carotine zählen zu den sekundären Pflanzenstoffen und sind die Vorstufe zu Vitamin A – wichtig für den Menschen und genauso wichtig in der Pferdefütterung vor allem im Winter. Diese Bestandteile gehen selbst bei einer winterlichen Mietenlagerung nicht verloren.

Ingrid Klimke mit ihrer Tochter Greta, die beim Tischdecken geholfen hat, und dem Autor Andreas Frädrich: „Ein gut gedeckter Tisch ist gleich gut wie ein gut durchdachter Springparcours"

PASTA MIT LACHS UND MÖHREN

Zutaten (für 4 Personen)

250 g Nudeln
(am besten selbst gemachte)
4 Scheiben Lachs, am besten frisch
6 Möhren
1 große weiße Zwiebel
2 Becher Sahne
etwas Butter oder Olivenöl
2 Schmelzkäseecken
etwas Gemüsebrühe
40 g Parmesan-Käse
frische Petersilie
Salz und Pfeffer

Arbeitszeit:

ca. 25 Min.

Während Weidepferde im Sommer mit dem Gras ausreichend Carotine aufnehmen, sind Boxenpferde etwas benachteiligt: Im Heu zersetzt sich Beta-Carotin nämlich schnell. Hier bieten sich Futtermöhren an. Viele Züchter schwören auf Möhren, denn Vitamin A besitzt einen günstigen Einfluss auf die Rosse.

Als sogenanntes Saftfutter haben Rüben einen hohen Wassergehalt, was diese frostanfällig macht. Waren Möhren schon einmal gefroren, sollten sie so schnell wie möglich gefüttert werden. Möhren sollte man kühl und luftig aufbewahren. Gewaschene Möhren verderben generell schneller und bilden beim Verderb Toxine, welche die Gefahr einer Kolik begünstigen.

Übrigens noch ein Zubereitungstipp für alle Pferdefreunde: Schimmelige Karotten sollte man deshalb in jedem Fall wegwerfen, statt schlechte Stellen nur rauszuschneiden. Futtermöhren sollten längs zerschnitten werden. Runde Scheiben oder Würfel sind weniger geeignet. Das Pferd kann längsgeschnittene Möhren besser kauen und das Risiko einer Schlundverstopfung ist deutlich reduziert. Zwei bis drei Kilogramm Möhren sind für ein gesundes Pferd pro Tag unbedenklich. Bei empfindlichen Pferden kann bei einer Überdosierung im Futter die Gefahr einer Rehe-Erkrankung verstärken.

Der Tag hat einfach zu wenig Stunden

Bei den Klimkes geht es sehr familiär zu: Tochter Greta, die ältere von beiden Töchtern Ingrid Klimkes, hilft in der Küche und putzt schon mal die Möhren. „Ich koche gerne, wenn die Zeit dafür da ist", gesteht Ingrid Klimke, die gerade etwas später aus dem Stall gekommen ist. „Überraschende Dopingkontrolle", berichtet sie. Kein Problem für die Reitmeisterin.

Sie hat nichts zu verbergen, im Gegenteil. Sie steht für Transparenz, ist offen dafür, was hinter den Stalltüren stattfindet. Pferdehaltung ist ihr ein wichtiges Thema. „Pferde sollen auch mal Pferd sein dürfen", sagt sei. Dazu gehört, dass Pferde auch jeden Tag rauskommen. Genauso sollen die Leute auch „hineinkommen". Sie hält nichts davon, hinter verschlossenen Türen zu reiten. Die Idee eines regelmäßigen Tages der offenen Tür hat sie verwirklicht mit dem monatlich stattfindendem „Offenen Training".

Ingrid Klimke ist sich ihrer Vorbildfunktion und Verantwortung zum Wohle ihrer Pferde durchaus bewusst. Das hat sie von ihrem Vater. „Er sagte immer: Die Leute, die hier vorbeikommen, müssen sehen können, dass sich dein Pferd wohlfühlt", erinnert sich die Tochter des erfolgreichen Dressurreiters Dr. Reiner Klimke.
Überhaupt, auch ihr Vater war ihr Vorbild und zu ihm hatte sie ein besonderes Verhältnis. Vor allem die Reiterei habe sie mit ihrem Vater eng verbunden. Durch ihren Vater hatte Klimke von Kindesbeinen an Kontakt zu Pferden und lernte früh das Reiten. „Ich konnte wahrscheinlich eher Reiten als Laufen", so Klimke weiter. Ihre ersten Reitversuche waren noch auf Ponys. Wenn ihr Vater auf dem Reitplatz seine Pferde trainierte, schwere Lektionen übte, ritt sie am liebsten ohne Sattel.

Im Hause der Klimkes ist was los. Während wir schon mal das Wasser für die Nudeln aufsetzen, klingelt mal ein Telefon, dann klingelt es an der Tür. Mitarbeiter aus dem Stall bringen was vorbei und auch der Bruder Rolf kommt zu Besuch vorbei. „Wenn ich reite, gibt es kein Handy am Ohr. Da möchte ich keine Störungen, sondern mich voll aufs Pferd konzentrieren. Entweder man reitet oder man telefoniert", betont Ingrid Klimke. „Beides geht nicht. Auf dem Pferd muss man sich auf sein Pferd und die Hilfengebung konzentrieren. Auf dem Pferd ist das Handy daher aus.

Ach ja, die Zeit. „Mein Tag könnte ein paar Stunden mehr haben". Mit der Ausbildung eines jungen Pferdes sollte man sich Zeit lassen. „Drei- und vierjährige Pferde müssen prinzipiell keinen Mitteltrab gehen, sondern lediglich Tritte verlängern", so Klimke. „In diesem Alter müssen sie nicht spektakulär traben."
Überhaupt Zeit-Lassen, frage ich, ist das nicht ein elementarer Faktor in der Reiterei? „Der Reitsport ist im Wandel, besser gesagt im Zeitenwandel", bestätigt Klimke. Die heutige Zeit ist dadurch geprägt, dass Zeit, Ge-

duld und Ruhe leider ein knappes Gut geworden sind. Die Ausbildung sei Frage des Zeitmanagements. „Ein vierjähriges Pferd muss solide und reell ausgebildet sein. Nachhaltig – für den langfristigen Sport", fügt sie hinzu. Pferde sind auch Persönlichkeiten, darauf muss man sich einstellen. „Die Freude an den Pferden, sie auszubilden, herauszufinden, was für eine Persönlichkeit in ihnen steckt, eine Partnerschaft zu ihnen aufzubauen, sodass sie irgendwann für einen durchs Feuer gehen – das hat immer zu unserer Familie gehört und ist zu meiner Berufung geworden", erklärt Klimke. „Und das braucht Zeit, um sich auf jeden Pferdetyp individuell einzustellen. Der eine ist schüchtern, ihm fehlt noch das Selbstbewusstsein, den anderen muss man in die Grenzen weisen, jede Macke kann sich verstärken, kann man aber auch wandeln. Dafür muss man sich Zeit lassen", weiß Klimke. „Es ist meine Erfüllung."

Überhaupt findet Ingrid Klimke Abwechslung sehr gut. Das hat schon ihr Vater vorgelebt und dazu gehören etwa eine vielseitige Grundausbildung und abwechslungsreiche Ausbildung. Man müsse sich nicht so früh spezialisieren, weder die Pferde noch die Reiter. „Das war früher auch nicht so", begründet sie, „da ging man beispielsweise vor dem Dressurtraining erst mal auf die Rennbahn. Ingrid Klimke weiß, wovon sie spricht. Seit ihrer frühesten Jugend reitet sie nun erfolgreich sowohl Dressur-, Spring- als auch Vielseitigkeitsprüfungen. Wahrscheinlich hat sie sich immer noch nicht entschieden, welche Disziplin nun ihr wahres Steckenpferd ist.

Damit ihr zweifaches Olympiapferd FRH Butts Abraxxas auf keinen Fall Langeweile hat, steht regelmäßig Galopptraining am Berg auf dem Programm. Einmal in der Woche hat Abraxxas ebenso wie seine Kollegen auch mal frei. Oder es geht zum gemeinsamen Ausritt in die Ems. Und Cavaletti-Arbeit dient der Gymnastizierung, der Lockerung des Rückens und Kräftigung der Muskulatur.
Zur Reiterei gehört, nicht nur körperlich, sondern auch mental, also im Kopf klar zu bleiben", erklärt die Pferdewirtschaftsmeisterin. „Blüter sind oftmals pfiffiger und sensibler, aber brauchen auch Abwechslung und Beschäftigung." Vollblüter sind schlau, intelligente Pferde, die mitdenken. „Deutsche blutgeprägte Reitpferde passen ganz hervorragend in die Vielseitigkeit und sind zukunftsorientiert. Vor allem wenn sie gut springen und sich bewegen können. Vollblut und Trakehner sind in der Vielseitigkeit immer schon wichtig gewesen", bringt es Ingrid Klimke auf den Punkt.

Ingrid Klimke mit Dresden Mann 2012 in Redefin

Sie legt den Rest Butter wieder in den Kühlschrank. Neben Müsli gibt es außerdem auch ab und zu Öl – für die Pferde. Eine geringe Menge Fett ist natürlich auch gut für unsere Möhren, und auch in der Pferdefütterung, damit das Carotin bzw. Vitamin A vom Organismus überhaupt verwertet werden kann: bei Pferden eignet sich dazu am besten Leinöl.

Die richtige Pferdefütterung ist komplex und das Verdauungssystem beim Pferd anders und anfälliger. Genau wie in der Reiterei sind das nötige Hintergrundwissen und Verständnis von den Gesamtzusammenhängen wichtig. „Ich glaube manchmal, heutzutage wird zu wenig gelesen", sagt Klimke. Und dies trotz einer unglaublichen Vielfalt von Medienangeboten. Da sind wir wieder bei den Pferden, wenn die zu guckig werden.

„Die Reitlehre wurde ja nicht neu erfunden", erklärt Klimke. „Klassische Grundsätze gab es immer schon und gibt es immer noch." Klimke legt viel Wert darauf, ihre Pferde gemäß der klassischen Reitlehre auszubilden und ein gutes Vertrauensverhältnis zu ihnen aufzubauen.

Sie erinnert sich an ihren Trainer Major a.D. Paul Stecken, der seine Ausbildung von Pferden, Reitern und Reitlehrern eng an die Reitvorschrift „H.Dv.12" anlehnte. Die alte Heeres-Dienstvorschrift Nr. 12, die in der Nachkriegszeit als Grundlage für die Erarbeitung der Richtlinien Reiten und Fahren der Deutschen Reiterlichen Vereinigung verwendet wurde, basiert auf einer breiten Wissenssammlung von Reitinstruktionen und Anweisungen in der Kavallerieausbildung seit dem 18. Jahrhundert und beschäftigt sich schwerpunktmäßig mit der Ausbildung von Reiter und Pferd. Vom Reiter wird dabei die sichere Beherrschung des Pferdes im Gelände, vom Pferd werden Gehorsam, Gewandtheit und Ausdauer gefordert. Die neue Generation kennt die alten Meister nicht mehr. „Alte Schule, würde mein Vater jetzt sagen", erklärt die Reitmeisterin, der zweite Frau überhaupt in Deutschland. Der Titel Reitmeister wurde ihr für langjährige herausragende Ergebnisse als Ausbilder von Spitzenreitern und -pferden sowie nachahmenswertes Engagement für den Reitsport in Münster verliehen.

„Da brauchte man keine Schlaufzügel", resümiert Klimke. „Richtig reiten reicht", ist die Vielseitigkeitsreiterin über-

EM Malmö 2013 – Mannschafts-
goldmedaille und Silber in der
Einzelwertung: Ingrid Klimke
mit FRH Escada JS

zeugt: „Das bedeutet zum Beispiel, nicht eng hinter der Senkrechten reiten. Sondern das Pferd geht mit aktiver Hinterhand und das Genick ist der höchste Punkt". Man besinnt sich auch wieder alter Grundsätze.

„Man muss Pferde einfach lieben und Freude daran haben", sagt Klimke. Reiten ist nicht nur ein Stück Lebensfreude, sondern man braucht dazu auch emotionale Intelligenz: also die Fähigkeit, eigene und fremde Gefühle korrekt wahrzunehmen, zu verstehen und zu beeinflussen. „Nach jedem Ritt überlege ich mir, was ich besser machen kann", erzählt Klimke. „Dazu gehört der obligatorische selbstkritische Blick in den Spiegel", erzählt die gelernte Bankkauffrau, die auch mal Lehrerin werden wollte, bis sie sich für die Pferde entschied: „Wenn dreimal der Wechsel nicht gelingt, dann reite ich erst mal Schritt, um die Situation zu revidieren. Ich bin präzise", sagt die Reiterin verschmitzt.

Talent ist eine Sache – mit viel Fleiß und Disziplin kann man in der Reiterei sehr viel erreichen", ist Klimke überzeugt. Citius, altius, fortius – schneller, höher, stärker? Nein – „dabei sein ist alles" – was zählt ist der olympische Gedanke: Ingrids Vaters größter Traum war, dass mal eines seiner Kinder es zu den Olympischen Spielen schaffen würde. Erstmals startete Ingrid Klimke mit Sleep Late bei den Olympischen Spielen in Sydney 2000, war dort beste Deutsche, wurde Vierte in der Einzelwertung der Vielseitigkeitsreiter.

Doch noch ein Jahr zuvor hatte sie einen emotionalen Tiefpunkt in ihrer Karriere gehabt. Nach dem Tod ihres Vaters im Alter von 63 Jahren nach einem Herzinfarkt versuchte sie, sich mit der Teilnahme bei den Europameisterschaften 1999 abzulenken. Hier kam es auf Sleep Late zu zwei Verweigerungen in der Geländestrecke. „Wenn man selber angespannt ist, überträgt sich das sofort aufs Pferd. Mir fehlte damals sozusagen der Biss, ich hatte kein Adrenalin mehr. Ich habe Sleep Late überhaupt nicht unterstützen können. Heute weiß ich, dass dies ein Fehler war. So etwas würde ich nie mehr machen. Ich war weder mental noch physisch für eine solch schwere Prüfung gerüstet."

„In der Reiterei sind Teamgeist, Fairness und Sportlichkeit gefragt – um beispielsweise richtig mit den Bewegungen des Pferdes mitschwingen zu können, muss man als Reiter einfach körperlich fit sein." Auf Fitness legt Ingrid Klimke großen Wert. Und erinnert sich an Athen 2004, als sie mit Sleep Late ganz unvermittelt auf der Strecke

zwischen Hindernis Nr. 15 und 16 in der Wendung stürzte, flugs in Sekundenbruchteilen wieder aufsaß und die beste gerittene Zeit des Tages erreichte.

Über die sogenannte „griechische Tragödie" der deutschen Vielseitigkeitsreiter – das Hin- und Her bei der Aberkennung der Goldmedaille – konnte man vier Jahre später in Hongkong rückblickend wieder etwas schmunzeln, als alle auf dem Siegertreppchen sich anschauten und darüber alberten, hoffentlich nicht schon wieder die Medaillen abgeben zu müssen. „Als ich die Nationalhymne hörte, schaute ich hoch und fühlte, mein Vater, der sitzt jetzt da oben im Himmel, lacht, und trinkt vielleicht ein Bierchen", erinnert sich die 45-Jährige.

Wir trinken zur nunmehr fertigen Pasta mit Lachs und Möhren kein Bier, sondern einen schönen Rotwein. Ein schönes Gedeck. Und wie wir uns so die Anordnung von Tellern, Gläsern und Besteck auf dem Tisch anschauen, kommt uns auch ein Springparcours und Abraxxas in den Sinn. So etwa in Hongkong 2008. Alles war glatt gelaufen. Um nicht auf die Fernsehkameras zuzureiten, wählte Klimke den langen Weg zur Wellenplanke Nr. 9. Es half nichts, die Planke fiel, doch trotz der vier Strafpunkte lag Deutschland vorne. Auf der anderen Seite der Fernsehkameras, hinter den Bildschirmen, zitterten auch immer wieder alle Zuschauer bei allen Springprüfungen mit, wenn immer die Glocke für Klimke mit Abraxxas ertönte. So auch bei den Weltreiterspielen in Kentucky 2010, als Abraxxas auf Hackamore geritten wurde. „Alle waren sich sicher: der springt", erzählt Klimke. Leider vergebens, es gab dann doch noch mehrere Springfehler. „Das hat Nerven gekostet", sagt Klimke, „da kommen Zweifel auf. Ich habe mich gefragt: willst du dir noch mal das antun?"

Noch mehr knisterte es in London bei den Olympischen Sommerspielen. Für Ingrid Klimke waren es schon die vierten Olympischen Spiele. „Braxxis" Geländeritt durch den Greenwich Park war eine Augenweide. Ein wahrer Wirbelwind, schnell, sicher und sehr souverän. Seit 1884 ist London-Greenwich mit dem Nullmeridian das Zentrum für Raum und Zeit, und das war für die beiden kein Problem. Es wurde eine schnelle souveräne Nullrunde. „Die tief hängenden Äste, die auf der Strecke aus naturhistorischen Gründen nicht abgesägt werden durften und ins Geläuf ragten, waren für uns beide kein Problem", lacht Klimke. „Auch in der Dressur bewiesen wir uns. Im temporären Reiterstadion war eine sensationelle Stimmung. Im Springen hatten wir zwei Fehler. Mir war vorher klar, dass Abraxxas nicht fehlerfrei im Parcours blieb und so keine Einzelmedaille in Sicht war. Aber wir sahen das im Hinblick auf die Mannschaftswertung ziemlich entspannt, auch Trainer Hans Melzer machte sich vor dem Finalspringen keinen Kopf mehr. Die Mannschafts-Goldmedaille war sicher „Ich glaube, wir haben einen guten Job gemacht", strahlt Klimke. „London war eine fantastische Erfahrung. Ein großes Team-Erlebnis, besonders im olympischen Dorf", schwärmt Klimke. So wie wir den Pferden vertrauen und die uns Reitern, gingen wir auch als Mannschaft mit dem nötigen Vertrauen an die Sache ran. Wir wollten alle unser Bestes geben, erst für die Mannschaft, dann jeder für sich selbst." Und wie war das mit dem Pub? „Ja, der Pub war gleich in der Nähe des Reiterstadions in Greenwich. Da haben wir uns oft mit Familie und Freunden getroffen", berichtet Klimke. „Wir Reiter hatten den Kopf frei für unseren Sport. Das Teamplay war unser großes Plus."

Und was ist die Perspektive? Die lang ersehnte Einzelmedaille? „Es war schon schwierig, zu den besten fünf in London zu gehören", sagt Klimke. Man muss sich schon mächtig anstrengen, einen Platz im Olympiakader zu ergattern. Abraxxas ist jetzt 15 und hat nach den Olympischen Spielen erst einmal seine Pause verdient. In Rio 2016 wird er nicht dabei sein. Aber in Rente schicke ich ihn auch noch nicht.", schließt Klimke und freut sich: „Die Tage nach Olympia sind vor Olympia. Sie werden nicht länger, sie werden kürzer."

ERFOLGE

Olympische Spiele (Vielseitigkeit)
2000, Sydney: mit Sleep Late 4. Platz mit der Mannschaft
2004, Athen: mit Sleep Late 4. Platz mit der Mannschaft
2008, Hongkong: mit FRH Butts Abraxxas Gold mit der Mannschaft
2012, London: mit FRH Butts Abraxxas Gold mit der Mannschaft
Weltreiterspiele
2006, Aachen: mit FRH Butts Abraxxas Gold mit der Mannschaft
2010, Lexington: mit FRH Butts Abraxxas 5. Platz mit der Mannschaft
Europameisterschaften
1999, Luhmühlen: mit Sleep Late 39. Platz in der Einzelwertung
2005, Blenheim: mit Sleep Late, Bronze in der Einzelwertung
2007, Pratoni del Vivaro: mit FRH Butts Abraxxas 7. Platz in der Mannschaftswertung
2009, Fontainebleau: mit FRH Butts Abraxxas 8. Platz in der Mannschaftswertung
2011, Luhmühlen: Gold in der Mannschaftswertung
2013, Malmö: mit FRH Escada JS Silber in der Einzelwertung und Gold in der Mannschaftswertung
Deutsche Meisterschaften Vielseitigkeit:
Gold: 1999 und 2000 mit Sleep Late, 2001 mit Robinson's Concord, 2009 mit FRH Butts Abraxxas
Silber: 2012 mit Tabasco TSF und 2013 mit Hale Bob
Bronze: 1993 mit Grand Prix, 2004 mit Robinson's Concord, 2010 mit FRH Butts Abraxxas
5. Platz: 1992 mit Grand Prix
Dressur:
5. Platz: 2001 mit Nector van het Carelshof
CCI 4*-Prüfungen
2. Platz CCI4* Badminton 2006 mit Sleep Late
2. Platz CCI4* Luhmühlen 2010 mit FRH Butts Abraxxas

PORTRAIT

„Ich denke in olympischen Zeiträumen"

„Klimke" – dieser große Name aus dem Reitsport, der für Erfolge steht, für Medaillen und Olympiasiege – er steht auch für Bodenständigkeit und für Münster. Ingrid Klimke wurde u.a. viermal Deutsche Meisterin, Team-Weltmeisterin 2006 in Aachen und dreimal Mannschafts-Olympiasiegerin. Vielen gilt sie als ideale Vertreterin ihres Sports.

London waren für Ingrid Klimke bislang die schönsten Olympischen Sommerspiele. „In Hongkong waren die Reiter unter sich, Peking war zu weit weg. Da war in London alles viel zentraler. „Im olympischen Dorf herrschte ein tolles Gemeinschaftsgefühl. Man konnte auch als Teilnehmer von Olympischen Spielen viel mehr miterleben."

Olympische Spiele London 2012 – Gold mit der Mannschaft: Ingrid Klimke und FRH Butts Abraxxas

*Frank Ostholt – dreimaliger deutscher
Meister, Mannschaftsolympiasieger und
Mannschaftsweltmeister in der Vielseitigkeit*

Westfälischer
GRÜNKOHLEINTOPF

Westfälisch, von landwirtschaftlicher
Scholle, ohne viel Umschweife, solide,
aber mit Geschmack und Pfiff – wie der
Reiter, so das Rezept. Als Buschreiter
mag es Frank Ostholt rustikal, im Gelände
und zu Tisch. Aber bitte mit Qualität.
„Ich bin ein Genussmensch. Aus der Dose
finde ich nicht gut."

In Vohren, am Ostrand Warendorfs, auf
dem elterlichen Hof aufgewachsen,
prägte Frank Ostholt von frühester Jugend
an die Passion zur Landwirtschaft.
Vater Ferdis Pferdebetrieb tat ein Übriges:
er installierte den gegen alles resistenten
Pferdebazillus. Als guter Geist von
Vohren 31 war Mutter Agnes unter anderem
zuständig für die kulinarisch verfeinerte
westfälische Küche. Aus der Zeit
stammt das, was Frank Ostholt auf einem
Zettel aus der Tasche zieht – das Rezept:

WESTFÄLISCHER GRÜNKOHLEINTOPF

Zutaten (für 4 Personen)
1 kg Kartoffeln
2,5 kg fertig geschnittener Grünkohl
2–3 Zwiebeln
6–8 Mettendchen
Salz, Pfeffer, eine Prise Zucker, Senf

dazu besonders lecker:
gebratenes Leberbrot
Birnenkompott

„Ich mag Hausmannskost. Und Kartoffeln finde ich besser als Nudeln", sagt der erfolgreiche Vielseitigkeitsreiter. „Wir gehen auch gerne mal aus zum Essen. Da bevorzuge ich Rindersteak medium". Mit „wir" sind Ehefrau Sara Algotsson Ostholt und Töchterchen Wilma Sofie gemeint. Frank und Sara – vierfache schwedische Meisterin der Vielseitigkeitsreiter und Silbermedaillengewinnerin von London 2012 – sind seit Sommer 2009 verheiratet. Die Hochzeit war an der Ostsee im schwedischen Südermören unweit der Algotssonschen Reit- und Pferdezuchtanlage. Eine Woche später wurde in Vohren, unweit des Ostholt'schen Hofes deutsch nachgefeiert.

Im Alltag wird abends gemeinsam gekocht, da gibt es warmes Essen. Tagsüber sind Büro und Reiten angesagt, da ist nur Brotzeit möglich. Umso mehr freut sich Frank Ostholt auf die Winterzeit. Denn Winterzeit ist Grünkohlzeit, auch in Westfalen. Dieser norddeutsche Klassiker gehört in die Winterküche wie der Schnee zum Winter.

Während der industriell verarbeitete Grünkohl schon ab September geerntet wird, wartet man bei der eigenen Anzucht bis zum ersten Frost. Denn nach dem ersten Frost schmeckt Grünkohl besonders gut, weil ein Teil der im Grünkohl enthaltenen Stärke in Zucker umgewandelt wird.

Grünkohl kann im Garten noch stehen bleiben, wenn der Rosenkohl bereits verrottet ist, die letzten Kohlköpfe geerntet wurden, die Schnecken die Reste der Sellerie gefressen haben und der Boden unter einer dicken Schneedecke liegt. Allerdings sollten Kahlfröste ab –10 °C und mehr vermieden werden. Grünkohl kann den ganzen Winter über geerntet werden. Im Handel gibt es frischen Grünkohl von November bis März. Im Kühlschrank hält sich Grünkohl bis zu fünf Tagen. Man kann Grünkohl auch prima einfrieren.

Der Grünkohl wird zur Zubereitung verlesen, von den dicken Blattrippen gezupft, der harte Strunk entfernt und gründlich gewaschen.

Die gesundheitsfördernden Wirkstoffe verschiedener Kohlsorten (Brassica) stehen bei Ernährungswissenschaftlern hoch im Kurs. In der amerikanischen Gesundheitsbewegung wird Grünkohl über den grünen Klee gelobt. Dieser findet sich in grünen Smooties wieder oder kommt als Salat und gedünstetes Gemüse blanchiert auf den Tisch. Auch in Ostfriesland wird den Blättern eine heilende Wirkung zugesprochen, sogar „lahmende Schweine" sollen wieder gesund werden.

Dabei ist deftiges Grünkohlessen ein typisch norddeutsches Essen. Vor allem im Oldenburger Land, in der Umgebung von Bremen, im Osnabrücker Land, in Ostfriesland, Grafschaft Bentheim und in weiterer Teilen Niedersachsens und Schleswig-Holsteins wird ein regelrechter Kult um dieses Wintergemüse betrieben. „Gröönkohl-Äten" ist hier ein Brauch in Form von winterlichen Ausflügen zu Landgasthöfen. Familien, Freundeskreise, Vereine und Betriebsbelegschaften machen sich auf den Weg. Dabei werden unterwegs größere Mengen Alkohol konsumiert, womit die Stimmung bereits vor Erreichen des Lokals kräftig angeheizt wird. Im Gasthaus kommt dann traditionell Grünkohl mit Pinkel auf den Tisch. Nach einer alten Sage wollten schon die antiken Griechen mit Grünkohl die Folgen von Trinkgelagen vertreiben. In Süddeutschland, Österreich und der Schweiz ist Grünkohl eher unbekannt, dafür aber in den Niederlanden sowie in Teilen Skandinaviens sehr beliebt.

Das wohl traditionellste und bekannteste Gericht ist Grünkohl mit Pinkel. „Pinkel" ist eine geräucherte, grobkörnige Grützwurst, die besonders in der Gegend um Oldenburg und Bremen sowie in Friesland verbreitet ist. Die genaue Zusammensetzung der Rezeptur wird von den jeweiligen Schlachtern als Betriebsgeheimnis gehütet und ist von Dorf zu Dorf unterschiedlich.

Nach Ostholts Rezept werden die Kartoffeln geschält (es gibt übrigens auch Rezepte mit Süßkartoffeln) und in Würfel geschnitten, so auch die Zwiebeln. Alles kommt zusammen mit dem Grünkohl und den Mettendchen (geräucherte Mettwürste aus Schweine- und Rindfleisch) in den Kochtopf und wird bei mittlerer Hitze mit geschlossenem Deckel zum Kochen gebracht. Zwischendurch immer mal wieder umrühren. Nach der Garzeit die Mettendchen herausnehmen. Falls der Eintopf zu flüssig ist, einige Kartoffeln stampfen. Abschließend noch mal mit Pfeffer, Salz und Senf abschmecken. Dann wird serviert. Die Mettenden liegen auf dem Eintopf, Senf gibt es nach Belieben dazu. Noch ein Tipp: Aufgewärmt schmeckt der Grünkohleintopf fast noch besser. Ein schöner Happen. Guten Appetit, sagen Frank, Sara und Wilma Sofie Ostholt.

EXKURS

Als sogenanntes weißes Gold wurde Salz in früheren Zeiten höher geschätzt als wertvolle Edelmetalle. Die Ägypter der Antike bezeichneten das aus Sodaseen gewonnene Soda als netjerj (neter). Die alten Griechen übernahmen dieses Wort = nitron, die Römer als nitrium, die Araber nannten es natrun. Das chemische Element Natrium (Na) ist im Normalzustand wachsweich, silberglänzend und sehr reaktiv. Aufgrund seiner Reaktivität kommt es vor allem als Salzverbindung vor. Kochsalz ist eine Verbindung aus positiv geladenen Natrium- und negativ geladenen Chlorid-Ionen: Natriumchlorid als wichtigste Natriumverbindung wird meist bergmännisch oder durch Trocknen von Meerwasser oder salzhaltigem Quellwasser in Salinen gewonnen. Ein Liter Meerwasser enthält durchschnittlich 11 Gramm Natriumionen. Der Handel mit Salz war für viele deutsche Städte die Grundlage ihres Reichtums und prägte teils sogar ihren Namen.

Im Universum steht Natrium in der Häufigkeit an 14. Stelle. Auf der Erde ist Natrium mit einem Anteil an der Erdkruste von 2,36 % das sechshäufigste Element und auch eines der Elemente, die für alle tierischen Organismen essenziell sind. Damit zählt es physiologisch zu den Mengenelementen. Der Mineralstoff Natrium ist im Körper mit rund 50 Milligramm pro Kilogramm Körpergewicht eingelagert, 40 bis 45 % des gesamten Natriumgehaltes finden sich in den Knochen.

Der Natriumgehalt wird streng kontrolliert und ist eng verbunden mit der Regulation des Wasserhaushalts. Der Bedarf an Natrium wird meist als Bedarf an Natriumchlorid angegeben. Dabei entspricht 1 g Natrium ungefähr 2,5 g Natriumchlorid. Der Mensch sollte pro Tag etwa 1 bis 3 g Natrium (entspricht etwa 2,5–7,6 g Kochsalz) zu sich nehmen. Wer viel schwitzt, beispielsweise Sportler oder Hitzearbeiter, benötigt mehr, denn pro Liter Schweiß gehen 0,5 bis 1 g Kochsalz verloren.

Frank Ostholt mit Air Jordan, Olympische Spiele Athen 2004

Hohe Gehalte von Kochsalz finden sich mit mehr als 1.300 Milligramm pro 100 g vor allem in bearbeiteten Lebensmitteln, wie Salzstangen, gesalzene Butter, in Dosen eingemachtes Fertiggemüse, Schmelzkäse bzw. die meisten Käsesorten, Kartoffelchips, Würzsoßen (Ketchup, Chillisoßen, Tabasco), Gewürzsalze, Kräutersalze, glutamathaltige und chinesische Gewürze sowie Gewürzsoßen und alles Gepökelte und Geräucherte, Salami – und auch unsere Mettenden enthalten ordentlich Salz.

Über die normale Ernährung ist der Tagesbedarf an Natrium meist mehr als gedeckt. Durch unsere stark salzhaltige Kost wird im Durchschnitt die vier- bis sechsfache Menge an benötigtem Natrium aufgenommen. Auf einen Salzstreuer kann man eigentlich komplett verzichten und diesen lieber rübertragen in den Reitstall.

Denn der Unterschied zwischen dem Schweiß eines Pferdes und dem menschlichen Schweiß ist entscheidend. Menschlicher Schweiß ist hypotonisch. Das heißt, die Elektrolytkonzentration im Schweiß ist niedriger als die intra- und extrazelluläre Flüssigkeit. Beim Pferd ist das genau umgekehrt. Dessen Schweiß ist hypertonisch. Daher müssen wir Menschen den Salzgehalt möglichst gering halten. Das gilt jedoch nicht für das Pferd.
Ein Pferd in leichter Arbeit bei moderatem Wetter verliert ungefähr 5 Liter Schweiß pro Arbeitsstunde, bei heißem Wetter verliert das Pferd schon 10 Liter Schweiß. Der Minimalbedarf eines 600 kg schweren Pferdes an Salz beträgt mindestens 12 g pro Tag. Im Hochleistungssport wie bei Distanzpferden oder in Vielseitigkeitsprüfungen jedoch erhöht sich der Salzbedarf durch den Schweißverlust erheblich bis zum Zwanzigfachen. Bei extremer Beanspruchung und heißem Wetter kann ein Pferd zwischen 25 und 40 Litern Schweiß verlieren.

In der freien Natur suchen Pferde kilometerweit nach Salzvorkommen. Die natürliche Bedarfsdeckung an Salz ist ungenügend, da Futtermittel wie Gras und Getreide kaum Salz enthalten. Viele Weideflächen enthalten wenig Natrium, dies kann sich bei Pferden oft durch Erdefressen bemerkbar machen.
Schon bei geringer und mittlerer Arbeitsintensität ist die zusätzliche Natrium- und Chloridversorgung über

einen frei verfügbaren Salzleckstein unverzichtbar. Hier entscheidet das Pferd frei, wie viel Natriumchlorid es aufnehmen möchte, indem es an dem Salzleckstein leckt. Am bekanntesten ist der normale Viehsalzleckstein, ein großer weißer Stein, der vornehmlich aus Natriumchlorid und niedrigen Gehalten an Magnesiumchlorid bzw. -sulfat besteht. Beim Minerelleckstein sind zusätzlich zu Natriumchlorid noch andere Mineralstoffe zugesetzt, deren Menge aber nicht bedarfsdeckend ist. Bei hoher Beanspruchung und warmem, schweißtreibendem Wetter müssen darüber hinaus noch Elektrolyte zugefüttert werden.

Vom Bauernhof zum Spitzensport – von der Military zur Vielseitigkeit

Die olympische Erfolgsgeschichte des deutschen Vielseitigkeitssports begann in Schweden, nämlich in Stockholm 1912. Hier war die Olympia-Premiere des Pferdesports. Oberleutnant Harry von Rochow auf Idealist errang hinter dem schwedischen Leutnant Alexander Nordlander auf Lady Artist die Silbermedaille. In der Mannschaftswertung gab es dieselbe Reihenfolge: Schweden vor Deutschland. Seitdem waren die deutschen und schwedischen Vielseitigkeitsreiter in der 100-jährigen olympischen Geschichte vielfach erfolgreich. Gemeinsam führen sie nach 23 Olympischen Spielen die Rangliste mit je sieben Goldmedaillen an. Wenn das kein gutes Omen für die deutsch-schwedische Ehe von Frank Ostholt und Sara Algotsson Ostholt ist: Gemeinsam an der Spitze!

Sara Algotsson Ostholt und Frank Ostholt, Luhmühlen 2012

Für Kaiser Wilhelm II. und seinen ältesten Sohn, Kronprinz Wilhelm, waren die zwei Silbermedaillen der deutschen Vielseitigkeitsreiter und die zusätzliche Silbermedaille im Springreiten aber zu wenig. So entstand am 3. Januar 1913 das „Komitee für die Kämpfe zu Pferde bei den Olympischen Spielen zu Berlin 1916". Die nächsten Olympischen Spiele waren für Berlin geplant. Die in Stockholm erdrückende Überlegenheit der schwedischen Offiziere sollte durch eine ähnliche Überlegenheit deutscher Offiziere in Berlin verdrängt werden. Der Erste Weltkrieg durchkreuzte allerdings diesen Plan. Das „Komitee für die Kämpfe zu Pferde bei den Olympischen Spielen zu Berlin 1916" änderte seine Zweckbestimmung und wurde zum Vorläufer des heutigen „Deutsches Olympiade-Komitee für Reiterei (DOKR)".

Nach den Wirren zweier Weltkriege ist das DOKR seit 1950 in der westfälischen Kreisstadt Warendorf angesiedelt. Hier werden Nachwuchs- und Spitzenreiter, Fahrer und Voltigierer auf internationale Wettkämpfe, Europameisterschaften, Weltmeisterschaften und Olympische Spiele vorbereitet. Auf Vorschlag der Bundestrainer nominieren die zuständigen Ausschüsse die jeweils Besten der Disziplinen Dressur, Springen, Vielseitigkeit, Fahren, Voltigieren, Distanzreiten, Reining sowie Reiten und Fahren für Sportler mit Behinderung zu den jeweiligen sportlichen Höhepunkten. Für das tägliche Training, für Lehrgänge und für den jeweiligen letzten Feinschliff vor Championaten gibt es seit 1970 das Bundesleistungszentrum als großzügige, moderne Trainingsstätte. Seit 2004 ist Frank Ostholt Leiter dieses Leistungs- und Innovationszentrums des deutschen Spitzenpferdesports. Bis dahin war es aber ein weiter Weg.

Frank Ostholts Passion Landwirtschaft ließ ihn nach dem Abitur zunächst eine landwirtschaftliche Lehre und dann ein Landwirtschaftsstudium absolvieren. Nebenher wirkte aber der „Bazillus Pferdesport". Schon früh kam er mit seiner späteren Wirkungsstätte, dem DOKR/BLZ und den dort agierenden Bundestrainern in Kontakt und nutzte alle sich ihm bietenden Trainingsmöglichkeiten. Während des Landwirtschaftsstudiums wurde er Mannschafts- und Einzel-Studentenweltmeister der Reiter. 2002 beriefen ihn die Bundestrainer in die „Perspektivgruppe Vielseitigkeit" des DOKR – ein Erfolgsmodell, das die deutschen Vielseitigkeitsreiter an die Weltspitze katapultierte. Zwei Jahre nutzte Frank Ostholt die Ausbildung zur Nachwuchsführungskraft bei FN und DOKR, war halbtags im Büro und halbtags auf dem Pferd, legte zwischen-

durch die Prüfung zum Pferdewirtschaftsmeister ab und durfte drei Monate in England das Mekka des Vielseitigkeitssports erleben. So ging es Schlag auf Schlag, und Erfolge ließen nicht auf sich warten. Die englische Fachzeitschrift „Horse & Hound" berichtet 2003 über Frank Ostholt als „The New German Winning Mashine".

Herausragende Höhepunkte für jeden Sportler sind die Olympischen Spiele. Zweimal war Frank Ostholt dabei. Zweimal half er, Mannschaftsgold zu gewinnen. Einmal glänzte das Gold allerdings nur für wenige Tage. Das war Athen 2004. Bettina Hoy überritt beim die Mannschaftswertung abschließenden Springen zweimal die Startlinie und brachte den Richterturm in ärgste Verwirrungen. Eine Fehlentscheidung machte aus zweimal Gold zweimal Blech. Eine niederschmetternde olympische Erfahrung. „Ich dachte, als Olympiasieger steht man für immer in den Geschichtsbüchern des Sports. Für uns galt das nur für wenige Tage." So beschreibt Frank Ostholt sein damaliges Empfinden. Heute, neun Jahre später, ist auch das Geschichte. Es zählt das Hier und Jetzt.

„Vielseitigkeit, die sprichwörtliche Krone der Reiterei, ist eine fantastische Disziplin. Sie hat so viele Facetten", erklärt Frank Ostholt. Die frühere Bezeichnung „Military" weist auf die Keimzelle dieses Sports: das Militär. Als Prüfung des vielseitigen Soldatenpferdes war sie bis nach dem Zweiten Weltkrieg fast ausschließlich Offizieren vorbehalten. Seitdem ist zwar die anspruchsvolle Kombination der drei Teildisziplinen Dressur, Gelände und Springen erhalten geblieben, in den Anforderungen haben sich aber große Wandlungen vollzogen. Im Gelände sind die Wegestrecken, die Rennbahn, die Länge der Querfeldeinstrecke und klobige Hindernisse erhöhten Anforderungen an präzises Reiten gewichen. Dressur und Springen haben durch höhere Schwierigkeitsgrade mehr Gewicht bekommen und für die schweren Prüfungen werden nur solche Paare zugelassen, die sich in leichteren Prüfungen bereits bewährt haben.

„Unser Sport ist professioneller geworden", resümiert Frank Ostholt. Die Reproduzierbarkeit von Leistung und Erfolg erfordert Profession und Routine. Die reduzierte Belastung der Pferde lässt mehr Starts pro Jahr zu. Das fördert die Routine von Pferd und Reiter und erhöht den Bekanntheitsgrad erfolgreicher Paare. Nebenher wollen junge Pferde entdeckt und ausgebildet werden, um in die Spitze nachzurücken. „In die Spitze zu kommen ist schon schwer, dort zu bleiben aber noch viel mehr", weiß Frank

Ostholt aus Erfahrung. „Wirklich gute Pferde hat man nie genug." Denn die Ansprüche sind hoch: Gute Grundgangarten, gutes Galoppier- und Springvermögen und hoher Blutanteil sind Grundvoraussetzungen. „Die wesentlichen Faktoren stellt man aber erst im Laufe der Ausbildung fest: Gesundheit, Ausdauer, Härte und ein Interieur mit Leistungswillen und Mut." Auch wenn die Abmessungen der Geländehindernisse nicht so hoch und weit sind, wie im Springsport, bedarf ein 1,20 m hoher und 1,50 m breiter Sprung auf einer Anhöhe viel Kraft und Willen. Ein Hindernis vor einer Senke und ein Wassereinsprung, bei denen das Pferd die Landesstelle nicht sehen kann, brauchen Vertrauen und Balance und ein nur knapp 1 m schmales Hindernis in einer Wendung erfordert äußerst präzises Reiten und hohe Konzentration des Pferdes. Zehn bis zwölf Minuten bei einem Tempo von 35 bis über 40 km/h sind die zeitlichen Vorgaben, innerhalb derer bis zu 40 solcher Hindernisse zu überwinden sind. Am Tag vorher müssen die hierauf trainierten Pferde in einer anspruchsvollen Dressur z.B. Seitengänge und fliegende Galoppwechsel losgelassen und geschmeidig absolvieren und am dritten Tag müssen Pferd und Reiter im Abschlussspringen beweisen, dass auch respektable Parcourshindernisse mit kniffligen Sprungfolgen und anspruchsvoller Linienführung beherrscht werden. „Unsere Pferdezucht ist für diese Anforderungen spitze", freut sich Frank Ostholt. Früher fuhr man

Frank Ostholt mit Matilda, Bredeneek-Vielseitigkeit 2013

nach England, Irland, Australien oder Neuseeland, um geeignete Vielseitigkeitspferde zu finden. Heute kommt die Vielseitigkeitswelt nach Deutschland. Das belebt den Markt, leider aber auch die Preise. Ein fertiges Vielseitigkeitspferd zu kaufen ist fast nicht möglich, aber junge Pferde über viele Jahre auszubilden hat auch seinen Preis. Fazit: Der Profi muss hart arbeiten und braucht gute Partner, um auf internationalem Top-Level mitmischen zu können.

Mit der eigenen Pferdezucht hatte Frank Ostholt ein besonderes Erfolgserlebnis. 2006 gewann er im französischen Le Lion d'Angers mit der selbst gezogenen Stute Quite Easy (von Quattro B – Akitos xx) die Weltmeisterschaft der sechsjährigen Vielseitigkeitspferde.

Bei dem Diplom-Agraringenieur Frank Ostholt hat sich aus Pferdesport, Pferdezucht und der Leitung des Bundesleistungszentrums ein Fundus an Wissen und Können

ERFOLGE

Jahr	Ort	Prüfung	Pferd	Mannschaft	Einzelwertung
Olympische Spiele					
2008	Hongkong		Mr. Medicott	Gold	8.
2004	Athen		Air Jordan	4. (Gold)	14.
Weltmeisterschaften					
2010	Lexington/USA	Weltreiterspiele	Mr. Medicott		21.
2009	Le Lion d'Angers/FRA	WM der Jungen Vielseitigkeitspferde	Sir Medicott		Bronze
2007	Le Lion d'Angers/FRA	WM der Jungen Vielseitigkeitspferde	Quiet Easy		Gold
2006	Aachen	Weltreiterspiele	Air Jordan	Gold	4.
2005	Le Lion d'Angers /FRA	WM Vielseitigkeit Junge Pferde	Little Paint		Bronze
2002	Mechelen/BEL	WM der Studenten Reiter		Gold	Gold
Europameisterschaften					
2011	Luhmühlen		Littel Paint		Bronze
2005	Blenheim/GBR		Air Jordan	Bronze	5.
1996	Wiendorf/AUT	EM der Jungen Reiter	Basilisk		7.
Deutsche Meisterschaften					
2011	Luhmühlen		Little Paint		Bronze
2008	Schenefeld		Air Jordan		Gold
2005	Bonn-Rodderberg		Air Jordan		Gold
2004	Bonn-Rodderberg		Air Jordan		7.
2003	Luhmühlen		Air Jordan		Gold
2000	Achselschwang		Eos		5.
1996	Walldorf	DJM der Jungen Reiter	Basilisk		4.

angesammelt, der seinesgleichen sucht. Er behält dies aber nicht für sich alleine, sondern gibt gerne davon ab. Bei Lehrgängen und im Einzeltraining lässt er vor allem Nachwuchsreiter teilhaben. Auch ehrenamtlich liegt ihm Jugendarbeit am Herzen. Als stellvertretender Vorsitzender eines Fördervereins für reiterlichen Nachwuchs gilt er für junge Reiterinnen und Reiter als Ansporn und als Vorbild.

PORTRAIT

„Ein Warendorfer Jung"

Vernunft, Geduld, Ausdauer, Fleiß, Bescheidenheit. So vielseitig wie die Sportart ist, sind auch die westfälischen Menschen. In Frank Ostholt, Jahrgang 1975, treffen diese Eigenschaften auf gesunden Ehrgeiz, Mut und einen hellen Kopf. Im östlichen Münsterland in Vohren (Kreis Warendorf) wurde er mit Pferden groß. Reiten, Rad fahren und auch Kutsche fahren gehören zu den traditionellen Freizeitsportarten der Region. „Ich bin gerne hier. Warendorf ist der Nabel des deutschen Pferdesports", sagt der erfolgreiche Vielseitigkeitsreiter. „Meine Leitungsfunktion hier am Bundesleistungszentrum (BLZ) ist mein zweites Standbein. Eigentlich habe ich zwei Vollzeitjobs."
Warendorf ist eine bedeutende Sportstadt in Deutschland. Neben der Deutschen Reiterlichen Vereinigung (FN) und dem Deutschen Olympiade-Komitee für Reiterei (DOKR) befindet sich hier auch das Nordrhein-Westfälische Landgestüt, das 1826 auf Wunsch der Pferdezüchter Westfalens und der Rheinprovinz als preußisches Landgestüt gegründet wurde. Nach Kriegsende ging es in den Besitzt des Landes Nordrhein-Westfalens über und ist heute dem Ministerium für Umwelt, Naturschutz, Landwirtschaft und Verbraucherschutz zugeordnet. Auf dem 8 ha großen Areal ist Platz für 160 Pferde.

Die Deutsche Reitschule ist Teil des Nordrhein-Westfälischen Landgestüts. Sie ist das Zentrum des Berufstandes „Pferdewirt und Pferdewirtschaftsmeister" und bietet Fortbildungs- und Prüfungslehrgänge für Berufsreiter und Turnierfachleute an.
Zwischen FN, DOKR und Landgestüt liegt die Sportschule der Bundeswehr. Auf dem Gelände der ehemaligen Wehr-Kreis-Reit- und Fahrschule entstand seit Mitte der 70er-Jahre ein riesiger Komplex erstklassiger Sportstätten. Abgesehen von den reinen Wintersportarten, gibt es wohl kaum eine Sportart, die hier nicht trainiert werden könnte. Die Stallungen, Trainingsplätze und Reithallen der ehemaligen Wehr-Kreis-Reit- und Fahrschule sind dem Pferdesport erhalten geblieben. Junge Nachwuchsspitzensportler können hier als freiwillige Soldaten tagaus, tagein unter besten Bedingungen trainieren.

Der Olympiastützpunkt Westfalen hat im Areal der Sportschule der Bundeswehr eine Außenstelle und bietet für das DOKR und das Bundesleistungszentrum vielfältige Serviceleistungen.
Frank Ostholt ist als Leiter des Bundesleistungszentrums zugleich Koordinator der den Pferdesport betreffenden Aktivitäten der Sportschule der Bundeswehr und des Olympiastützpunktes. Unterstützt wird er dabei durch seinen jüngeren Bruder Andreas, der ebenfalls international erfolgreicher Vielseitigkeitsreiter ist. Als Hauptfeldwebel der Bundeswehr, Diplomtrainer und Pferdewirtschaftsmeister ist er für die reitenden Soldaten und die Pferdesportanlagen der Sportschule verantwortlich.

Frank Ostholt ist aufgrund seiner Erfolge Träger des Deutschen Reiterabzeichens in Gold und wurde 2005 vom damaligen Bundespräsidenten Horst Köhler mit dem Silbernen Lorbeerblatt ausgezeichnet.

Dr. Gabriela Förster – Vielfache Bronze-Gewinnerin im Distanz-reiten in Welt-, Europa- und Deutschen Meisterschaften ... mit Autor Andreas Frädrich, der passenderweise zu Pferd auf einem dreieinhalbstündigen Trainingsritt interviewte.

Garnelen
IN WEISSWEINSOSSE MIT 100 MEILEN SPAGHETTI

„Alle diese Spaghetti – hintereinander gelegt – ergeben einen 100-Meiler." „Wirklich?", frage ich. Gabriela Förster macht die Packung auf. „Nein", lacht sie, ich habe es noch nicht ausprobiert. Die Königsdistanz in diesem Marathon zu Pferde ist der „100-Meiler". Reiter und Pferd legen 160 Kilometer an einem Tag zurück. Förster hat jede Menge Meilen zu Pferd verbracht, und zwar so erfolgreich, dass sie auch international Achtungserfolge im Distanzreiten (engl. Endurance Riding) verbuchen konnte. Distanzreiten ist ein Sport, dessen Spektrum vom familiär geprägten Breitensport wie auch das Wanderreiten bis zum Hochleistungssport reicht. „Insbesondere in der arabischen Welt, aber auch in Frankreich und Nordamerika ist dieser Sport traditionell und viel populärer", erzählt Förster, mit etwas über 2000 Distanzreitern ist Deutschland eher eine kleine Sportnation auf diesem Felde. Daher sind die guten internationalen Erfolge auch der deutschen Mannschaft etwas Besonderes.

Das Endurance-Reiten (Ausdauerreiten) hat heute weltweite Bedeutung. Was früher nichts Besonderes war, mal eben 80 bis 100 km innerhalb eines Tages mit dem Pferd zurückzulegen. Heutzutage mit einem Pferd 50 Meilen zu reiten ist schon eine hervorragende Leistung und weder für Mensch noch Pferd eine Kleinigkeit. Vor allem für Menschen, die in vielen Fällen es nicht gewohnt sind, überhaupt ein paar Kilometer zu Fuß zurückzulegen.

Wir setzen das Wasser zum Kochen auf. Die Spaghetti werden in einem großen Topf Salzwasser gegart. „40 bis 50 % der Teilnehmer kommen bei den langen Ritten nur an, die übrigen werden vorher herausgenommen oder geben auf", erklärt die Distanzreiterin. Ziel ist, mit dem jeweiligen Pferd auf unterschiedlichem Gelände die individuelle Tagesbestleistung zu erzielen. Besser als die Konkurrenten sein, wobei das oberste Ziel ist „Angekommen ist gewonnen", und fügt hinzu: „Die Gesundheit des Pferdes ist immer die oberste Priorität, vor jedem sportlichen Ehrgeiz. Jeder, der gesund durchs Ziel kommt, ist ein Sieger." Dabei kommt der Distanzsport der Natur des Pferdes als Lauftier sehr entgegen.

Und was isst man so vor so einem langen Wettkampf zum Frühstück, will ich wissen. „Es geht ja ganz früh los, so um 5 Uhr, da ist höchstens Zeit für ein Joghurt oder ein Müsli", antwortet sie. „Ansonsten bevorzuge ich leicht verdauliche Sachen", erklärt mir Gabriela Förster, während sie ein Päckchen tiefgekühlter Garnelen hervorholt. Denn heute Abend gibt es – leicht und lecker – Garnelen in Weißweinsoße mit Spaghetti.

Garnelen gelten nicht nur als Delikatesse, sondern haben teilweise auch gesunde Inhaltsstoffe und sind für eine kalorienarme Ernährung geeignet. Wie viele andere Meeresfrüchte sind auch Garnelen regelrechte Eiweißbomben. Sie bestehen zu rund 78 % aus Wasser, etwa 20 % aus hochwertigem Eiweiß und nur bis zu 2 % aus Fett, zudem Vitaminen wie B12, B3 und Mineralstoffen (Zink).100 g gepultes Garnelenfleisch sorgen bei nur 98 kcal/100 g für ein schnelles Sättigungsgefühl. Krabben und andere Meerestiere sind als Lieferant der so wichtigen Omega-3-Fettsäure bekannt. Wie alle Meerestiere liefern auch Garnelen viel Jod, jedoch nicht so viel wie die Fische. 150 g Garnelen decken beinahe den Tagesbedarf ab. Gichtkranke sollten Garnelen wegen ihres hohen Puringehaltes eher meiden.

Dr. Gabriela Förster ist von Berufs wegen Fachärztin für Arbeitsmedizin/Umweltmedizin und ist seit 1994 Mitglied des deutschen Bundeskaders im Distanzreiten. Sie ist zwar Profisportlerin, muss aber damit nicht ihren Lebensunterhalt bestreiten. „Ich bin eigentlich reiterlich ein Spätzünder", erzählt die 1958 Geborene, „erst mit 27 Jahren konnte ich mir meinen Traum, reiten zu lernen, verwirklichen", erzählt mir Förster ihre Reiterkarriere", und das nur auf Umwegen". Förster berichtet, in welchen Ländern sie seitdem schon überall an Distanzritten teilgenommen hat. Fast einmal rund um den Globus. Einmal war sie sogar in Südostasien unterwegs, da hat sie sich in einen Bachlauf verritten und da tauchte plötzlich ein großer Waran aus dem Wasser auf und schnappte nach Pferd und Reiter! Zum Glück ist allen nichts weiter passiert ...

Apropos Wasser: Kann man denn Garnelen noch mit gutem Gewissen essen, wo doch die Weltmeere zusehends leergefischt werden? Laut der Welternährungsorganisation der Vereinten Nationen (FAO) werden heute fünfmal so viele Garnelen weltweit verkauft wie Mitte

der 1980er-Jahre. Noch werden etwa zwei Drittel der Garnelen wild gefangen, aber weil es immer weniger von ihnen gibt, entstand auch eine Massentierhaltung in Aquakulturen in Form von sogenannten Shrimps-Farmen. Dort werden teilweise Antibiotika eingesetzt, um die Garnelen vor Infektionen zu schützen. So fand man bei einigen Garnelen aus Zuchtfarmen aus Bangladesch, Thailand und Indien in der Vergangenheit Rückstände von Antibiotika wie z.B. Chloramphenicol. Nicht besonders schön, wo doch sowieso schon zu viel Antibiotika beim Menschen als auch beim Pferd eingesetzt wird und so Resistenzen gefördert werden. Anderseits schützen Aquakulturen vor Überfischung der Meere. Ob Garnele oder Pferde – alles also eine Frage der richtigen Tierhaltung. Daher sollte man – um die Problematik rund um Überfischung und unseriöse Züchter zu umgehen – Bio-Garnelen kaufen oder lieber auf frisch gefangene Arten wie Nordseekrabben zurückgreifen.

Krabben, Garnelen, Gambas, Shrimps, King Prawns, Crevetten – wo ist da überhaupt der Unterschied? Kulinarisch und zoologisch betrachtet sind die Bezeichnungen Krabben und Garnelen nämlich nicht identisch. Und damit geht die Verwirrung los: Je nach Herkunftsland heißen die kleinen rosa Garnelen Shrimps, Prawns (englische Handelsbezeichnung für besonders große Garnelen), Cameron (spanisch) oder Crevetten (vom frz. Wort „crevettes"). Umgangssprachlich heißen sie zwar „Krabbe", aber korrekt ist Garnele. Der Ausdruck „Krabben" bezeichnet im Volksmund meist die Nordsee-Krabben – besser gesagt die Nordsee-Garnelen (Crangoncrangon) und nicht die „echten" Krabben-Krebstiere mit den Kneifscheren. Hummerartige Meerestiere mit Scheren gehören nämlich nicht zur Familie der Garnelen. Scampis, Hummer und Langusten sind also keine Krabben im eigentlichen Sinn. Gambas bzw. Riesen-, King-, Jumbo-Prawns wiederum sind nichts anderes als große bis zu 20 cm lange Garnelen. Sie werden meist in warmen Küstengewässern gefischt, zum Beispiel im Senegal. Zu dieser Kategorie gehören auch die etwas selteneren Black-Tiger Garnelen (Tiger Prawns, Schiffskielgarnelen), die bis zu 40 cm lang sind und in asiatischen Ländern gezüchtet werden.

Krabbe, Krebs und Garnele, ein Unterschied also wie zwischen Esel, Pferd und Zebra! Hier muss man also an Tierarten unterscheiden. Eine bunte Mischung gibt's auch beim Distanzreiten, aber hier handelt es sich um unterschiedliche Pferderassen.

„Bei deutschen Distanzritten starten viele „untypische"

Pferderassen", erzählt Gabriela Förster, während wir den Knoblauch schälen und würfeln und die frischen Kräuter zubereiten. „Traber, Englische Vollblüter, Warmblüter, manchmal auch ein paar Kaltblüter. Bei entsprechendem Training könne eben jedes Pferd über Strecken bis 80 km gehen. Ob es jedoch für den Sport besonders veranlagt ist, zeige sich erst bei höheren Distanzen. Förster fing an mit dem Oldenburger Voltano, mit dem sie eher zufällig auf einen Anfänger-Distanzritt geriet und der sich danach sehr erfolgreich bewährte, unter anderem bei der EM 1995 in Morlaix (Frankreich) mit Bronze als Mannschaftswertung.

Ein typisches Distanzpferd muss einen korrekten Körperbau aufweisen, mit geraden, gut proportionierten Beinen und ausgeprägten Gelenken. Besonders geeignet sind kleine schlanke und genügsame Pferde. Das Verhältnis von Fläche zu Masse ist beim Vollblut-Typ günstiger, da bei diesen die Hitze besser abgegeben werden kann. Denn 25 % der Energie des Pferdes stehen der Muskelarbeit zur Verfügung, 75 % werden dagegen als Hitze abgegeben. Kleinere Pferde haben zudem ein wirkungsvolleres cardio-pulmonales System, da bei ihnen Herz und Lunge proportional größer sind. Die Ausdauer-Leistungsfähigkeit ist vor allem begrenzt durch die Möglichkeit, die sie für Arbeit notwendige Energie aerob zur Verfügung zu stellen. Die Fähigkeit zu länger anhaltender Arbeit, bei der größere Muskelgruppen beteiligt sind, hängt also davon ab, wie viel Sauerstoff vom Körper aufgenommen und zu der arbeitenden Muskulatur gebracht werden kann. Insbesondere Herz, Kreislauf, Atmung und Muskelstoffwechsel spielen hier eine Rolle.

Unsere kalorienarmen Garnelen brutzeln in der Pfanne. Da Garnelen äußerst empfindlich sind und schnell verderben, werden sie meistens bereits an

Bord der Fangschiffe eingefroren, in Eis gelegt oder gekocht. Eingefroren bleiben sie etwa einen Monat frisch, also unbedingt auf das Verfallsdatum achten. Frische Garnelen können im Kühlschrank nur ein bis zwei Tage aufbewahrt werden. Der Geschmack von frischen Nordseekrabben ist immer noch der beste, da eindeutig intensiver und feiner. Angetaute Garnelen – davon hängt auch das Aroma ab, wann und wie sie aufgetaut werden – sollte man gleich verarbeiten, und das machen wir sogleich. Wenn die Spaghetti kochen, wird der Knoblauch und die angeritzte Chilischote in etwas Olivenöl angebraten, dann werden die Garnelen hinzugegeben. Sobald unsere Garnelen gar sind, kommen Weißwein, Tomaten und Tomatenmark hinzu, das Ganze einige Minuten köcheln lassen. Mit Pfeffer, Salz und Zitronensaft abschmecken. Den gewaschenen, grob zerkleinerten Rucola unter die Garnelensauce heben. Die Spaghetti abgießen und sofort mit den Garnelen und der Sauce anrichten – hintereinander, ist aber nicht ganz ernst gemeint. Fertig ist der Spaghetti-Hundertmeiler mit Garnele in Weißweinsoße! Guten Ritt – und Hals und Bein den Krabben!

Gleich nach dem Ritt geht's in die Küche

GARNELEN IN WEISSWEINSOSSE MIT 100 MEILEN SPAGHETTI

Zutaten (für 4 Personen)

1 Packung Spaghetti (500 g)
1 Packung (ca. 400 g) rohe Krabben (Garnelen)
2 frische Chilischoten
Olivenöl, Salz, Pfeffer, 1 Knoblauchzehe
¼ bis ½ l trockener Weißwein
1 kleine Büchse gewürfelte Tomaten
1 Esslöffel Tomatenmark
Saft einer halben bis ganzen Zitrone
1 Packung Rucola

Arbeitszeit:
ca. 10 Min.

EXKURS

Kohlenhydrate sind der wichtigste Energielieferant für Reiter und Pferd. Es ist der „Treibstoff", der für sportliche Leistungen unabdingbar ist. Als Produkt der Fotosynthese machen Kohlenhydrate den größten Teil der Biomasse aus. Die Wissenschaft, die sich mit der Biologie der Kohlenhydrate beschäftigt, heißt Glykobiologie. In der Pferdefütterung besteht der Hauptteil der Kohlenhydrate aus den Mehrfachzuckern Stärke und Zellulose. Die in Jahrmillionen entstandene ernährungsphysiologische Grundkonzeption des Pferdes ist trotz der Domestikation seit 6.000 Jahren unverändert geblieben, insbesondere was den Rhythmus der Nahrungsaufnahme betrifft. Das Pferd hat einen relativ kleinen Magen. Der Dickdarm besteht aus mehreren durch Verengungen getrennte große Gärkammern, in denen Darmbakterien schwerer verdauliche Nahrungsbestandteile (wie Zellulose) zu Fettsäuren abbauen. Besonders dieser Darmabschnitt ist optimal an die Nahrung eines Steppentieres angepasst. Er kann aber nur dann störungsfrei arbeiten, wenn die Ration ausreichend rohfaserreiche Futtermittel, wie Heu, Stroh oder älteres Gras, enthält. Das wird allerdings bei Hochleistungspferden oft nicht beachtet. Bei Distanzpferden ist die rohfaserreiche Fütterung besonders wichtig. Durch rohfaserreiche Fütterung kann der Flüssigkeitshaushalt („Wasserspeicher") reguliert werden Pferde verdauen und verwerten nicht so effizient wie etwa Wiederkäuer, sind aber vielseitig. Der differenziert aufgebaute Verdauungskanal des Pferdes lässt zu, dass die im Jahresverlauf in Steppe und Wald anfallenden unterschiedlichen Futtermittel (junges und überständiges Gras, Früchte, Laub, Samen) optimal genutzt werden können. Daher grasen Pferde auch selektiv und durch kontinuierliche Futtermengen am Tag. Mit steigenden Leistungen konnte der zunehmende Energiebedarf nicht mehr allein über Raufutter oder Gras gedeckt werden. Zudem war das Pferd bei ausschließlicher Raufutterzuteilung durch die lange Futteraufnahmezeit nur begrenzt einsetzbar. Da höhere Leistungen des Pferdes von konzentrierten Futtermitteln abhängen, konnte es erst mit dem Übergang vom Nomadentum zum Ackerbau intensiver genutzt werden.

Die Ausbreitung des Ackerbaus schaffte die Voraussetzungen für eine intensive Nutzung des Pferdes in der Landwirtschaft und im Krieg. In diesem Rahmen wurde auch die Pferdefütterung intensiviert. Besonderer Wert wurde auf die Fütterungszeiten gelegt. Im bäuerlichen Betrieb erhielten Arbeitspferde ihr erstes Futter bereits um 4 Uhr in der Frühe, während des Tages wurde noch

dreimal gefüttert, in manchen Betrieben auch noch um Mitternacht. Logistische Überlegungen beim Militär im 18. und 19. Jahhundert führten schon früh zur Herstellung konzentrierter Futtermischungen. Dazu wurden beispielsweise sogenannte 12 cm breite und 1 cm dicke Futterbrote gebacken - auch russischer Zwieback genannt –, die kranzförmig auf Draht gereiht am Sattel mitgeführt wurden. Sie enthielten neben Gersten- und Haferschrot Leinsamen und Erbsen. Im Ersten Weltkrieg wurde Pressmischfutter als „eiserne Reserve" eingeführt – das waren 10 kg schwere Blöcke aus Heu, Hafer, Biertreber, Sesam, Sojamehl, Erdnüssen Malz und Melasse. Diese „Feldversuche" dürfen als Vorgänger der kommerziellen pellettierten Mischfutter betrachtet werden.

Kohlenhydrate machen neben Fett und Eiweiß auch in der menschlichen Ernährung den größten Bestandteil in der Nahrung aus. Sie bestehen aus Zuckermolekülen und sind der Treibstoff für Muskeln und Gehirn. Der menschliche Körper verbraucht rund um die Uhr Energie – selbst im Schlaf. Die meiste Energie wird für den Grundumsatz benötigt, also für Körperfunktionen wie Atmung, Herzschlag, Stoffwechsel und eine konstante Körpertemperatur.

Darüber hinaus muss Energie für körperliche Aktivität zur Verfügung stehen. Kohlenhydrate spielen neben Fett die wichtigste Rolle für die Deckung des Energiebedarfs, obwohl sie im Vergleich zu Fett weniger als die Hälfte an Kalorien liefern. Kohlenhydrate sind im Gegensatz zu den Fetten relativ schnell verwertbar, da sie Energie liefern. Ein wichtiger Kohlenhydratbaustein im Energiehaushalt des Körpers ist die Glucose. Die akute Energieversorgung des Körpers wird im Wesentlichen über die im Blut gelöste Glucose gewährleistet. Ihre Konzentration im Blut, der sogenannte Blutzuckerspiegel, wird in engen Grenzen gehalten. Der Blutzuckerspiegel wird unter anderem mittels Glykogenauf- und -abbau durch verschiedene Hormone reguliert: Adrenalin und Glucagon regen den Glykogenabbau an, Insulin fördert den Glykogenaufbau. Bei der Verdauung wird die Glucose im Dünndarm als Monosaccharid aus dem Nahrungsbrei aufgenommen und in das Blut abgegeben. Nach der Nahrungsaufnahme steigt der Blutzuckerspiegel daher an. Die ins Blut aufgenommene Glucose muss also erst einmal zwischengespeichert werden. Das Signal hierzu gibt das Insulin. Es signalisiert dem Muskel- und Lebergewebe, verstärkt Glucose aus dem Blut aufzunehmen und zu Glycogen zu verketten. Glykogen dient der kurz- bis mittelfristigen Speicherung und Bereitstellung des Energieträgers Glucose im menschlichen und tierischen Organismus.

Kohlenhydrate bestehen aus Zuckermolekülen. Je nach Anzahl der Zuckerbausteine werden Kohlenhydrate in drei Gruppen unterteilt: Einfachzucker (Traubenzucker und Fruchtzucker), Zweifachzucker (Haushaltszucker sowie Malz- und Milchzucker) sowie Mehrfachzucker (Polysaccharide). Einfach- und Zweifachzucker kommen vor allem in Süßigkeiten und Schokolade vor, schmecken süß, sind aber mit Ausnahme von Obst meist leere Energieträger, die keine Vitamine oder Mineralstoffe enthalten und den Blutzuckerspiegel schnell in die Höhe schießen lassen. Anstatt Haushaltszucker sollten außerdem besser natürliche Süße wie Honig, Ahornsirup oder auch Agavendicksaft verwendet werden. Das starke Ansteigen des Blutzuckerspiegels bewirkt eine hohe Insulinausschüttung, dadurch sinkt der Blutzucker schon nach kurzer Zeit wieder ab. Danach kommt es zu einer Unterzuckerung und Heißhunger ist die Folge Damit sind die Kohlenhydrate sämtlicher Süßigkeiten zwar schnell verwertbar, allerdings hält ihre Energie im Körper nicht lange vor, obwohl Süßes viele Kalorien hat. Allerdings sind Zucker nur dann schlecht, wenn man sportlich bzw. körperlich nicht aktiv ist.

Bessere Energielieferanten sind komplexe Kohlenhydrate, also Lebensmittel, die reich an Polysacchariden sind und meist auch viele Vitamine, Mineralstoffe und Ballaststoffe enthalten. Mehrfachzucker sind vor allem in Getreide, Vollkornprodukten – also auch für unser Rezept in Vollkornnudeln – sowie in Kartoffeln und Hülsenfrüchten enthalten. Werden diese stärkehaltigen Nahrungsmittel gegessen, so zerlegen die Verdauungsenzyme die Glucosekette der Stärke Kohlenhydrate im Verdauungstrakt zuerst wieder in Einfachzucker, also Glukose, die nach und nach in den Blutkreislauf übergehen. Es vergeht also eine gewisse Zeit, bis die Stärke vollständig zerlegt und die Glucose-Bausteine aufgenommen werden. Jede Körperzelle kann Glucose durch die Zellmembran aufnehmen bzw. wieder abgeben. In den Zellen der verschiedenen Organe kann sie entweder durch Verstoffwechselung die chemische Energie für Muskelarbeit, anabole Prozes-

se oder Gehirnaktivität liefern oder in Form von Glucoseketten als Glycogen gespeichert werden. Mehrfachzucker lassen den Blutzuckerspiegel nach dem Essen langsamer ansteigen. Industriell hergestellte, raffinierte Kohlenhydrate wie z.B. in Chips, Cornflakes, Softdrinks, Süßigkeiten und Backwaren aus weißem Mehl sind ungünstig, da sie nicht nur mehr Zucker und weniger Nähr- und Ballaststoffe als vollwertige Nahrungsmittel enthalten, sondern auch erheblich schneller zu Glukose umgewandelt werden.

Kohlenhydrate können so schnell Energie bereitstellen – was beispielsweise für Sportler eine große Bedeutung hat. Dazu kommt: Unser Gehirn kann – im Gegensatz zu anderen Organen – seine Energie nicht aus Fett oder Eiweiß, sondern ausschließlich aus Kohlenhydraten gewinnen. Die Energieversorgung des Gehirns ist hochgradig von Glucose abhängig, da es Fette nicht direkt energetisch verwenden kann. Das ist auch der Grund, warum wir uns bei sinkendem Blutzuckerspiegel schlechter konzentrieren und sogar ohnmächtig werden können.

In Leber- und Muskelzellen wird bei einem Überangebot von Kohlenhydraten Glykogen aufgebaut. Bei vermehrtem Energiebedarf verwenden die Muskelzellen ihren Glykogenspeicher. Sogenannte Low-Carb-Diäten, welche Nudeln, Kartoffeln und Brot zumindest teilweise vom Tisch verbannen, liegen nach wie vor im Trend. Wer abnehmen möchte, kann zum Abend hin die Kohlenhydratmenge reduzieren. Abends ist es durchaus sinnvoller, anstelle von Kartoffelgerichten oder Vollkornprodukten eiweißhaltige Nahrung wie Salat zu essen. Darüber hinaus regulieren Kohlenhydrate den Stoffwechsel von Proteinen und Fetten – ohne Kohlenhydrate können Eiweiße und Fette vom Körper nicht richtig verwertet werden. Darum nimmt man bei kohlenhydratfreien Diäten tatsächlich ab, auch wenn man relativ große Mengen an Eiweiß und Fett isst. Wenn man sich sportlich vermehrt betätigt, etwa um abzunehmen, und gleichzeitig auf eine kohlenhydratarme Ernährung achtet, erfährt man jedoch keine Leistungssteigerung. Besonders im Bereich des Ausdauersports wird Glykogen in den Muskeln und der Leber benötigt, um beispielsweise einen Halbmarathon gut zu überstehen. Für Leistungssportler lauten die Empfehlungen individuell: 60 % Kohlenhydrate, 20 % Fett und 20 % Eiweiß empfehlen viele Experten als Faustformel in der Sporternährung. Der durchschnittliche Läufer benötigt etwa 2,5 g Kohlenhydrate pro Kilogramm Körpergewicht täglich, aber Leistungssportler, die 20 Stunden pro Woche oder mehr trainieren, benötigen mehr als das Doppelte.

Eben mal ne kleine Runde

Es war ein langer Ritt über die Autobahn und Landstraßen, als ich schließlich bei Gabriela Förster im idyllischen hessischen Altenstädt ankomme. Ich steige aus dem Auto aus, und schon kommt sie zur Begrüßung aus einem malerischen Fachwerkhaus heraus, welches sich unmittelbar an den Stalltrakt anschließt. „Fein, dann kann ich ein wenig trainieren", freut sie sich, als sie sieht dass ich noch Jodhpur-Reithosen anhabe, ich hatte es einfach noch nicht geschafft mich umzuziehen. Denn eigentlich sind wir zum Kochen verabredet, es ist später Nachmittag, die Sonne scheint.

Ob ich Lust hätte „eben mal auf `ne kleine Runde auszureiten?" Also ein Interview zu Pferd, ich bin begeistert. Also gehen wir in den Stall, die Langstreckenreiterin hatte schon am Telefon geschwärmt von ihrer pferdegerechten Haltung. Es sind zwei Offenställe – für drei Pferde –, sehr großzügig arrangiert und komplett mit Gummiboden ausgestattet. Kein Stroheinstreu, dafür ausgiebige Raufutterraufen, daran schließen sich wiederum die Paddocks und das Dressur-Viereck an, das Ganze arrondiert von Weiden. Das als Hochleistungssport betriebene Distanzreiten erfordert umfangreiche Vorbereitungen und viel Training. Dazu gehört auch eine entsprechende Pferdehaltung, eine auf das Pferd und die zu erbringende Leistung abgestimmte Fütterung, Training im offenen Gelände und viel Weidegang. Der Winter wird zumeist überbrückt auf dem Dressurplatz oder mit entspannten Ausritten, wie es die Witterung zulässt.

Ein Traum vieler Distanzreiter ist die Teilnahme an einem Hundertmeiler, dass sind 160 km in 24 Stunden. Försters arabisches Vollblut Priceless Gold ist bereits 10 Hundertmeiler gegangen, seit 2005 ist sie stolze Besitzerin. Seitdem hat der 1998 geborene Wallach davon 8 Hundertmeiler mit seiner Besitzerin erfolgreich absolviert. Arabische Pferde gelten als besonders geeignet für Distanzritte. Die Geschichte der Arabischen Pferde erklärt ihren Erfolg, sie sind extrem ausdauernd. „Vor allem gesunde Hufe und Beine sind kriegsentscheidend wichtig bei Distanzpferden", so Förster.

Wir holen unsere zierlichen, aber zähen Pferde aus dem Stall, putzen, satteln ... Ihr Sattel ist eine Mischung aus Wanderreit- und Westernsattel, ziemlich hoch gekam-

mert. Ich bin angetan vom ausgefeilten Equipment. Unter die Satteldecken kommen spezielle Gelplättchen-Decken. „Der ist empfindlich", erklärt Förster.

Die Zäumung ist auch besonders, so gibt es zusätzlich zu den Zügeln einen verlängerten Haltezügel zum Tränken für unterwegs, zudem lässt sich das Gebiss aus dem Reithalfter schnallen, wenn es ans Futter geht. Alles ist ziemlich praktisch und easy. Man ahnt es: Es geht darum, lange Strecken zu Pferd möglichst schnell zu überwinden, dafür ausreichend und ständig zu trainieren und zugleich den natürlichen Ansprüchen des Pferdes gerecht zu werden.

An unser „Futter" geht es jetzt bei Weitem noch nicht. Gekocht wird später. Muss man sich erst verdienen, denke ich mir. Na ja, wie mir später ihre netten Nachbarn erzählen, ist die international erfolgreiche Distanzreiterin berühmt für ihren dehnbaren Ausspruch „der kleinen Runde". Daraus werden heute tatsächlich sparsame 15 km und gemütliche 3 ½ Stunden, viel Zeit, um mich mit meinem wackeren Kameraden sehr gut anzufreunden, und Zeit für ein ausgiebiges Gespräch über „Distanzreiten beim Reiten". Es „geht" durch eine wunderschöne Landschaft, und wir sprechen über das sprichwörtliche Glück auf dem Rücken der Pferde – verlängert über viele Meilen und Stunden, aber auch über die sportliche Herausforderung.

Diese „bewegte" Sportart ist wohl der Nachläufer der ursprünglichsten Form der Reiterei. Eigentlich ging alles zu Pferd in den früheren Jahrhunderten und Jahrtausenden gar nicht so friedfertig los. Denn das Langstreckenreiten hat seine Ursprünge im Militär und Kurierwesen. Die Vorläufer reichen bis in die Zeit v. Chr. zurück. Schon aus dieser Zeit vor Christus sind erstaunliche Leistungen überliefert von Pferden, die etwa in Kriegsnachrichtendiensten eingesetzt wurden. Der Hengst Bukephalos soll Alexander den Großen über 18.000 km weit getragen haben.

Die Perser entwickelten das erste regelrechte Kommunikationssystem – ebenfalls mithilfe des Pferdes. Poststationen wurden in Abständen von einem Tagesritt eingerichtet, sodass eine Strecke von 2.400 km durch regelmäßigen Pferdewechsel in 7 bis 14 Tagen abgeritten werden konnte. Aus dieser Zeit liegen schon überlieferte Schriften vor, in denen ein taggenaues Programm zur Fütterung, Pflege, Haltung und Training von Kriegspferden beschrieben wurde. 1.800 Jahre später führte

Dschingis Khan, dessen Reiter etwa 240 km am Tag zurücklegten, ein ähnliches System ein, welches bis nach Europa reichte.

In der Postmoderne galt der Pony-Express in den USA in der Zeit um 1860 als legendär. Auf einer Gesamtstrecke von 3.145 km wurde Post befördert von Reitern zwischen Missouri und San Francisco durch Missouri, Kansas, Nebraska, Colorado, Wyoming, Utah und Nevada nach Sacramento in Kalifornien. Zu seiner Blütezeit hatte der Pony-Express 100 Reiter, 190 Relaisstationen, 400 Angestellte entlang der Strecke und setzte im Laufe von nur 10 Tagen 400 Pferde ein. Der schnellste Ritt ging über eine Strecke von 193 km in 8 Stunden und 10 Minuten. Wegen der großen Verluste bestand der Pony-Express nur zwei Jahre.

Berühmt-berüchtigt ist auch der Ritt 1886 von Texas nach Vermont über eine Strecke von 2.880 km. Sieger war ein Mustanghengst, der bei einem Tagesdurchschnitt von 93 km für diese Strecke 31 Tage benötigte. Von 56 Teilnehmern beendeten allerdings nur drei den Ritt, die Ankunft der ersten beiden Reiter erfolgte im Abstand von 2 Wochen.

Gerittene Pferderennen gehen schon auf die Antike zurück, Wettbewerbe wie das Distanzreiten sind erst seit 100 Jahren geläufig. Ende des 19. Jahrhunderts wurden in Europa Langstreckenrennen populär wie der Ritt Wien–Berlin, Berlin–Wien als militärischer Wettkampf zwischen den Armeen von Deutschland und Österreich-Ungarn im Jahr 1892. Das längste Rennen der Art war der Distanzritt Wien–Berlin (Berlin–Wien) 1892, ca. 572 km, an dem Soldaten der Deutschen und der österreichisch-ungarischen Armee teilnahmen. Das Rennen wurde mit einer Zeit von 71 Stunden und 27 Minuten gewonnen; der Sieger war bis auf kurze Rasten von insgesamt ca. 11 Stunden ununterbrochen unterwegs. Es gab hohe Verluste.

Mit zunehmender öffentlicher Kritik gerieten die strapaziösen Wettbewerbe, bei den viele Pferde ihr Leben ließen –, in Verruf. Nach dem Zweiten Weltkrieg kam auch der Paradigmenwechsel hin zu rein sportlichen Veranstaltungen, die weder züchterischen noch militärischen Zwecken dienen. Damit etablierten sich peu á peu tierärztliche Kontrollen, damit die Pferde im Wettkampf nicht überfordert wurden. „Das Wohlergehen des Pferdes hat oberste Priorität", bestätigt Dr. Förster.

„Um eine Überforderung der Pferde zu verhindern, finden vor und nach dem Ritt sowie über die Strecke verteilt Kontrollen durch Tierärzte statt, bei denen die Reittauglichkeit des Tieres überprüft wird", erklärt die Langstreckenreiterin. Ein Pferd gilt als reittauglich, wenn es nach Meinung des Tierarztes die vor ihm liegende Strecke, mindestens aber 20 km unter dem Reiter und mit der Ausrüstung zurücklegen kann, ohne Schäden zu erleiden oder Schmerzen zu ertragen. Bei der Voruntersuchung wird das Pferd ohne Sattel und Bandagen vorgeführt und von einem Tierarzt untersucht. Insbesondere werden Rücken, Hufe, Gangwerk, Herz und Atmung sowie Kreislauf und metabolischer Zustand überprüft. Die Untersuchung des Gangwerks beinhaltet Vortraben auf möglichst festem und ebenem Untergrund.

Bei den meisten langen Ritten starten alle Teilnehmer gleichzeitig (Massenstart). Für die sportliche Leistung des Pferd-Reiter-Paares ist während des Wettkampfes auch ein gut eingespieltes Betreuerteam (Trosser oder Grooms) unerlässlich. Von der optimalen Versorgung der Athleten Pferd und Reiter während des Wettkampfes hängen der Erfolg und das Wohlbefinden maßgeblich ab. Das macht das Distanzreiten zu einem Teamsport.

Die Flüssigkeitsverluste durch Schweiß können bei einem Distanzritt erheblich sein. Pferde können durchschnittlich 7 bis 8 Liter Schweiß je Stunde absondern. Bei längerer Belastung müssen Pferde deshalb Gelegenheit zur Wasseraufnahme haben. „Da Pferde meistens unter Wettbewerbsbedingungen nicht spontan Wasser aufnehmen wollen, muss das Tränken unterwegs auf Distanzritten in den auftretenden kurzen Pausen vorher geübt werden", erklärt mir Gabriela Förster, während wir zum Schritt durchparieren. Es werden auch Vergleiche gezogen, der Distanzpferde zum Marathonläufer. Um eine Dehydrierung zu vermeiden, wird Athleten empfohlen, ständig zu trinken, auch um einen Hitzschlag zu vermeiden.

So wie der Leistungssportler sein richtiges individuelles Tempo herausfühlen muss, stellt der Distanzreiter wiederum Tempo und Reitweise darauf ein, wie gut sein Pferd geht und wie es mit den Bodenverhältnissen zurechtkommt. Gegebenenfalls muss er bereit sein, auf eine Platzierung zu verzichten, um sein Pferd nicht zu überfordern.

Nur Pferde, die ohne Beanstandung die tierärztlichen Untersuchungen durchlaufen, dürfen den Distanzritt fortsetzen. Als VetGate wird beim Distanzreiten eine Tierarztkontrolle mit anschließender Zwangspause, die nicht zur Wettbewerbszeit gezählt wird, bezeichnet. Bei der Zielkontrolle werden Puls, Kreislauf und Stoffwechsel des Pferdes überprüft. Der Reiter muss sein Pferd innerhalb von 20 Minuten nach der Ankunft (Arrival-Time) dem Tierarzt vorstellen. Bei der Tierarztkontrolle ist wichtig, dass die Herzfrequenz des Pferdes unter einem Grenzwert von 64 Schlägen pro Minute liegt.

Ein gut trainiertes Pferd erreicht diesen Wert innerhalb weniger Minuten, während bei einem überforderten Pferd der Herzschlag nicht innerhalb der vorgegebenen Zeit unter den Grenzwert sinkt, was zur Disqualifikation führt. Da die Pausenzeit erst beginnt, wenn der Tierarzt einen Pulswert von oder unter 64 bestätigt (In-Time), sind gut trainierte und nicht überforderte Pferde klar im Vorteil.

Nach dem Pulsmessen kontrolliert der Tierarzt Gesamteindruck, Stoffwechsel und Gangwerk des Pferdes. Treten hier Unregelmäßigkeiten auf, wird das Pferd aus der Wertung genommen. Nur wenn Puls, Atmung, Bewegungsablauf und Gesundheitszustand dann zufriedenstellend sind, ist der eigentliche Wettkampf beendet. Es muss also nicht zwangsläufig der gewinnen, der als Erster im Ziel ist. So wird sichergestellt, dass kein Pferd bleibende Schäden davonträgt.

In Deutschland wurde Distanzreiten vor rund 50 Jahren populär, dies auch unter der Ägide vom Equitana-Gründer Wolf Kröber 1969. Weltweit hat sich inzwischen im sportlichen Bereich ein Regelsystem unter der Aufsicht der FEI (Federation Équestre Internationale) durchgesetzt, in diesem Rahmen werden Welt- und Europameisterschaften sowie Nationenpreise ausgetragen.1998 und 2005 waren die Vereinigten Arabischen Emirate Gastgeber der Weltmeisterschaften im Distanzreiten. Internationale Ritte werden ab einer Länge von 80 km ausgeschrieben. Neuerdings gibt es Bestrebungen, das Distanzreiten ebenfalls zu einer olympischen Disziplin zu machen.

Für Einführungs- und nationale Ritte ist in Deutschland der Verein Deutscher Distanzreiter und -fahrer (VDD) zuständig, der der Deutschen Reiterlichen Vereinigung (FN) angeschlossen ist. Lange Distanzwettbewerbe werden in

Deutschland grundsätzlich nach Zeit gewertet, dass heißt, es gewinnt der Reiter, der die kürzeste Zeit benötigt, um ins Ziel zu gelangen. Die vorherrschende Gangart ist ein schneller Trab, der zuweilen vom Galopp oder Schritt für ein paar Minuten unterbrochen wird. Distanzwettbewerbe, die ausschließlich nach Zeit gewertet werden, können auch als „Distanzrennen" bezeichnet werden.

Wir reiten einen Hang gemächlich hoch. Försters Übungsgelände ist eine hügelige Landschaft – ideal für ein Ausdauertraining. Nicht nur die Distanzen sind lang, auch das Training eines Distanzpferdes bis hin zu einem Langstreckenrennen ist ein weiter Weg, der sich in der Regel über 3 bis 5 Jahre erstreckt. Das Training beginnt mit langen und langsamen Ritten, bei denen vorwiegend Schritt gegangen wird, zwei- bis dreimal pro Woche 2 bis

4 Stunden. „Das Pferd sollte keinesfalls zu früh eingeritten werden, damit sich der Körper des Tieres erst vollständig entwickeln kann", sagt Förster. „Also erst mit 4 oder 5 Jahren. Wichtig ist dabei auch eine schonende, versammelte Reitweise. Das Pferd muss sich dabei selbst tragen. „Wir reiten zum Stall zurück. Da Distanzritte in unterschiedlichen Längen ausgeschrieben werden, können Neulinge klein anfangen und laufen nicht Gefahr, ihr Pferd und sich selbst zu überfordern und zu überschätzen. So kann man allmählich seine Anforderungen steigern. „Es kann viele Jahre dauern, bis man das Ziel „160 km" erreicht", betont Förster. Heute haben wir davon gerade mal ein Zehntel absolviert, ein gute Trainingseinheit und Mischung aus viel Schritt, Trab und Galopp. Mein kleines arabisches Pferd ist erst nach einer Stunde so richtig warm geworden, jetzt will er gar nicht mehr aufhören. Man soll „gehen", wenn es am schönsten ist, denke ich mir. Und aufhören, wenn es nicht mehr geht. Das kennzeichnet den modernen Distanzsport. Für uns geht's heute zurück in den Stall, etwas später wird gefüttert, dann sind wir dran. Ich glaube, nach so einem schönen langen und erholsamen Ritt für Pferd und Reiter schmeckt uns allen das Abendbrot am allerbesten.

WM Kentucky 2010 – Sabrina Arnold und Dr. Gabriela Förster erreichen nach 8,5 Stunden gemeinsam das Ziel: Bronze mit der Mannschaft.

ERFOLGE VON DR. GABRIELA FÖRSTER (AUSZUG)

Weltmeisterschaften	(160 km) Bronzemedaille Team Weltreiterspiele Kentucky 2010
Europameisterschaften	(160 km) Bronzemedaille Team 1994, 2003, 2006
Deutsche Meisterschaften	(160 km) Bronze: 1994, 2003, 2006

Außerdem:		
2010	2. Platz	Mannschaft CEIO*** Compiegne/FRA (160 km) mit Priceless Gold
2009	2. Platz	CEI*** Fischerhude (160 km) mit Priceless Gold
2008	4. Platz	CEI*** Ermelo/NED (160 km) mit Priceless Gold
2007	2. Platz	CEI*** Fischerhude (120 km) mit Priceless Gold
2003	3. Platz	CEI*** Birstein (160 km) mit Zaim
2001	3. Platz	Clervaux (120 km) mit Zaim
1999	Konditionspreis (Deutsche Meisterschaften in Neustadt-Dosse) mit Voltano	
1998	3. Platz	CEI-A Eersel/NED (160 km) mit Voltano
1996	2. Platz	Balaton Cup/HUN (160 km) mit Voltano
1995	2. Platz	Balaton Cup/HUN (160 km) mit Voltano

ERFOLGE VON PRICELESS GOLD (AUSZUG)

Internationale Distanzritte		
2010	15. Platz	WEG Lexington/USA (160 km) mit Dr. Gabriela Förster
2010	31. Platz	CEI-O*** Compiegne/Frankreich (160 km) mit Dr. Gabriela Förster
2009	Offene Wertung EM Assisi, Italien: 18. Platz Einzel mit Valerie Kanavy	
2009	2. Platz	CEI*** Fischerhude (160 km) mit Dr. Gabriela Förster
2008	4. Platz	CEI*** Ermelo/NED (160 km) mit Dr. Gabriela Förster
2007	2. Platz	CEI*** Fischerhude (120 km) mit Dr. Gabriela Förster
2006	5. Platz	CEI*** Kreuth (160 km) mit Dr. Gabriela Förster
2006	5. Platz	CEI*** Hechingen (122 km) mit Dr. Gabriela Förster
2005	1. Platz	CEI*** Morriston FL/USA (160 km) mit Carlos Larrere (ARG)
2004	2. Platz	Hallelujah Benefit Ride/USA (160 km) mit Valerie Kanavy

TRADITIONELLES *Käse* –FONDUE

*Camill Freiherr von Dungern mit
seiner Frau Camilla*

TRADITIONELLES KÄSEFONDUE

Es bedarf nur weniger Handgriffe und schon ist ein Schweizer Käsefondue (fondue au fromage – aus Französisch fondue, „geschmolzen", von fondre) angesetzt. Camill von Dungern nimmt dazu eine irdene Kasserole mit ungefähr 16 cm Durchmesser. Wesentlich für den Geschmack ist der verwendete Käse bzw. die verwendete Käsemischung.

In einen Fonduetopf, das Caquelon, werden der fein geriebene Käse und der Weißwein hineingegeben, dann wird beides unter leichtem Umrühren langsam bei mittlerer Hitze erhitzt. Den Käse darin langsam schmelzen lassen. Stetiges Rühren – am besten in Form einer Acht – verhindert, dass der Käse am Boden des Caquelons ansetzt. In der Zwischenzeit wird eine Muskatnuss zerrieben und mit Kartoffelmehl und dem Kirschwaser vermengt. Diese Lösung wird vorsichtig unter den aufgelösten Käse gezogen. Bei kurzem, leichtem Umrühren ergibt sich eine homogene Masse. Je nach Belieben kann nun mit Pfeffer abgeschmeckt werden.

Zutaten (für 4 Personen)

300 g Schweizer Gruyére
300 g Schweizer Emmentaler
2 dc junger herber Weißwein
1 Schnapsglas Kirschgeist
15 g Kartoffelmehl
1 geriebene Muskatnuss
schwarzer Pfeffer aus der Mühle
jede Menge Weißbrot

Arbeitszeit:
ca. 10 Min.
Koch-/Backzeit: ca. 30 Min.

Das Käsefondue wird traditionell serviert auf einem Spiritusbrenner. Der Käse muss darauf köcheln – lächeln, wie die Schweizer sagen. Dazu gibt es Weißbrot, dass man auf Fonduegabeln spießt und in den Käse taucht. Obgleich es nicht ganz stilecht ist, gibt es bei den Dungern dazu auch einen grünen Salat, Dazu wird vorzugsweise ein herber trockener Weißwein getrunken.

EXKURS

Wo wurde das Fleischfondue erfunden? Der Schweiz? Frankreich? Weit gefehlt: Es soll aus Ostasien stammen. In China sind Fondue-Restaurants sogar beliebter als manche Fastfoodkette. Vor allem in China ist der Feuertopf, der sogenannte Huoguo, seit Jahrhunderten beliebt. Wo genau er seinen Ursprung hat, ist nicht geklärt. Manche vermuten, die Tradition sei in der Mongolei entstanden und habe sich von dort nach China und in andere Länder ausgebreitet. Fondue in China ist mehr als ein Gericht – es ist ein soziales Event: Familien und Freunde, am besten so viele wie möglich, werden um einen großen Tisch geschart und über dem dampfenden Topf werden über Stunden hinweg Neuigkeiten und Scherze ausgetauscht. Der Kreativität sind keine Grenzen gesetzt. Fondue-Restaurants in China übertreffen sich gegenseitig mit skurrilen Ideen, was noch in den Hotpot wandern könnte. Der Feuertopf kocht nicht nur das Essen, sondern heizt mit seinem Dampf auch gleich noch den ganzen Raum ein – perfekt für eisige Winterabende. Hotpot-Restaurants liegen im Trend. Inzwischen gibt es sogar Lieferservices, die, wie andernorts Pizza, den Huoguo nach Hause liefern – Bedienung und Abwasch inklusive.

Oft fressen die Hunde den Jäger auf

Nein, bei Familie von Dungern gibt es heute nicht Kastenwild, Rehrücken und auch keinen falschen Hasen oder sonstige Klischees. Draußen – in den Wäldern und der Heide zwischen Celle und Hannover – knirscht und knistert der Schnee, es ist kalt. Unser heutiges Essen – und Freiherr von Dungern nimmt eine große Käserolle zur Hand – wird vor allem im Winter zelebriert, weil es im Sommer als zu schwer gilt. Aha, Reiten und Kochen haben natürlich was mit Idealgewicht zu tun. Hier im Hause eines engagierten Jagdreiters gibt es heute Käsefondue, leicht in der Zubereitung, schwer in der Zu-Bereitung junger Pferde, wenn man zu viel davon isst. „Wir reiten bei jedem Wetter, es ist das beste Training", sagt von Dungern. Immer raus – es sei denn, es ist

vereist. „Da muss man den inneren Schweinehund überwinden." Es gibt kein schlechtes Wetter. Von Dungern reitet seine Jagdpferde an fünf bis sechs Tagen in der Woche mindestens eine Stunde intensiv. Und dass ist nicht nur eben „draufsitzen". Ausreichendes Training ist entscheidend für die Gesunderhaltung eines Jagdpferdes. „80 % aller Sehnenschäden gehen auf mangelnde Vorbereitung zurück, und nicht weil das Pferd etwa anfällig dafür ist".

Gute Vorbereitung ist auch beim Kochen gefragt. Wir sind heute zu Besuch in bester Gesellschaft. Käsefondue ist nicht nur in der Schweiz und Frankreich ein sehr beliebtes Gesellschaftsessen. Aus diesem Grund hat Käsefondue traditionell sowohl zu Weihnachten und in Freizeitlagern einen hohen Stellenwert. Ein wichtiger Aspekt des Fondue-Essens ist das gesellige Zusammensein bei der Vorbereitung des Gerichtes, beim Verzehr und auch beim anschließenden Aufräumen. Ganz klar: Wir sind bei einer Jagdgesellschaft zu Besuch und eingeladen. Hier zählt die Gemeinschaft.

„Wir sind familiär, nicht elitär", erklärt von Dungern und zieht die Kochschürze an. Kochen als Hobby, auch so eine Leidenschaft wie die Jagdreiterei. „Bei mir ist die Küche zentraler Ort, nicht der Stall", erzählt von Dungern. Bei Käsefondue geht es mehr um die Einfachheit des Mahls. Es zählt aber auch die Geschicklichkeit und etwas Gefühl beim Umgang mit den Fonduespießchen, genauso wie man ja auch feinfühlig mit Zügeln umgehen sollte. Beim Brot-Spießen eben nur eine halbe Parade, sonst ist das gute Stück im Käsebottich versenkt. Wer kennt nicht den turbulenten Comic „Asterix bei den Schweizern", wo alle beim dritten Verlust des Brotes in einem Kessel voller Käse an den Füßen mit Steinen beschwert und im Genfer See versenkt werden.

Doch Gott bewahre, so soll hier das gesellige Beisammensein nicht enden. Wie auch in der Jagdreiterei geht es um Fairness, gegenseitige Achtung und Anerkennung. Camill von Dungern stammt aus einem christlichen Elternhaus, lernte bei den Pfadfindern, und da sind wir wieder beim sprichwörtlichen „Broterwerb". Seinen Beruf als Privatbankier hat er aus Überzeugung ergriffen, um Menschen bei ihren finanziellen Entscheidungen zu helfen und sie vor Fehlern zu bewahren. Die entscheidende Frage sei eigentlich, was man aus seinem vielen oder wenigen Geld mache.

Zum Beispiel ein Jagdpferd kaufen. „Es gibt Leute, die sich von ihrem letzten Ersparten den Reitsport leisten und alles dafür tun, um sich ihr schönstes Hobby auf der Welt zu leisten", sagt Dungern. „Wendig, leistungsbereit, etwas leichterer, handlicher Typ mit einem hohen Blutanteil, hervorragende Kondition und mit Lust bei der Sache und gerne von null auf hundert", beschreibt Camill von Dungern sein Idealbild eines guten Jagdpferdes. Doch was nutzt dem Reiter das schönste und korrekteste Pferd, wenn dieses sich nicht vorwärtsbewegen kann. „Mut, Vorwärtsgehen und Springen sind die wichtigsten Eigenschaften eines Jagdpferdes für das erste Feld. Nichtsdestotrotz – für die Jagd ist jedes gesunde, gut ausgebildete Reitpferd mit guter Grundkondition geeignet. Jagdreiten ist kein Hochleistungssport, aber man braucht dafür Zeit.

Apropos Zeit, vor allem Zeit muss man in die Geländeausbildung investieren, in die eigene und in die des Pferdes. Bei vielen hapert es allerdings mit der Zeit. Jagdreiten braucht Zeit. „Ein gutes Pferd ist die beste

Camill Freiherr von Dungern bei der Triple-Meet-Schleppjagd in Meitze. Eine Schleppjagd mit mehr als 100 Foxhounds aus drei Meuten.

Lebensversicherung", erklärt der Master der Niedersachsen-Meute, „doch das geht nicht von alleine". Für ein handliches Jagdpferd gehört eine solide Dressurausbildung dazu – ein Garant, dass der Reiter sicher unterwegs ist. Ein zukünftiges Jagdpferd bedarf der gleichen Gymnastizierung wie das spätere Dressurpferd. Das Nächste ist ein regelmäßiges Konditionstraining. Ein Jagdpferd kann nur über längere Zeit die notwendige Kondition gewinnen. 6 bis 8 Wochen regelmäßiges Training bereiten auf leichtere Jagden im Frühjahr und im Herbst vor. Zu einem systematischen Trainingsaufbau kann man mit kurzen

Der Autor Andreas Frädrich stößt darauf an, dass kein Brotstückchen in den Käse gefallen ist ...

Ausritten beginnen, die sich allmählich steigern. Hier kann man sich auch an Ausbildungspläne für Vielseitigkeitspferde anlehnen.

Von Dungern arbeitet seine Pferde dazu intensiv im Gelände und schult ausführlich das, was früher „Kampagne-Reiterei" genannt wurde: immer wieder Handwechsel, Biegung um den inneren Schenkel, Tempowechsel. In schnellem Tempo reiten, denken und handeln. Ich denke an die Kavallerieschule Hannover – von hier nur ein Steinwurf weg, knapp 30 km –, die die wichtigsten Impulse für die deutsche Jagdreiterei gegeben hat. Mit der Gründung des Militär-Reitinstitutes Hannover 1867 wurde mit Resten der Celle-Walsroder-Parforce-Meute der Jagdbetrieb aufgenommen und in die militärische Ausbildung einbezogen.

„Jagdreiten ist eine echte sportliche Aufgabe", weiß von Dungern, während der Fondue-Käse dahinschmilzt. „Es schweißt die Truppe zusammen." Konsequentes Üben führt auch bei der Ausbildung eines Jagdpferdes zum Ziel. Camill von Dungern bestreitet seine Saison zumeist mit einem einzigen Pferd, das dann jährlich über 30 Einsätze hat.

Das ist erst mal viel Schrittarbeit, und wo immer möglich sollten Steigungen zum Training benutzt werden. Lange Galoppstrecken sind nicht entscheidend für den Konditionsaufbau. Zur Schonung des Pferdes wird auf wechselnden Händen leichtgetrabt. Später wird auf langen Geraden im ausgesessenen Arbeitsgalopp trainiert. „Wichtig ist das Treiben und dass man die Pferde nicht vorne festhält. Auch nach der kräftigsten Parade muss

man immer wieder nachgeben. In allen Tempi müssen das Zulegen und Einfangen mit leichter Hand geübt werden. Ein gut trainiertes und durchlässiges Pferd ist insbesondere für das Springen im Jagdfeld unverzichtbar".

Und da sind wir schon beim Thema Sitz- und Tischordnung. Die gilt nämlich auch im Jagdfeld. Was tun, wenn das Pferd anfängt zu pullen? „Überholen im Feld wird teuer und ist auch sehr gefährlich", so von Dungern. „Kontrolliertes Galoppieren und Gruppendynamik sollte man regelmäßig üben und dabei auch mal den Platz wechseln, zum Beispiel den Letzten nach vorn galoppieren lassen und dann den Nächsten. Dabei lernen die Pferde an ihrem Platz zu bleiben." Jagdreiter sind von der Mitarbeit ihrer Hunde und Pferde abhängig, aber sie müssen auch selber zum Gelingen beitragen, denn bei der Reitjagd kommt es auf das Zusammenspiel aller an. Zum Training gehört auch, dass alle gestellten Anforderungen, die von dem Pferd verlangt werden, so leicht sind, dass der Reiter absolut sicher ist, dass das Pferd diese Aufgabe bewältigt. Der Grundsatz „Vom Kleinen zum Großen" durchzieht die ganze Ausbildung. Zwar findet die Jagd in der Gesellschaft Gleichgesinnter statt, letztendlich aber sind der Jagdreiter und sein Pferd auf sich alleine gestellt.

„In der Jagdreiterei geht es nicht um Ruhm, um Gewinnen – es geht ums Ankommen, um Gemeinschaft und ums Füreinandereinstehen", erklärt von Dungern, während er die Muskatnuss raspelt. Ich weise darauf hin, dass Muskatnuss sogar als Rauschdroge Verwendung findet.

Die berauschende Wirkung der Muskatnuss rührt von dem im ätherischen Öl enthaltenen Myristicin her. Es führt bei betreffenden Personen zu Halluzinationen und einem euphorischen Zustand, der über mehrere Tage lang anhalten kann. Wir lachen: „Die Dosis macht das Gift". Bei den homöopathischen Dosen hier in der Käsefondue besteht jedenfalls keine Gefahr. Beim Thema ätherische Öle kommen wir sogleich auf Anis, welches sowohl in der Küche, im Schnaps als auch in der Duftindustrie und in der sogenannten Schleppflüssigkeit als „Losung" verwendet wird. Ein guter Schlepper findet die Erfüllung, wenn die Meute nach einer schwierigen Strecke lauthals und geschlossen ankommt, einigen wir uns.

Von Dungern: „Beim Reiten hinter der Meute bestimmen die Hunde das Tempo. Das kann sehr langsam sein, wenn die Hunde intensiv die Fährte suchen müssen, aber bei feuchter, kühler Witterung auch sehr schnell. Reiter und Pferd müssen diesem hohen Tempo gewachsen sein." Was das Pferd beim ersten Mal nicht lernt und beim zweiten Mal wird's noch schlimmer, dann geht's beim dritten Mal überhaupt nicht mehr. Dann muss man wieder 20-mal aufs Neue üben. Wenn es trotzdem nicht so klappt: „Nach der ersten Jagd nicht gleich aufgeben. Fast alle Pferde gewöhnen sich daran," betont von Dungern.

Jagdreiten ist ein Teamsport mit Verantwortung und von allen Reitdisziplinen der Sport, der am meisten Umsicht und Rücksicht auf andere verlangt, weil er im Pulk im hohen Tempo ausgeübt wird. Fehler und Rücksichtslosigkeit können gefährlich enden. Brauchtum hat den Stil des Jagdreitens geprägt und auch einen beträchtlichen pädagogischen

Wert. Jugendarbeit und Nachwuchswerbung wird ganz besonders groß geschrieben bei der Niedersachsen-Meute. Die „Jugendwoche" am Kennel gibt es seit über 50 Jahren.

Die Niedersachsenmeute verfügt in ihrem Jagdgelände in Dorfmark über ca. 130 feste Hindernisse, die bei verschiedenen Jagden und insbesondere bei den vielen Jagdreiterlehrgängen zum Einsatz kommen. Beim Jugendlehrgang lernen Jugendliche das Jagdreiten hinter der Niedersachsenmeute. Hierbei werden Teilnehmer nach Ausbildungsstand und reiterlichem Können in Gruppen eingeteilt, junge und unerfahrene Reiter werden in die Nichtspringergruppe eingeteilt, fortgeschrittene Reiter in leicht, mittel und schwerspringende Gruppen. Sehr erfahrene Reiter können in der Pikörgruppe die

Arbeit mit den Hunden lernen. Die Pikörarbeit nimmt großen Raum bei allen Jagdreitertagen, Jugendlehrgängen und bei den täglichen Ausritten ein. „Wir haben keine Nachwuchssorgen", berichtet von Dungern.

Besonders wichtig bei den Jugendlehrgängen ist aber neben dem Reiten auch die Gemeinschaft. Und da sind wir wieder bei dem Käsefondue. Die Jagd mit den Brotstückchen nach dem leckeren Käse ist noch nicht zu Ende. Wie auf dem Halali-Platz flackert die Spiritusflamme. Ein Tipp für die Brotwahl: Brotsorten mit viel Rinde halten am besten an der Fonduegabel. Ideal ist sogar, wenn das Brot bereits älter ist. Schön trocken soll es sein. Alles was an trockenen Brot übrig bleibt, darüber freuen sich schließlich die Pferde. Halali halali.

PORTRAIT

Eine Familienangelegenheit: Camill Freiherr von Dungern und die Niedersachsenmeute

Die Niedersachsenmeute, dass sind nicht nur über 600 begeisterte Mitglieder, Jagdreiter und gut ausgebildete Jagdpferde, sondern vor allem die rund 40 Hündinnen und Rüden auf dem Meutehof in Dorfmark. Die Hunde der Foxhound-Hundemeute können ihre Abstammung in direkter Folge bis zum Jahre 1381 nachweisen. Die Niedersachsen-Meute e.V. pflegt das Jagdreiten hinter einer Foxhound-Hundemeute und führt damit eine jahrhundertealte Tradition fort, die bereits zu Zeiten der Welfenkönige Bestand hatte und nur durch Kriege unterbrochen wurde. Die Niedersachsenmeute kann dabei auf eine bewegte Geschichte zurückblicken: 1938 wurde die hannoversche Meute mit der Kavallerieschule nach Krampnitz bei Potsdam verlegt. 1945 marschierten 60 Koppeln (120 Hunde) nach Westen und gerieten bei Uelzen in englische Gefangenschaft.

Im November 1951 wurde die Niedersachsen-Meute von Christian von Loesch neu aufgestellt. Den Grundstock bildeten zwei Welpen der Meute der Kavallerie-Schule Hannover sowie Hunde der Verdener und der Paderborner Meute.

Wohl kein anderer Name ist so mit der Niedersachsenmeute verbunden wie der von Camill von Dungern (68). Camill von Dungern war 20 Jahre alt, als er bei einer Einladung im Hause von Loesch die Tochter Camilla kennenlernte. Im Süddeutschen ist seine Familie zu Hause, im Osten ist er geboren, in Hannover aufgewachsen. Jagdreiten ist Familiensache: Oft sind drei Generationen von Dungern im Jagdfeld unterwegs. Sechs Kinder hat das Paar: Celestina, Cinderella, Caroline, Cesalie und die Söhne Cecil und Cosimo – alles Jagdreiter – und zehn Enkel –, davon reiten schon die meisten.

1965 folgte sein Eintritt in die Niedersachsenmeute, über 30 Jahren führte er sie als Master. 37 Jahre engagiert in der Deutschen Schleppjagdvereinigung, die er zuletzt als stellvertretender Vorsitzender leitete. Seit 2007 ist er Ehrenvorstand.

Die Schleppjagd hinter der Hundemeute ist ein Sport von ganz eigener Faszination. Hunde, Pferde und Reiter sind dabei in enger Partnerschaft aufeinander angewiesen. Bei der in Deutschland üblichen Schleppjagd wird kein Wild mehr gejagt, sondern die Hunde folgen einer künstlichen Fährte, die durch einen vorausreitenden Reiter gelegt wird. Während des Jahres und vor allem in der Jagdsaison zwischen Ende August und Anfang Dezember nimmt die Niedersachsen-Meute an rund 50 bis 60 Jagden und jagdlichen Veranstaltungen in ganz Norddeutschland teil. Bis zu 3.000 Brüche werden insgesamt jedes Jahr bei Jagden überreicht. Die Niedersachsen-Meute ist eine von 23 Meuten, die der Deutschen Schleppjagdvereinigung im Deutschen Reiter- und Fahrer-Verband e.V. (DRFV) angehören.

Ein Freund
VON KÄSESPÄTZLE

Auf Michael Freunds Polo-shirt steht auf dem Emblem in großen Buchstaben „Frühstückspension", und da treffen wir uns auch. „Ich bin hier aber nicht der Frühstücksdirektor", stellt er gleich klar – obgleich Michael Freund einer Bäckers- und Kaufmannsfamilie entstammt – und lacht in seiner unvergleichlichen Art. Wir haben uns hier in seinem Stall verabredet, aber auch nicht zum gemütlichen Frühstück. 32 Pferde stehen hier zur Ausbildung und Förderung. Die Anlage gehört zum Christinenhof, eine Pension, die hier auch Sinn macht. Denn hier geht es gerade zu wie im Taubenschlag. Eben kommt die Tochter von Christoph Sandmann vorbei, sie ist hier auch auf Trainingslager wie viele andere, auch aus den Staaten. Die Ausbildung von jungen Leuten liegt Michael Freund ganz besonders am Herzen, und so gibt es hier ein großes Hallo. Der mehrfache Weltmeister ist nicht nur Mister Fahrsport. Als Fahrlehrer, Fahrrichter FS, Turniererfinder und Parcoursbauer ist Michael Freund auch als Ausbilder sehr gefragt.

Michael Freund – viermaliger Weltmeister (Einzel- und Mannschaft) im Fahrsport, 13-maliger Deutscher Meister, fünfmaliger Gewinner des Indoor Worldcup

Seit Februar 2000 haben die Brüder Fred und Michael Freund hier in Dreieich – vor den Toren Frankfurts – ihr Fahrsportzentrum mit einem Allwetter- und einem Grasplatz, einer Halle und einem modernen Stalltrakt sowie einem weiträumigen Fahrgelände mit festen Geländehindernissen. „Es war damals für mich die Ideallösung, hierher zu ziehen", erklärt Michael Freund. In Neu-Isenburg – seiner nicht weit entfernten Heimatstadt, in der alles begann – wurde es einfach irgendwann zu eng, was die Trainingsbedingungen betraf.

Neu-Isenburg ist die Urkeimzelle der Fahrerfamilie Freund. Es begann mit der Familienbäckerei und einem Landhandel, dieser mit Futter- und Düngemitteln. Vater Freund „verdiente seine Brötchen" in der Nachkriegszeit auch damit, dass mit den Pferden des Neu-Isenburger Reit- und Fahrvereins das Brot in der Stadt ausgefahren wurde. Mit denselben Pferden wurden später auch Turniere ein- und zweispännig, in den 1950er-Jahren dann schon vierspännig gefahren.

Schon früh mussten die Söhne im elterlichen Betrieb mit ran. Die Gespanne mussten ihren Hafer im Alltag verdienen und dann auch noch Turnier gehen. Die Arbeit in der Bäckerei war genauso hart und es herrschte Disziplin. Wenn Michael Freund erst frühmorgens mal von der Disco nach Hause kam, ging er rückwärts die Treppen hoch, falls der Vater käme und dächte, er ginge gerade in die Backstube zur Arbeit …

Auf Fahrturnieren galt das Leistungsprinzip des strengen Vaters weiter: „Wenn schon, denn schon. Dann aber richtig, und zwar erfolgreich", erinnert sich Freund an seine Kindheit. Bis heute hat sich an diesem Motto nichts geändert. Zwar schlug Michael Freund zunächst den üblichen Weg in der ländlichen Reiterei ein und war auch

mal Vereinsmeister in Dressur. Aber er schätzte sein Reittalent irgendwann in einer stillen Stunde selber als mäßig ein. „Alles Viereckschaukler", grinst er und meint es nicht ganz ernsthaft. Dabei schätzt er Reiten als ideale Möglichkeit zur Verbesserung von Defiziten ein, und so werden seine Fahrpferde auch zur Abwechslung und Gymnastizierung dressurmäßig geritten, weil die Einwirkungsmöglichkeiten deutlich besser sind als beim Fahren. „Die geringere Einwirkung im Fahrsport mangels Sitz-Gewichts- und Schenkeleinwirkung kann oft nur durch den sachgerechten Gebrauch der Peitsche ausgeglichen werden", ergänzt Freund fachkundig, der oft die falsche Verwendung derselben moniert.

Aus jenen frühen Tagen kommt sicher auch seine heutige Begeisterung und sein Engagement für die Ausbildung der Jugend im Fahrsport, einschließlich seines jetzt schon sehr erfolgreichen 17-jährigen Sohnes, der bereits einige Jährchen auf Turnieren der Klasse S unterwegs ist. Freund sieht sich in einer Vorbildfunktion.

Nach den Weltmeisterschaften 1992 begann Freunds Trainertätigkeit. „Wir haben heute viel bessere Trainingsbedingungen als damals", erklärt der vielfache Weltmeister. Was den Fahrsport insgesamt, aber auch die Verbesserungen im Hinblick auf seine Anlage betrifft. Denn am alten Hof in Neu-Isenburg gab's weder einen Platz, Paddock noch Weiden. Geübt wurde in den Straßen von Neu-Isenburg. Manche Fans vermuten bis heute darin ein Erfolgsrezept, denn aufgrund mangelnder Trainingsbedingungen mussten die Fahrpferde zur Ertüchtigung täglich – gleich ob bei Regen, Schnee, Hagel, Hitze, Sturm oder Stau – abenteuerlich durch die engen Gassen der Altstadt gefahren werden.

Dabei durfte Fahrschüler Michael ganz zu Anfang gar nicht an die Leinen, sondern übte zu Hause im Wohnzimmer mit vier angeordneten Kopfkissen die Anordnung

eines Vierspänners ein oder mit einer Sackkarre als Sulky und den Hofhunden davor einen Kegelparcours aus Getränkekisten. Denn erst genoss sein Bruder Fred die Vorzüge, auf Turnier zu starten. Michael Freund war zunächst Pferdepfleger und Groom, bevor er sich selber turniermäßig betätigen durfte. Als Groom (Beifahrer) übernimmt man eine wichtige Rolle, denn man stabilisiert in Kurvenlagen die Kutsche durch Gewichtsverlagerung und hilft dem Fahrer durch Zuruf bei der Linienführung, z.B. beim Marathon (Geländefahren). „Die Rolle hat mir sehr gefallen, so im Hintergrund zu wirken, Mädchen für alles und überall zu sein. Ich habe damals zum Beispiel mit großer Leidenschaft die Geschirre poliert", erinnert sich Freund.

Aus frühen Tagen stammt auch sein Lieblingsrezept, nämlich Käsespätzle. Als Junge litt er unter Asthma, und so wurde der Junge zur Kur regelmäßig nach Süddeutschland und Österreich in die Alpen verschickt, der gesunden Höhenluft wegen. „Ich war da 10 oder 11 Jahre alt", erinnert er sich, und da gab es Käsespätzle in einer Gastwirtschaft, mit Wiener Schnitzel. Diese Zeit gehört zu seinen schönsten Kindheitserinnerungen.

Natürlich gibt es Fertigspätzle, selbst gemachte Spätzle sind aber leckerer und erinnern sogleich ein wenig an das alte Backhandwerk der Familie Freund – auch wenn man da sozusagen „ehrliche" Brötchen backte und keine Spätzle ... Für einen ordentlichen Spätzleteig werden Eier, etwas Öl und Salz in eine Teigschüssel gegeben und mit einem Handrührgerät oder einem Knethaken verrührt, bei dem das Mehl langsam portionsweise zugegeben wird, und zwar so viel, bis sich Blasen bilden und der Teig zähflüssig wird und von dem Rührbesen reißt. Wenn der Teig zu fest wird, ein wenig Wasser hinzugeben. Nun den Teig ein wenig ruhen lassen.

Tatsächlich sind nämlich Käsespätzle überhaupt kein typisches hessisches Gericht, sondern eigentlich eine schwäbische Spezialität: Dort werden sie auch Kässpätzle, Kässpatzâ oder Kässpatzn genannt. Auch in den Gebieten Allgäu, der Schweiz, Liechtenstein oder dem Vorarlberg sind Käsespätzle sehr beliebt. In der Schweiz spricht man auch von Chäschnöpfli und in Vorarlberg von Käsknöpfle. Diese Bezeichnung rührt davon, wie der Teig in kochendes Salzwasser durch einen Spätzlehobel (auch Knöpflepresse oder Spätzlepresse genannt) geschabt bzw. gedrückt wird. Grundsätzlich ist darauf zu achten, dass das Kochwasser ausreichend Salz enthält. Hin und wieder auf den Topfboden achten, dass keine

Spätzle am Boden festkleben. Die Spätzle sind gar, wenn sie an die Oberfläche steigen, und können sogleich mit einer Schaumkelle aus dem Wasser gefischt werden und in eine bereitstehende Schüssel gegeben werden. Eventuell mit Eiswasser abschrecken. Heben, kurz abtropfen lassen und in einer vorgewärmten Form mit Zwiebeln, Käsewürfeln und Pfeffer mischen.

Die fertigen heißen Spätzle werden nach dem Kochvorgang mit geriebenem Käse abwechselnd übereinandergeschichtet und mit Röstzwiebeln garniert. Dazu werden Zwiebeln geschält und in Ringe geschnitten, anschließend in heißem Öl goldbraun angebraten, dann auf einem Küchenkrepp abtropfen lassen. Je nach Geschmack entweder knusprig braten oder schmelzen oder alles in eine Auflaufform geben und im heißen Backofen bei 200 Grad (Gas 3, Umluft nicht empfehlenswert) auf dem Rost auf der zweiten Schiene von unten 10 Minuten überbacken, bis die Spätzle goldbraun sind. Herausheben und warm stellen. Den Käse auf der Haushaltsreibe grob raspeln und anschließend auf die Käsespätzle verteilen. Käsespätzle auf einem Teller anrichten, mit gehackter Petersilie bestreuen und die Röstzwiebeln dazu servieren. Besonders gut fährt man mit einem knackigen grünen Gartensalat mit Saure-Sahne-Schnittlauch-Dressing.

KÄSESPÄTZLE

Zutaten für den Teig:
500 g Mehl
1 Esslöffel Öl
250 ml Wasser
4 Teelöffel Salz (reichlich)
6 Eier
3 große Zwiebeln
300 g Käse (Allgäuer Emmentaler), gerieben
schwarzer Pfeffer aus der Mühle
frische Petersilie
Salat nach Gutdünken

Arbeitszeit:
ca. 10 Min.
Koch-/Backzeit: ca. 30 Min.

EXKURS

Das Thema Fitness, Ernährung und Gesundheit wurde bei Michael Freund im Laufe seiner Karriere stets großgeschrieben. „Die Fahrerhaltung ist entscheidend und Fitness ist erforderlich", weiß Michael Freund. „Gerader Rücken, lockerer Nacken, eine freie natürliche Sitzhaltung, darauf kommt es im Viereck auf Turnieren auch an – und wird auch mit bewertet. Da ist auch mal eine wöchentliche Massage ganz hilfreich", so Freund. Der Rücken ist ein gewisser Schwachpunkt, übrigens auch bei Vierspännerstangenpferden. „Hier geht's im Training um die Stärkung der Rückenmuskulatur", sagt Freund. Er ist daher auch ein „Freund" der Doppellongenarbeit zur Aktivierung der Hinterhand: „Die Pferde müssen über eine aktivierte Hinterhand vermehrt ans Gebiss gehen. Dann gibt's auch keine Probleme mit der Anlehnung. Für die erfolgreiche Ausbildung von Fahrpferden gibt es kein Kochbuch oder eine Gebrauchsanweisung, wie sie auf der Rückseite einer Pudding-Tüte stehen", erklärt Michael Freund. „Die richtigen Rezepte in der Pferdeausbildung sind alle individuell zu betrachten".

Überhaupt ist die ganze Lebenshaltung auch wichtig, und dazu zählt beispielsweise auch eine gesunde Ernährung bei Pferd und Mensch. So gehört zu Freunds Pferdebeurteilung auch der erste Blick auf Zähne und Hufe. Sein Idealfahrpferd? Dunkelbraun, Wallach mit einem Stockmaß von 165 cm und mit drei guten Grundgangarten (besonders gut im Trab mit Knieaktion) sowie einem soliden Blutanteil und jede Menge Leistungsbereitschaft.

Nun sind Käsespätzle ein Ausnahmegericht auf dem Speiseplan eines Ausnahmesportlers, so wie es Michael Freund auch einer ist. Denn gerade abends, wenn es nach getaner Arbeit ruhiger wird, finden viele Berufstätige, aber auch Sportler oft erst Zeit zum Essen. Damit drohen wiederum überflüssige Kalorien, die irgendwann ansetzen und dann einen aufgehen lassen wie einen Hefeteig.

Im Laufe seiner Sportler-Karriere hat sich Michael Freund intensiv mit dem Abendfasten auseinandergesetzt und wurde hierbei ärztlich beraten. Eine Regel: Nach 16 Uhr gab's eben nichts mehr zu essen, nur noch Wasser und kein Brot. Diese Ernährungsform bezeichnet man auch als Dinner-Cancelling (engl. dinner cancelling = „das Abendessen ausfallen lassen"). Nach der Empfehlung sollen zwischen der letzten Mahlzeit des Tages und dem Frühstück am nächsten Morgen mindestens 14 Stunden liegen. Dem Körper soll so die Gelegenheit gegeben werden, sich während der Nacht zu regenerieren, ohne Energie für die Verdauung aufwenden zu müssen. Die Befür-

worter dieser Ernährungsweise gehen dabei auch von einer Verminderung der Alterungsprozesse des Körpers im Sinne von Anti-Aging aus: Muss nämlich der Körper über Nacht nicht verdauen, werden in dieser Zeit keine freien Radikale freigesetzt, die für die Alterung der Zellen verantwortlich gemacht werden. In der nahrungsfreien Zeit ist nur die Aufnahme kalorienfreier Getränke wie Wasser oder Kräutertee zulässig. Michael Freund ist damit gut gefahren: In dieser Zeit hat er zahlreiche Top-Erfolge erzielt und ist bis heute fit.

Also statt „Friss die Hälfte" lieber abends gar nichts mehr? Diäten müssen immer individuell betrachtet werden. In der unübersichtlichen Vielzahl von Diäten und Ernährungsformen gibt es auch solche, die generell schwer was gegen Spätzle, Brot, Bier, Nudeln, Müsli, Reis, Kekse, Kuchen oder Pizza haben. Tatsache ist, dass Getreideprodukte einen überwiegenden Anteil unserer täglichen modernen Ernährung ausmachen. Man kann sich Tage, Wochen, Monate lang von vielfältigen Getreideprodukten ernähren, ohne dass es einem langweilig wird. Es(s) gehört mittlerweile zum modernen Lifestyle und ist völlig selbstverständlich: Morgens Müsli oder ein Butterbrot, mittags ein Sandwich, eine Brezel oder Pasta, nachmittags Kuchen oder Kekse und abends zur Pizza oder zu den Spätzle noch ein Bier. Süße Last oder gib uns unser täglich Brot, ist hier die Frage?

Eine Grundsatz-Diskussion an dieser Stelle, und das, wo doch Michael Freund ausgerechnet aus einer Bäckerfamilie stammt. Demnach wären ja alle Bäckereien auch „Kohlenhydratmühlen", ein Affront gegen das jahrhundertealte Bäckerhandwerk. Ja, sagen die Anhänger der sogenannten „Low-Carb"- Ernährungsformen bzw. Diäten. Demnach soll eine Ernährung mit einem hohen Anteil an Kohlenhydraten generell negative Auswirkungen auf die Gesundheit haben, nämlich die Entstehung sogenannter Zivilisationskrankheiten begünstigen sowie eher zu Übergewicht führen als eine kohlenhydratarme Ernährung. Der Begriff Low-Carb (engl. carb, Abkürzung für carbohydrates – Kohlenhydrate) bezeichnet Ernährungsprogramme, bei denen der Anteil der Kohlenhydrate an der täglichen Nahrung reduziert wird. Motivation hierzu ist häufig eine erwünschte Gewichtsreduktion, die Therapie einer Stoffwechselerkrankung oder als allgemeine Ernährungsform mit erhofften positiven prophylaktischen Gesundheitsauswirkungen.

Dazu geht der Grundannahme dazu voraus, dass der Mensch genetisch nur bedingt an die kohlenhydratlastige Ernährung mit Getreideprodukten angepasst ist, die es ja erst seit dem Auftreten der Ackerbaukultur vor ca.

10.000 Jahren gibt. Auf gut Deutsch: Getreide soll also dick machen und liefert sonst keinen großen Mehrwert. So ist auch oft von leeren Kalorien die Rede. Die Ernährungsregeln der verschiedenen Low-Carb-Konzepte sind uneinheitlich und weichen teilweise stark voneinander ab. Wie alle diätischen Interventionen gibt es keine, die für alle tauglich ist. In einigen Studien erzielten Low-Carb-Diäten vergleichbare oder bessere Resultate als Low-Fat-Diäten. Aber das soll nichts heißen.

Eine Rolle spielt bei diesen Diätangeboten der sogenannte Glykämische Index, auch abgekürzt als Glyx oder GI. Mittlerweile gibt es mehrere Diäten, die dem GI Bedeutung beimessen, zum Beispiel die Montignac-Methode, die Glyx-Diät und die Logi-Methode. Der Glykämische Index ist ein Maß zur Bestimmung der Wirkung eines kohlenhydrathaltigen Lebensmittels auf den Blutzuckerspiegel, gibt in Zahlen die blutzuckersteigernde Wirkung der Kohlenhydrate bzw. der Lebensmittel an. Ein ähnlicher Parameter ist der Insulin-Index, der statt den Kohlenhydraten direkt den Einfluss auf den Insulin-Spiegel angibt. Der Begriff des Glykämischen Index wurde in den 1980er-Jahren im Rahmen der Diabetes-Forschung eingeführt. So stellte man fest, dass etwa Weißbrot den Blutzucker nach dem Verzehr stärker ansteigen lässt als Haushaltszucker.

Die Montignac-Methode richtet sich nach dem GI, begrenzt die Menge der Kohlenhydrate nicht und ist eine Form der Trennkost. Der Fettanteil beträgt dabei maximal 30 %. Die Glyx-Diät wiederum basiert auf einem möglichst niedrigen glykämischen Index mit Gemüse, Obst und Vollkornprodukten mit einem Glyx-Wert von unter 50 und unterscheidet zwischen guten und schlechten Kohlenhydraten anhand ihrer Wirkung auf den Blutzuckerspiegel. Die LOGI-Methode (Low Glycemic and Insulinemic Diet) bedeutet eine Umstellung auf eine zucker- und stärkereduzierte Kost, macht aber keine radikale Umstellung der Ernährungsgewohnheiten notwendig, sondern basiert auf traditionellen Grundnahrungsmitteln und ermöglicht bei sehr hoher Nährstoffdichte und geringer Energiedichte eine dauerhaft vollwertige Ernährung.

Die South-Beach-Diät basiert ebenfalls auf dem GI und wurde von dem amerikanischen Kardiologen Arthur Agatston entwickelt. Hier werden kohlenhydratarme und fettarme Ernährung miteinander kombiniert. Sie besteht aus sechs Mahlzeiten pro Tag, die aus Frühstück, Snack,

Mittagessen, Snack, Abendessen und Dessert bestehen. Die Diät ist in drei Phasen aufgeteilt. In der ersten Phase ist der Konsum von Kohlenhydraten komplett eingeschränkt, um den Heißhunger auf Süßigkeiten, Backwaren und stärkehaltige Produkte zu reduzieren. Deshalb muss sowohl auf Brot, Reis, Nudeln, Kartoffeln, Backwaren, Süßigkeiten, Zucker als auch Obst und Gemüse mit hohem Zuckeranteil wie Mais oder Karotten verzichtet werden. Gemüse wie Broccoli, Blumenkohl, Spinat und Spargel und Fisch sollten jedoch ausreichend verzehrt werden. In der zweiten Phase werden Kohlenhydrate mit einem niedrigen glykämischen Index in den Diätplan aufgenommen, wie etwa Vollkornprodukte, Gemüse und fast alle Früchte. Weiterhin besteht der Verzicht auf Weißbrot, Pasta, Reis, Kartoffeln, Mais, Früchte und Säfte mit hohem Zuckeranteil. Phase zwei dauert so lange an, bis man sein Wunschgewicht erreicht hat. Wenn man sein Wunschgewicht erreicht hat, beginnt Phase drei, denn fast alle Kohlenhydrate dürfen verzehrt werden, und zwar so lange, bis man wieder an Gewicht zunimmt. Eine zeitliche Begrenzung gibt es hierbei nicht. Somit sieht die South-Beach-Diät eine nachhaltige Ernährungsumstellung vor. Zudem empfiehlt Dr. Agatston täglich leichte sportliche Betätigung.

Die Atkins-Diät wiederum erlaubt am Anfang kaum Kohlenhydrate und ist sehr fett- und eiweißreich. Die sogenannte New-York-Diät erlaubt Kohlenhydrate aus Obst, Gemüse und Hülsenfrüchten, verbietet hingegen weitgehend die stärkehaltigen Beilagen wie Nudeln, Reis, Kartoffeln, Brot und Zucker. Diese Crash-Diät besteht ebenfalls aus drei Phasen, wobei man in Phase eins komplett auf Kohlenhydrate verzichtet.

Es gibt also wahrscheinlich genauso viele Theorien, welche Ernährungsform nun für den Menschen die schlankste oder gesündeste ist, wie die Fragestellung, ob Pferden trocken Brot gefüttert werden darf. Brot an sich ist für Pferde kein schlechtes Futtermittel. Jahrhundertelang haben Pferde dafür vor dem Pflug gestanden, zogen schwere Erntewagen nach Hause oder lieferten Brot und Brötchen aus, so wie auch die Freund schen Fahrpferde. Und sie hatten damals dementsprechend ganz andere Futterbedürfnisse, denn sie leisteten Schwerstarbeit. Täglich 5,9 kg Mais, 2,6 kg Hafer, 0,4 kg Kleie und jeweils 3,8 kg Heu und Stroh, das war Anfang des 19. Jahrhunderts die Tagesration für ein französisches Omnibus-Pferd, welches durchschnittlich 20 km aufgeteilt in vier Touren, zu absolvieren hatte. Über den langen Tag sahen die Zuteilungen dann so aus:

4 Uhr: 1/6 Kraftfutter und eine halbe Heuration
5 Uhr: Wasser
6 Uhr: 1/6 Kraftfutter und eine halbe Strohration
10 Uhr: 1/6 Kraftfutter
11 Uhr: Wasser
12 Uhr: 1/6 Kraftfutter
14 Uhr: 1/6 Kraftfutter
15.30 Uhr: eine halbe Heuration und Kleie
19 Uhr: Wasser, 1/6 Kraftfutter, eine halbe
              Strohration

Die damaligen Pferde vollbrachten Höchstleistungen für ihr und der Leute täglich Brot. Doch ist nun Brot in der Pferdefütterung überhaupt empfehlenswert? Brot für Pferde ist sehr energiereich und enthält ungefähr die Menge Stärke, die auch Mais enthält, und weniger Eiweiß als die meisten Hafersorten. Aber Brot ist für Pferde kein Grundfutter, sondern höchstens als ein Ergänzungsfuttermittel zu betrachten. Deshalb sollte Brot nicht im Übermaß und auch nicht an Pferde mit Stoffwechselstö-

rungen wie Hufrehe, EMS oder Cushing gefüttert werden. Letztere haben Probleme, die Stärke richtig zu verwerten und können von gefüttertem Brot krank werden. Denn die meisten Brotsorten, Semmeln oder Cerealien bestehen aus Weizen- oder Roggenmehlen. Nur aus Mehlen mit Gluten kann Brot in Form eines Laibs – im Unterschied zu Fladenbrot – gebacken werden. In Verbindung mit Wasser bildet Gluten sogenanntes Klebereiweiß. Dieses bildet das Teiggerüst bei Brot und Gebäcken. Klebereiweiß kann zu Verkleisterungen und Störungen in der Verdauung beim Pferd führen, ist also bedingt für Pferde geeignet. Diese sind sozusagen wie der Mensch genetisch nur bedingt daran angepasst.

Als Faustregel gilt allgemein, dass man nicht mehr als 1 kg Brot täglich an ein Großpferd verfüttern sollte. Dabei sollten die Brotmahlzeiten über den Tag aufgeteilt werden. Die maximale Menge an Brot pro Ration sollte 400 bis 500 g nicht überschreiten. Zudem muss unbedingt auf einwandfreie schimmelfreie Qualität geachtet wer-

Michael Freund, Sieger im Hallenweltcup, Genf 2005

Rivalen der Rennbahn

In dieses Rennen gehen drei ziemlich gesunde Rezepte. Ich habe mich bei allen drei Reitern nach ihrem Lieblingsrezept erkundigt und die Antwort fiel vielversprechend „bunt" aus. Bevorzugt wird bei allen Obst oder Gemüse. Eine bunte Auswahl.

Mit Rennfarben oder Pferdefarben kennt sich jeder Routinier auf der Rennbahn gut aus. In diesem „Rennen der Kochrezepte" kommt nun noch eine neue Komponente dazu: Pflanzenfarben. Denn je nach Farbe enthalten Obst und Gemüse unterschiedliche Inhaltsstoffe, die wichtig für die Gesundheit sind. Die Farbe von Früchten und Gemüse wird vor allem von sogenannten sekundären Pflanzenstoffen bestimmt.

Sekundäre Pflanzeninhaltsstoffe – im naturheilkundlichen Bereich auch Phytamine genannt – sind zwar nicht lebensnotwendig, aber trotzdem wichtig für die Gesundheit des Menschen. Studien belegen die antioxidative Wirkung: Sie schützen uns vor schädlichen Umwelteinflüssen und wirken so zum Beispiel der Hautalterung entgegen. Auch Krebs sollen sie vorbeugen. Eine bunte Auswahl von verschiedenen Obst- und Gemüsesorten garantiert, dass man beim Essen auch eine ausgewogene Mischung der Stoffe zu sich nimmt.

Auf zum bunten Rennen der etwas anderen Art. Platziert haben sich folgende Rezepte im Kochduell:

Zutaten für alle drei Gerichte
(empfohlene Öle und Fette)
*Wurzelgemüse werden am besten gegart
mit wenig Olivenöl.*
*Kochbananen werden klassischerweise
in pflanzlichem Öl frittiert.*
*Für den Wok eignen sich am besten hitzebeständige
Öle wie z.B. Erdnuss-, Soja- oder Maiskeimöl.*

EIN KESSEL BUNTES

1. Reiter: Andrasch Starke

Rezept: Vielfacher Sieger mit Petersilienwurzel, Brokkoli, Pastinake, Staudensellerie, Kohlrabi, Schwarzwurzel und Zucchini. Ein vitaminreiches Sieger-Team mit Bodenständigkeit. Bevorzugt Sand. Erlebt nach dem Dünsten seine erfolgreichste Saison. In Bestform mit etwas Olivenöl. Für gute Resultate, wenn mit Deckel und kleiner Hitze gearbeitet wird. Besitzer ist die Vernunft zur gesunden Ernährung. Kommt in Bestform nach Rempelei idealerweise püriert. Steigt in der Klasse auf mit Bio-Einkauf. Ungeschlagen in der Kombi mit Vollkornprodukten wie Dinkelbrot. Siegstationen mit warmer Küche.

Andrasch Starke – Fünffacher deutscher Champion-Jockey, sechsfacher Derbysieger, zweifacher Jockey-Weltmeister

*Dennis Schiergen – Erster deutscher Amateurrennreiter,
der ein Gruppe-I-Rennen gewann*

WOK-GEMÜSE

3. Reiter: Dennis Schiergen

Rezept: Minutenschnelle und zugleich vitaminschonende Zubereitung im Wok. Asiatisches Team mit viel Tradition und Vermögen. Lassen nichts anbrennen. Ideal gesattelt mit Gusseisen, Edelstahl, Stahl oder Aluminium. Junges Gemüse braucht guten (Wok)Boden. Vielversprechender Vater, der der Außenseiterrolle widerspricht. Durch rasches im Kreisdrehen werden die Zutaten gleichmäßig erhitzt. Bei dieser Methode ist Schnelligkeit gefragt. Festes Gemüse wie Möhren, Paprika entsprechend der Altersklasse vor den weicheren Gemüsesorten wie Zucchini, Pilze in den Wok geben. Sojasauce erst auf der Zielgeraden. Mit überraschend bissfesten, gesund und fettarmen Ergebnissen, die einem auf der Zunge zergehen.

Unser Wettvorschlag: Dieses Rennen ist verdammt offen. Leichter Favorit ist das Team Wok, da äußerst kurze Garzeiten. Könnte weit nach vorne laufen.

PATACONES

2. Reiter: Eduardo Pedroza

Rezept: Kommt aus Mittelamerika. Frittierte Kochbanane kolumbianischer Art. Liebt tropischen Rasen und Harmonie. Im Griff des Handicapers. Schwere Kost mit Tendenz auf die hinteren Ränge. Kochdebüt, bis sie in der Pfanne eine leichte bräunliche Farbe annehmen. Aus der sieglosen Klasse mit einem kleinen Brett die Bananenstücke platt drücken. Nennung erfolgt in Anpaarung mit Salz, Honig, Eis oder Früchten oder geheimer scharfer Soße a la Pedroza. Rennsportlicher Außenseiter und auf Dauer nichts für den Gewichts-„Ausgleich", aber kulinarischer Favorit. Hoch dotiert, da lecker. Steigt in der Klasse auf. Patacones haben weltweit eine große, weit verstreute Fan- und Besitzergemeinschaft.

Eduardo Pedroza – Vierfacher deutscher Champion-Jockey

EXKURS

Was nun folgt ist nicht nur reine Mathematik und spielt wahrhaft eine gewichtige Rolle im Rennsport. Es geht um Aufgewichte und Abwägungen, nämlich ums Handicap. Ein Handicap in Sport und Spiel ist ein zuvor berechneter Faktor, der unterschiedliche Leistungsstärken vor dem Start nivellieren soll, um auch in einem heterogenen Feld einen spannenden Wettbewerb zu ermöglichen. Pferderennen, Autorennen und auch Wettbewerbe im Luftsport werden gehandicapt, indem als stärker eingestufte Teilnehmer mit zusätzlichen Gewichten starten müssen, damit alle Teilnehmer möglichst gleiche Siegchancen haben.

Beim Ausgleichsrennen werden den Rennpferden gemäß ihren vorherigen Leistungen Gewichte zugeordnet, die sie im Rennen zu tragen haben, wodurch auch leistungsschwächere Pferde gleiche Erfolgschancen auf den Gewinn des Rennens und den dafür ausgelobten Rennpreis haben. Jedes Kilo weniger Sattellast kann bei einem durchschnittlichen Rennen von 1.600 bis 2.000 m einen Raumgewinn von einer ganzen Pferdelänge bedeuten. Erfolgreiche Pferde werden also im Galoppsport durch Gewichtshandicaps bewusst ein wenig „gebremst". Die Faustregel dabei: Je mehr Siege ein Galopper in einer Saison errungen hat, desto höher seine künftige Sattellast.

Die dafür zuständigen Handicaper sind vier fachkundige und unparteiische Experten, die von den jeweiligen Rennsportbehörden bestimmt werden – in Deutschland ist es das Direktorium für Vollblutzucht und Rennen. Diese „Ausgleicher" ermitteln die zusätzliche Last, die ein schnelleres Pferd zusätzlich tragen muss, um im Rennen die gleiche Geschwindigkeit wie ein langsameres Pferd zu erreichen. Dabei werden Rennverlauf, Taktik und Schiedsrichterspruch herangezogen.

Das Leistungsvermögen eines Rennpferdes wird also in Kilogramm zu tragendes Gewicht ausgedrückt. Die Gewichte, die Pferde in Ausgleichrennen tragen, leiten sich aus dem sogenannten Generalausgleich (GA) ab. Im Generalausgleich werden alle Rennpferde, die auf deutschen Galopprennbahnen gelaufen sind, nach ihrer relativen Leistungsstärke rangiert. Jeweils nach Abschluss der Rennsaison werden alle Zweijährigen, die dreimal von Start bis Ziel und dabei zweimal platziert wurden oder einmal siegreich gelaufen sind, aufgrund ihrer gezeigten Leistung mit dem Generalausgleichsgewicht (GAG) versehen.

Würden alle Pferde mit ihren aktuellen Generalausgleichgewichten in einem Rennen gegeneinanderlaufen, müssten sie theoretisch im sogenannten „toten Rennen", in einem 1.600-Meter-Rennen alle gleichzeitig die Ziellinie passieren. Handicap-Einschätzungen wie das GAG erlauben es, Pferde aufgrund ihrer bisher in Rennen gezeigten Leistungen zu vergleichen, obwohl sie noch nie direkt gegeneinander angetreten sind. Es gibt in deutschen Flachrennen vier Ausgleichklassen. Der Ausgleich I ist im Prinzip „erste Bundesliga" (GAG minus 28 kg), Ausgleich IV eher „Landesliga" bei einem GAG plus/minus 0 kg.

Bevor ein Pferd in einem Rennen genannt werden kann, muss zuerst die Zulassung geprüft werden. Das Gewicht errechnet sich dabei wie folgt: Grundgewicht abzüglich möglicher Erlaubnisse (z.B. Stutenerlaubnisse laut Rennordnung) plus Aufpreis aufgrund erzielter Rennpreise plus Sieg auf Gewicht gemäß entsprechender Ausschreibung und Erlaubnisse gemäß Ausschreibung aufgrund nicht erzielter Gewinne. Das errechnete Gewicht muss bei Rennen, die keine Ausgleiche sind, bei der Nennung angegeben werden.
Bei Aufgewichtsrennen (auch Altersgewichtsrennen genannt) werden den Pferden abhängig von Alter, Geschlecht und ggf. vom bisherigen Erfolg Gewichte zugeordnet, die sie beim Rennen zu tragen haben.

Das Generalausgleichgewicht spielt nicht nur bei den Pferderennen selbst, sondern auch in der Vollblutzucht eine Rolle. Schließlich sind Galopprennen vor allem ein züchterischer Leistungsvergleich. Nach der deutschen Rennordnung muss ein Hengst am Ende eines Jahres eine GAG-Einschätzung von mindestens 95 kg haben, damit er Zuchthengst werden kann. Einschätzungen von GAG 110 kg und mehr wurden bisher fünfmal vergeben: 1940 für Schwarzgold, 1944 für Ticino, in den 1970ern für Salvo und Star Appeal und 1986 für Acatenango. Seit 1977 haben im internationalen Rating neben Acatenango (105,0) außerdem Manduro (105,5), Lomitas (105,0) auch Novellist (104,5) und Danedream (104,0) das höchste Rating deutscher Rennpferde.

Ein Zuchtrennen wiederum ist ein Flachrennen, in dem alle Pferde eines Jahrgangs, abgesehen von der Stutenerlaubnis – Stuten werden um zwei Kilo geringer belastet –, unter gleichem Gewicht gegeneinander antreten. Im engeren Sinne sind nur die klassischen, Gruppen- und Listenrennen Zuchtrennen. Die besonders angesehenen

„klassischen Rennen" zählen ebenfalls zu den Zuchtrennen, die besonders wichtige Auswahlkriterien für die Vollblutzucht liefern sollen. In Deutschland gibt es pro Saison nur insgesamt fünf dieser klassischen Wettbewerbe. Hauptmerkmal ist, dass ausschließlich dreijährige Pferde starten dürfen. Aufgrund dieser Altersbeschränkung kann jedes Tier eine klassische Prüfung – darunter das Deutsche Derby in Hamburg – nur ein einziges Mal in seinem Leben gewinnen. Auf der Rennbahn in Düsseldorf werden mit dem „Preis der Diana" und den „German 1000 Guineas" alljährlich gleich zwei klassische Rennen ausgetragen.

Das nun effektiv vom Pferd zu tragende Gewicht errechnet sich aus Reitergewicht, Sattelzeug und ggf. zusätzlicher Bleigewichte in den Satteltaschen. Jockey darf sich übrigens nur nennen, wer eine dreijährige Ausbildung absolviert und außerdem bereits 50 Klasse-A-Rennen gewonnen hat, d.h. Wettbewerbe mit einer Gesamtgewinnsumme von mindestens 2.000 Euro. Ansonsten ist man „Rennreiter", wie derzeit Dennis Schiergen.

Gleich ob Jockey oder Rennreiter, alle müssen nun einerseits auf ihr persönliches Gewicht penibelst achten, werden andererseits aber auch mit Blei im Sattel am Start je nach GAG aufgelastet. Zur strengen Kontrolle werden die Reiter an der „Jockey-Waage" hin und her gewogen. Erst wenn es beim „Zurückwiegen" nach dem Rennen beim Abwieger keine Beanstandungen gegeben hat, erfolgt nach dem Rennen die entscheidende Meldung: „Waage zu". Einsprüche sind jetzt nicht mehr möglich, und die Wettquoten können veröffentlicht werden.

„Richtig gesund essen, das ist zunächst mal wichtig!", erklärt mir Championjockey Andrasch Starke auf meine Frage, wie man als Profireiter am besten sein Grundgewicht hält. Andrasch Starke schwört auf Mineralwasser-Trinken, viel stilles Wasser, am besten zimmerwarm. Na klar, morgens geht auch mal ein halber Schokoriegel. „Und ergänzt: „Wenn ich so richtig Hunger habe, gehe ich den Leuten aus dem Weg. Man muss gesellschaftsfähig bleiben, nie Hunger schieben. Außerdem brauchen wir Jockeys auch Gehirnfutter, sonst werden wir doof." Damit meint er Fisch und Fleisch auch mal im Speiseplan. Sonntags gibt's Biohühnchen, aber auch Wildgeflügel ist angesagt. Dann ist sogar mal ein halbes Glas Rotwein erlaubt. Bier geht dagegen gar nicht: „Da macht man alles zunichte."

Ganz klar, einseitige Ernährung wirkt sich nicht nur auf die Leistungs- und Konzentrationsfähigkeit aus. Studien belegen, dass die gesamte geistige Leistung durch Nährstoffe beeinflusst werden kann. Sie stecken vor allem in Vollkornprodukten, Fleisch und Kakao. „Brainfood"-Nährstoffe sind außerdem Proteine und Fette. „Aber die richtigen Fette müssen es sein: Hirnbeschleunigende Omega-3- und Omega-6-Fettsäuren. Diese findet man in fetten Seefischen wie Lachs, in Wildfleisch und in Rapsöl. Gute Proteinquellen sind Milchprodukte, Eier, Hülsenfrüchte und vor allem Nüsse. Ob Wal-, Erd- oder Haselnuss, von ihnen sollte jeder am besten eine Handvoll auf den ganzen Tag verteilt essen. Beim Zucker muss man allerdings passen. Es sollten nicht mehr als 50 Gramm pro Tag sein.

8. Renntag um den Henkel-Preis der Diana auf der Galopprennbahn Grafenberg, Düsseldorf 2013

Das Generalausgleichgewicht ist eine Größe im Profisport, der Body-Mass-Index (BMI) ist eine Maßzahl für die Bewertung des Körpergewichts vom sprichwörtlichen Ottonormalverbraucher in Relation zu seiner Körpergröße. Der BMI bezieht die Körper-Masse (engl. mass, umgangssprachlich Gewicht) auf das Quadrat der Körpergröße. Der Wert „Quadrat der Körpergröße" steht allerdings in keinem Zusammenhang mit der Körperoberfläche. Der BMI ist lediglich ein grober Richtwert, da er weder Statur und Geschlecht noch die individuelle Zusammensetzung der Körpermasse aus Fett- und Muskelgewebe eines Menschen berücksichtigt. Alter und Geschlecht spielen bei der Interpretation des BMI eine wichtige Rolle. Männer haben in der Regel einen höheren Anteil von Muskelmasse an der Gesamtkörpermasse als Frauen. Deshalb sind die Unter- und Obergrenzen der BMI-Werteklassen bei Männern etwas höher als bei Frauen.

Werte von normalgewichtigen Personen liegen gemäß der Adipositas-Klassifikation der Weltgesundheitsorganisation (WHO) zwischen 18,5 kg/m² und 24,99 kg/m². Der BMI ist nicht unumstritten als Richtzahl, bei der BMI-Berechnung wäre durchaus auch eine Art „Ausgleicher" wünschenswert. Für austrainierte Kraftsportler etwa ohne viel Körperfett errechnet sich allein aufgrund ihrer Muskelmasse ein erhöhter BMI. Auf jeden Fall ist aber erhöhtes Übergewicht ein Handicap für die Gesundheit.
Der „wünschenswerte" BMI hängt vom Alter ab. Um den

BMI beispielsweise für Dennis Schiergen auszurechnen, dividieren wir sein aktuelles Körpergewicht von 56 Kilogramm durch das Quadrat seiner Körpergröße (174 cm). Sein BMI Wert von 18 kg/m² liegt ganz knapp in der BMI-Empfehlung seiner Altersklasse (BMI 19 bis 24 kg/m²). Damit gehört Dennis zu einer Ausnahmegruppe: Im letzten Mikrozensus im Jahr 2009 hatten nur 0,7 % der männlichen Bevölkerung in Deutschland einen BMI unter 18,5.

Wie es aussieht mit seinem Gewicht und dem Essen, frage ich gleich den jungen Dennis Schiergen. „Ich muss schon aufpassen mit dem Essen. Es ist schon losgegangen", sagt der 18-jährige. „Mit seiner Körperlänge hat er schon seine Mutter, die 170 cm groß ist, überholt. Vater Peter sowieso, der hatte mit 160 cm Körpergröße und einem Gewicht von 51 kg Idealmaße im Jockey-Geschäft. „Ich wäre gerne kleiner", bringt es Dennis auf den Punkt. Es ist für den Amateur-Rennreiter kein Luxusproblem.
Denn der Jockey-Nachwuchs wird immer knapper. Immer größer werden die Menschen – und sie wachsen vermutlich auch immer schneller in die Höhe. Denn in den vergangenen 120 Jahren sind die Menschen im Schnitt um 14 Zentimeter gewachsen, so schnell wie nie zuvor in ihrer Geschichte. Prognosen für den Durchschnittsmann im Jahr 2080 belaufen sich auf 194 cm. Forscher vermuten, es hängt mit dem zunehmenden Wohlstand zusammen. Nimmt er zu, nimmt auch der Mensch zu – an Körpergröße, -breite und -gewicht. Auch daraus resultiert ein eindeutiges Nachwuchsproblem für den Rennsport, das bereits vor einigen Jahren durch Heraufsetzung des GAG korrigiert wurde.

Der Wohlstand der deutschen Gesellschaft hat Folgen: Der durchschnittliche Erwachsene wird größer und schwerer. Allein zwischen 1999 und 2009 nahm er um etwa 2,1 kg zu. Laut der letzten Erhebung des Statistischen Bundesamtes im Jahr 2009 wiegt ein Bundesbürger bei einer Größe von 172 cm im Schnitt 75,6 kg. Der preußische Soldatenkönig Friedrich Wilhelm I. (1688 bis 1740) war noch stolz auf seine „Langen Kerls": Wohlproportioniert und vor allem hochgewachsen sollten die Soldaten seines Potsdamer Leib-Bataillons sein. 188 cm war die Mindestgröße.

Dennis Schiergen in Hoppegarten – umringt von der Presse

Heute erreicht der durchschnittliche deutsche freiwillig Wehrdienstleistende knapp 180 cm. Fast ein Viertel der jungen Soldaten misst mehr als 185 cm. In den vergangenen 150 Jahren haben die deutschen Rekruten um 15 cm mehr zugelegt.

Zu der Frage „Wie groß muss ein Mensch sein, um seine Umwelt bestmöglich zu meistern?", haben amerikanische Wissenschaftler ein verblüffendes Idealmaß errechnet: Ein Mann muss nicht größer als 169 cm sein. Ab 190 cm wird nämlich alles „unökonomisch". Herz und Kreislauf müssen mehr leisten, das Skelett trägt nicht mehr. Wer 20 cm größer ist, verbraucht 50 % mehr Energie und der Nahrungsmittelkonsum steigt um 30 %. Das hat auch negative Auswirkungen auf die Umwelt: Man braucht mehr Ackerland und der Ausstoß von Kohlendioxid nimmt zu. Andererseits erscheinen Großwüchsige repräsentativer. Das kommt in unserer Gesellschaft gut an. Studien weisen darauf hin, dass größere Leute sozial im Vorteil sind und die Menschen immer länger werden. Aber eindeutig nicht auf der Rennbahn, irgendwann gerät man hier rechnerisch an die Grenzen.

Mit Maßhalten ist das so eine Sache. „Wenn ich mehrere Tage unterwegs bin, habe ich auch eine kleine Reisewaage dabei, um mein Gewicht checken zu können", berichtet Eduardo Pedroza. Was ist das Geheimrezept, wenn das Gewicht mal nicht passt?

Dann geht es ans professionelle Schwitzen, ans Eingemachte. Die Methoden haben sich bei den Jockeys über die Jahrzehnte nicht geändert. „2 ½ Stunden Rennrad fahren und dabei eine dicke Windjacke an", berichtet Andrasch Starke von seinen Maßnahmen. „Und dann in die heiße Badewanne, nachschwitzen. Denn die Flüssigkeit muss weg", sprudelt es aus ihm heraus. „Die Sauna ist obligatorisch", bestätigt auch Eduardo Predoza. Die hat er auch zu Hause im Keller. „Die leckeren frittierten Kochbananen sind die absolute Ausnahme", ergänzt der Mittelamerikaner. „Es gilt absolute Disziplin." Pedroza ist bekannt dafür.

„Vor dem Rennen ist nach dem Rennen", so auch Andrasch Starke. Und nach der Diät ist vor der Diät. „Heißhunger kenne ich nicht, das wäre ja schlimm", erklärt Starke. „Ich bin sehr ausgeglichen." 53 ½, 54, 55 kg, es schwankt, aber das ist sein Renngewicht. Bei 56 kg ist schon Schluss, zu viel. Einmal war er im Urlaub und kam mit 60 kg wieder. „Das ging gar nicht", erzählt Andrasch Starke. „Danach habe ich größte Schwierigkeiten gehabt, das wieder loszuwerden." Und damit liegt er nicht ver-

kehrt, was den sogenannten verflixten Jo-Jo-Effekt betrifft. Als Jo-Jo-Effekt bezeichnet man eine unerwünschte und schnelle Gewichtszunahme nach einer Reduktionsdiät. Für viele ist es eine lebenslange, unendliche Geschichte: Man fühlt sich zu dick, kasteit sich eine Weile mit Sport und Diäten, nimmt ab, nimmt wieder zu. Nicht einmal jeder Zehnte kann nach einer Diät das abgespeckte Gewicht auch halten. Die meisten nehmen schnell wieder zu, oft sogar mehr als vor der Diät – selbst wenn sie weiter maßvoll essen. Bei wiederholten Diäten kann sich also das Körpergewicht wie ein Jo-Jo auf und ab bewegen, wobei das neue Endgewicht oft höher ist als das Ausgangsgewicht.

Bei einer Reduktionsdiät wird grundsätzlich weniger Energie zugeführt als verbraucht. Als Reaktion auf diese kontrollierte Mangelernährung wird die Kaloriendifferenz vom Körper aus dem Fettgewebe oder Muskelgewebe zur Verfügung gestellt. Das Muskelgewebe hebt jedoch auch bei Untätigkeit den Energieverbrauch und trägt generell zur allgemeinen Leistungsfähigkeit und Vitalität des Körpers bei. Bei schneller, unkontrollierter Mangelernährung beispielsweise durch „Blitz-Diäten" verliert der Körper in der Regel hauptsächlich Wasser sowie kurzfristig verfügbare Energie aus den somit unterversorgten Muskelzellen. Der Jojo-Effekt ist ein Relikt sozusagen aus der Steinzeit. Sobald wir dem Körper weniger Nahrung zufügen, als er normalerweise gewöhnt ist, schaltet der Körper sozusagen in den Hungermodus und lernt, mit weniger Essen auszukommen. Wenn man die Nahrung nur drastisch genug entzieht, nimmt man ab, aber sobald man wieder normal isst, beeilt sich der Körper, schnellstmöglich wieder sein altes Format zu erreichen.

Solche Menschen werden im Volksmund auch „gute Futterverwerter" genannt, ein Begriff, der auch Pferdeleuten im Hinblick auf ihre vierbeinigen Schützlinge geläufig ist. Wer seinen Stoffwechsel so umstellen konnte, dass er auch mit sehr wenig Nahrung auskommt, hatte in diesen Zeiten eindeutige Vorteile gegenüber Menschen, die immer ausreichende Nahrung brauchten.

Der Jo-Jo-Effekt kann durch nachhaltige Ernährungs- und Lebensgewohnheitsumstellungen vermindert oder vermieden werden. Zahlreichen Studien zufolge ist dabei regelmäßige Bewegung wichtiger als die Beachtung strenger Ernährungsregeln. Denn wer durch pure Lebensmittelreduktion abspeckt, verliert neben Fett auch viel Muskelmasse. Eigentlich sollten wir unserem Körper für diese Fähigkeit dankbar sein. Aber heutzutage haben wir in den Industrieländern ganzjährig ein üppiges Nahrungsmittelangebot und brauchen uns nur noch vergleichsweise wenig bewegen.

So widersprüchlich es zunächst klingt – „Ausgleichs"-Sportprogramme, wie unsere Jockeys sie betreiben müssen, sollten für jeden Reiter obligatorisch sein. Eduardo Pedroza beispielsweise geht regelmäßig Laufen und auch Fußballspielen steht auf dem Programm, wenn die Zeit da ist.

Viele Reiter betrachten ihr Pferd, aber nicht sich selbst unbedingt als Sportler. Im Prinzip gilt dies für die allermeisten Reiterdisziplinen. Nicht an der Fitness der Pferde, sondern der Reiter hapert es immer häufiger. Seit 2012 ist der daher ein Sporttest für Nachwuchskader der C- und D/C-Kader Dressur, Springen und Vielseitigkeit verpflichtend. Das Deutsche Olympiade-Komitee für Reiterei (DOKR) hat dazu einen reitsportspezifischen Sporttest entwickelt. Gezieltes Ausgleichstraining soll dazu beitragen, die sportmotorischen Fähigkeiten – Kondition und Koordination – und damit die Leistungs- und Konzentrationsfähigkeit beim Reiten zu verbessern. Fazit: Nicht nur Jockeys müssen ständig „abwägen" und sich fit halten. Auch Leistungssportler anderer Disziplinen müssen ihren „Ausgleich" finden ...

Ein Tag in Hoppegarten

Es ist ein schneller und großer Tag. In Hoppegarten ist heute Einheits-Renntag, es ist der Tag der Deutschen Einheit und die Sonne scheint. Gerade hier am östlichen Rand Berlins sind sich Ost und West besonders fühlbar seit über 20 Jahren wieder viel näher gekommen. Doch selbst mehr als 20 Jahre später nach dem Mauerfall ist die Wiedervereinigung immer noch ein so unglaubliches Ereignis, vergleichbar mit den Schwierigkeiten in der Startmaschine.

Dabei ist die mit einem Areal von über 200 Hektar (einst 400 Hektar) nach Baden-Baden Iffezheim die zweigrößte Rennbahn Deutschlands eine uralte Berliner Institution. In Hoppegarten geht es schon seit knapp 150 Jahren immer um Pferde, dies aber im Wandel der Zeiten und politischen Systeme. Gleich die Gründung Galopprennbahn Hoppegarten hatte von Anfang an auch was Politisches. Im ehrwürdigen Hotel de Rome Unter den Linden trafen sich am 15. Dezember 1867 ein paar Dutzend hochrangiger Rennsportbegeisterte und Vollblutzüchter, die Ordnung schaffen wollten in den damals umsortierten Betrieb des deutschen Rennwesens.

Familie Schiergen: Peter Schiergen (rechts) hat allen Grund zur Freude. Sohn Dennis (2. v.l.) tritt das väterliche Erbe als Jockey an.

Über die Aufgabenstellung der neuen Vereinigung war man sich schnell „uno". Man einigte sich auf den Namen Union-Klub. Union steht für Bund, Zusammenschluss. Und Einigung, so lautete das Credo, und so entstand der legendäre Union-Klub – Motor des deutschen Rennwesens. So erinnert der heutige Einheits-Renntag auch an die damalige Idee und Urkeimzelle des heutigen deutschen Galopprennsports. Partnerschaft und Verantwortung, Durchsetzungskraft und Leistungswillen, Freiheit und Toleranz sind und waren die grundlegenden Werte, die jederzeit auch für den Reit- und Rennsport gelten.

Hinsichtlich der gesellschaftlichen Stellung übertraf damals keine andere gesellschaftliche oder sportliche Vereinigung diesen Sportklub. Große Verdienste errang der Klub für die deutsche Pferdezucht und ihre Leistungsprüfungen, die bis heute in Form von Pferderennen durchgeführt werden. Dass früher auch die Trabrennen vom Union-Klub betreut wurden, ist nur noch wenigen heute bekannt.

Fürst Otto von Bismarck wurde sofort neues Vereinsmitglied und einer der energischsten Förderer, hier nun auf dem neutralen Boden des Rennsports. Gerade eben erst war der Norddeutsche Bund nördlich der Mainlinie unter preußischer Führung ins Leben gerufen worden und Bismarck sozusagen der erste Bundeskanzler. Der Norddeutsche Bund war der erste föderativ organisierte deutsche Staat und Vorstufe zur deutschen Nationalstaatsbildung. Mit der Verfassungsgebung 1867 wurde es der erste deutsche Bundesstaat.

Es gab nicht nur ein reputierliches Gesellschaftsleben, einen vollen Weinkeller und gute Ratschläge seitens des Union-Klubs, sondern es folgten auch handfeste Taten. Neben einem eigenen Gestüt wurde 1868 auch eine der besten Rennbahnen weltweit gestaltet: Hoppegarten. Zum Training der Pferde standen Gras- und Sandbahnen in einer Gesamtlänge von 45 Kilometern zur Verfügung, auf denen mehr als 50 Trainer ihre Schützlinge auf die großen und kleinen Rennen vorbereiteten. Mit bis zu 1.500 Pferden in den Boxen war die Hoppegartener Trainingszentrale ein spürbares Gegengewicht gegenüber dem legendären Newmarket in England. Häufig sahen in Hoppegarten bis zu 40.000 Zuschauer die Rennen und nicht zu wenige ließen sich dazu ihr Bier – die berühmte „Berliner Molle" – gut schmecken.

Im Jahre 1890 wurde in Hoppegarten die Allgemeine Deutsche Pferdesport-Ausstellung zum ersten Mal veranstaltet, an der über 2.000 Pferde teilnahmen und die das Vorbild wurde für alle späteren Turniere namens Concours Hippiques – wie heute zum Beispiel der Concours Hippique International Officiel (CHIO) in Aachen.

Dem Reichskanzler Otto von Bismarck war nach Hoppegarten kein Weg zu weit. Das Interesse des Staatsmannes an dem Union-Klub lag auf der Hand, war doch die Mehrzahl der ursprünglichen Gründungsmitglieder seine politischen Kampfgenossen. Dazu nahm er die Eisenbahn, um von den Toren Hamburgs, recht nahe dem Austragungsort der Hamburger Derbys, nach Hoppegarten zu reisen. Später, in den 1920er-Jahren, entstand hier der „Rennbahnhof Hoppegarten", denn bei den großen Rennen gab es über Zigtausend Rennbahnbesucher. Hoppegarten war ein Publikumsmagnet und ein gesellschaftliches Ereignis. Um diese Menschenmassen rasch zu bewältigen, wurden extra „Rennzüge" eingesetzt, der Kopfbahnhof Hoppegarten verfügte allein über zwölf Gleise.

Fast genauso lange wie es in Hoppegarten den Rennbetrieb gibt, wird das Derby in Hamburg-Horn gelaufen, seit 1869 allerdings mit fünfmaliger Unterbrechung. 1919 musste das Hamburger Derby erstmalig nach Berlin-Grunewald verlegt werden. Die ehemalige, im Jahre 1910 eingeweihte Galopp-Rennbahn in Berlin-Grunewald als Dependance des Union-Klubs zu Hoppegarten war wohl eine der schönste Rennbahnen der Welt, diese musste jedoch später den heutigen Anlagen für die Olympischen Spiele 1936 weichen, unter anderem mit

dem Maifeld, dem bis heute größten Polo-Stadion der Welt. 1943 und 1944 wurde das Derby nach Berlin-Hoppegarten verlegt, 1946 nach München-Riem und 1947 nach Köln.

Bis 1945 gab es Riesensport in Berlin; vier Galopprennbahnen, zwei Trabrennbahnen mit allein 110 Galopprenntagen im Jahr. Wurde Deutschland erst zusammengefügt, trennten später zwei Weltkriege, zwei unterschiedliche Systeme und Weltanschauungen das Land, die Menschen und die Pferde.

An dem Tag, der alles wieder änderte, nämlich den Fall der Mauer und des Eisernen Vorhangs mit einer veränderten Weltordnung, erinnert auch der heutige Renntag am 3. Oktober, der so in dieser Form nicht möglich wäre, wenn es nicht zur Wiedervereinigung gekommen wäre. Das Rad der Geschichte scheint sich manchmal erst langsam und unspektakulär zu drehen und bekommt plötzlich unerwarteten Schwung, wie so manches Pferd erst unauffällig im hinteren Feld schlendert und dann unerwartet durchstartet.

Geschichte ist eben manchmal genauso unberechenbar wie ein aus einer Laune oder einem Bauchgefühl heraus ausgefüllter Wettschein mit einer aberwitzigen Siegquote, der plötzlich gewinnt. Es gehört dazu, am richtigen Ort zur richtigen Zeit zu sein, etwa im Rennen stets die richtige Position zu finden, die kurz vor dem Start noch mit dem Trainer besprochen wurde und die sich dann im Laufe des Rennens im Zusammenspiel zwischen Pferd, Reiter und Feld herauskristallisiert. Das richtige Rezept ist hier stets gefragt, doch das steht in keinem Kochbuch der Welt.

In den letzten Jahren kann man den deutschen Galopp-Rennsport durchaus in einer krisenhaften Entwicklung betrachten, allein was die betriebswirtschaftliche Entwicklung deutscher Rennbahnen betrifft oder im Hinblick auf die rückläufigen Bedeckungszahlen deutscher Vollblutstuten.

Doch Geschichte geht nicht nach Plan. Es sind die krassen Außenseiter, die auf der Geraden plötzlich überraschend nach vorne ziehen und dann über Längen gewinnen. Die drei Pferdepiloten, die ich heute an diesem 3. Oktober in drei Rennen hintereinander in Hoppegarten treffe, vereint nicht nur derselbe „Stallgeruch": Sie alle drei kommen aus dem Stall Alsterblüte und können

*von oben: Andrasch Starke, Dennis Schiergen und Eduardo Pedroza –
drei „Pferdepiloten" schreiben Renngeschichte*

trotzdem kaum unterschiedlicher sein. Jeder in diesem Trio hat zudem auf seine eigene Art und Weise ein Stückchen deutsche Renngeschichte geschrieben. Dazu gehört nicht nur das nötige Quäntchen Glück, sondern als Stalljockey bzw. Rennreiter viel Disziplin, hartes Training – und natürlich das richtige Pferd.

Da ist Andrasch Starke, der 2011 mit der Stute Danedream sensationell den Prix de l'Arc de Triomphe gewann, nachdem sie zuvor den erstmals seit 67 Jahren wieder auf der Galopprennbahn Hoppegarten ausgetragenen Großen Preis von Berlin (ehem. Deutschland-Preis), den Großen Preis von Baden (beide Gruppe 1) und die Oaks d'Italia (Gruppe 2) gewonnen haben. Alle drei Rennen mit mindestens fünf Pferdelängen voraus! Im Jahr 2012 folgte ein weiterer großer Erfolg mit dem Sieg Danedreams in den King George VI. and Queen Elizabeth Stakes (Gruppe I, 2.414 m, dotiert mit 1,28 Mio. Euro) in Ascot.

Und da ist der 18-jährige Amateurrennreiter Dennis Schiergen, Spross des erfolgreichen Trainers Peter Schiergen, der auch Danedream trainierte. Dennis, der hier am 21. Juli 2013 in Hoppegarten auf Nymphea Rennsportgeschichte schrieb, als er aus einer Außenseiterrolle heraus als junger Amateurrennreiter völlig überraschend den 123. Großen Preis von Berlin gewann.

Und da ist Eduardo Pedroza, unter anderem mit dem Pferd Novellist, Sieger des Großen Preises von Baden-Baden. Mit dem Sieg in den King George VI. and Queen Elizabeth Stakes sorgte Novellist nur ein Jahr nach Danedream für einen weiteren deutschen Sieg in diesem nach dem Prix de l'Arc de Triomphe wichtigsten europäischen Galopprennen.

Die unglaublichen Pferde Novellist und Danedream verliehen dem deutschen Rennsport und der Zucht europaweit neue Impulse und Anerkennung, so wie auch Deutschland in Europa ein starkes Gewicht geworden ist. Apropos Gewicht. Das ist für jeden Rennreiter bzw. Jockey ein gewichtiges Thema. Denn da heißt es Gewicht halten. Im Waagegebäude vor dem fünften Rennen heute am Tag der Deutschen Einheit treffe ich zuerst Andrasch Starke. Ihm fällt zum Thema Essen allerhand ein, nur eben gerade nicht: „Ich habe gerade Hunger auf den Sieg", lacht er. „Wie ist das vor dem Start, immer noch aufregend", frage ich. „Es kribbelt immer noch vor jedem Start. Das ist für mich hier positiver Stress. Pures Adrenalin gerade. Da denkt man nicht an Essen, sondern ans Gewinnen."

Reiten, schlafen, reiten. So beschreibt Andrasch Starke seinen Lebensrhythmus. Wer rastet, der rostet. Meint er nicht ganz ernst, denn er findet zwischendurch auch die erforderliche Auszeit, Erholung und Ruhe zum Essen. „Ich bin sonst immer auf Achse. Zum Relaxen und damit zum genussvollen Essen komme ich erst, wenn die Rennen gelaufen sind und alles vorbei ist. Dann fällt alles von einem wie eine Last", und schon läuft er zu seinem nächstem Pferd in den Vorführring rüber. Seinen allerersten Sieg in einem Gruppenrennen hat Starke übrigens 1992 in Hoppegarten mit Irish Stew errungen.

„Hier ist ein tolles Publikum und eine super Atmosphäre", sagt Dennis Schiergen, den ich in der Waage vor dem 6. Rennen treffe, während Starke gerade ins Rennen geht. 12.500 Besucher, ja es ist heute Rekord. „Die Zuschauer hier geben mir positiven Rückhalt", sagt Schiergen junior. Als erster Amateur überhaupt hat der junge Kölner hier vor ein paar Wochen ein Gruppe-I-Rennen gewonnen und damit Galoppsport-Geschichte geschrieben. Wegen

einer Sperre konnte Nympheas Stalljockey Andrasch Starke nicht in den Sattel. Dennis verwandelte im mit 175.000 Euro dotierten Großen Preis von Berlin in einem risikoreichen Ritt auf der 2.400-m-Distanz (auf Sieg 42:10).

„Andrasch hat für mich eine Vorbildfunktion", erzählt er mir: „Wir unterhalten uns auch übers Essen oder was eben nicht geht. Es ist ein reger Meinungsaustausch", fasst der frisch gebackene Student zusammen, der gerade ein Studium im Event- und Sportmanagement angefangen hat – parallel zu seiner Sportlerkarriere – oder gerade deswegen. Und wie bekommt er es alles unter einen Hut? „Montags", sagt er, „montags haben wir immer frei. Sonst reite ich zwischen zwei und fünf Lots und kann mir die Zeit mit dem Studium auch ganz gut einteilen. Dafür stehe ich auch morgens um 4.30 Uhr auf."
„Ich bin froh über alle Chancen", antwortet er mir, als ich frage, ob sein Vater nicht strenger mit ihm wäre als mit

Im Ziel: Eduardo Pedroza

den anderen. Kein leichtes Erbe. Über 1.200 Flachrennen und gut 30 Hindernisrennen hat Erfolgstrainer Peter Schiergen gewonnen, davon 35-mal Gruppe I und 34-mal Gruppe II, der zudem mehrfacher Championjockey war. Und schon geht Dennis zu seinem Pferd, um die erfolgreiche Jockey-Tradition in seiner Familie fortzuschreiben ... „Es ist mein reines Hobby ..."

Eduardo Pedroza treffe ich nun vor dem siebten Rennen. Es geht jetzt um den Preis der Deutschen Einheit. „Der lebt nur von Luft und Liebe", ruft uns Andrasch Starke zu, während wir in der Umkleidekabine sitzen und ich gerade auf das Thema ein Jockey und seine Speisekarte zu sprechen kommen will. Wir lachen, neben ihm sitzt seine hochschwangere Frau Kristine, eine Dänin. Über

1.100 Siege hat der Panamese mit viel Einfühlungsvermögen erritten, er gilt als Akkordarbeiter mit dem richtigen Händchen und auch als Frauenschwarm. Gerade jüngst ist er in Düsseldorf diesjähriger Champion geworden.

Der 39-ährige kam vor 20 Jahren aus Panama nach Deutschland. Wie damals der Empfang in Deutschland war, frage ich ihn. „Kalt. Ich habe zum ersten Mal Schnee gesehen, als ich bei meinem Onkel in Hamburg ankam. Die Zeit damals in Bremen hat mich dann geprägt", erzählt er. „Aber dann wurde es auch irgendwann mal sonniger und wärmer. Als Ausländer muss man härter und mehr arbeiten. Ich habe aber viel Unterstützung bekommen, die Türen standen für mich immer offen."

PORTRAITS ZWEIER DEUTSCHER RENNPFERDE

„Lebende Legenden"

Danedream

Es ist Stoff, aus dem die Träume sind. „Das Auffälligste an ihr war ihre Unauffälligkeit", sagen nicht nur ihre Fans und ehemaligen Besitzer. Die braune Stute Danedream (Vater: Lomitas (GB) 1988, Mutter: Danedrop (IRE) 1999), geboren am 7. Mai 2008 und gezogen im Gestüt Brümmerhof nahe dem niedersächsischen Soltau, kommt als Lot Nummer 119 bei der BBAG Frühjahrs-Auktion 2010 in den Ring. Heiko Volz vom Gestüt Burg Eberstein ist eigentlich auf der Suche nach „einem Spaßpferd" – und ersteigert sie auf der Aktion für nur 9.000 Euro. Es erweist sich als einer der besten Deals in der Galoppsportgeschichte und internationalen Pferdezucht.

Ihren ersten Sieg in einem Gruppenrennen erzielt Danedream am 29. Mai 2011 in Mailand, als sie die italienischen Oaks (Gruppe 2) mit einem Vorsprung von sechseinhalb Längen gewinnen konnte. Die Siegserie wird fortgesetzt in dem Gruppe-I-Rennen in Berlin-Hoppegarten und am 4. September in dem renommierten Großen Preis von Baden mit fünf beziehungsweise sechs Längen Vorsprung. Die Tochter des berühmten Hengstes Lomitas, für den einst der Pferdeflüsterer Monty Roberts die Probleme mit der Startmaschine erfolgreich behob, gewinnt auch noch den Qatar Prix l'Arc de Triomphe, 36 Jahre nach dem bisher einzigen Arc-Sieger, Star Appeal.

Dank eines genial getimten Rittes von Andrasch Starke gewinnt die Arc-Siegerin die King George VI. and Queen Elizabeth Stakes. Die Sensation ist perfekt. Nie zuvor hat ein in Deutschland trainiertes Pferd ein Gruppe-I-Rennen in Ascot gewonnen – bis zu diesem Tag. Die von Peter Schiergen trainierte Überraschungsstute schlägt in einem Wimpernschlagfinish den zweitfavorisierten Titelverteidiger Nathaniel (William Buick). „A happy moment for german racing", fassen es die englischen Moderatoren begeistert zusammen, während Andrasch Starke die Gratulationen von Queen Elisabeth II. bekommt. Ein Sportereignis gleich wie das Fußball-Wunder von Bern.

„Was wir alle mit Danedream erleben durften, das ist tatsächlich wie ein Wunder, ein Traum, ein Märchen", erinnert sich Andrasch Starke an die emotionsgeladenen Momente damals nach dem Finish. „Sie hat mit dem Prix de l'Arc de Triomphe und den King George die beiden größten Rennen in Europa gewonnen", fasst er zusammen. „Alles ist wunderbar. Ich werde mein Leben lang an das Pferd denken, an die Rennen und an die Jahre, die ich mit ihr erlebt habe. Eine absolute Ausnahme und ich bin dankbar, dass ich ein Teil davon bin," so Andrasch Starke.

Danedream konnte danach nicht mehr wie ursprünglich geplant im Arc und im Japan-Cup starten und verließ am 13.01.2013 als Mutterstute Deutschland zum neuen Besitzer Teruya Yoshida nach Japan. Danedream ist mit gewonnenen rund 3,76 Millionen Euro das gewinnreichste deutsche Sportpferd aller Zeiten.

Pro Jahr reitet Eduardo gut 500 Rennen, ist viele Tausende Kilometer dafür unterwegs. „Das hier ist eine Herzenssache", bringt es Eduardo Pedroza zum Schluss für alle auf den Punkt, während er zu seinem Pferd geht. „Wir haben alle das Jockey-Gen in uns", sagt er.

Ganz klar, auf den Rennbahnen geht es um Zeit, sie verfliegt in Windeseile und ist ein knappes, wertvolles Gut. Im Galopprennsport dreht sich die Uhr eine ganze Runde schneller, wie überhaupt die ganze Welt sich heutzutage manchmal schneller zu drehen scheint. Und der Lauf der Geschichte wird sich irgendwie immer weiterdrehen, so wie die Jockeys über die Rennbahnen ihre Runden ziehen, mal siegen und mal verlieren werden. Alle möglichen Überraschungen blühen uns noch.

„Ich glaube an das Pferd. Das Automobil ist nur eine vorübergehende Erscheinung", erklärte einst Kaiser Wilhelm II. in Berlin. Bleibt gut 100 Jahre später hierzu zu erklären: Wir glauben immer noch an den Vollblüter, die deutsche Pferdezucht und den Rennsport. Wer aber auf das falsche Pferd setzt ... Kommt zu spät und den bestraft das Leben, könnte man nun kenntnisreich ergänzen. Aber gibt es das falsche Pferd, den verkehrten Jockey oder die richtige Geschichte? Eine Frage der Zeit – und der Gewichtung!

Novellist

Novellist bezeichnet eigentlich den Autor oder die Autorin einer Novelle (lateinisch novus „neu", italienisch novella „Neuigkeit"), einer kürzeren Erzählung in Prosaform. Hier sei die Neuigkeit von diesem deutsch gezogenen Vollblüter kurz erzählt: Nur ein Jahr nach dem Erfolg von Danedream setzte sich die Erfolgserie mit dem am 10. März 2009 geborenen Hengst Novellist (Vater: Monsun (GER) 1990, Mutter: Night Lagoon (GER) 2001) mit seinem Sieg in den King George VI. and Queen Elizabeth in Ascot fort.

Im zuvor mit 450.000 Euro dotierten Grand-Prix-de-Saint-Cloud in Frankreich hatte der Monsun-Sohn am 26.Juni 2013 eine starke internationale Konkurrenz mit gut einer Länge Vorsprung abgefertigt. Dieser Erfolg brachte Novellist in die Favoritenrolle für die King George VI. and Queen Elizabeth Stakes in Ascot am 27.Juli 2013, den Sommerhöhepunkt für Steher in Europa. Die hohen Erwartungen konnte der dunkelbraune Hengst dann eindrucksvoll mit einem überlegenen Fünf-Längen-Sieg bestätigen. Er stellte dabei gleich auch einen neuen Bahnrekord auf, nämlich über 2 Sekunden unter der alten Marke. Für diese Leistung erhielt Novellist ein GAG von 104,5 und er ist damit das Rennpferd mit dem bislang höchsten Rating in diesem Jahr in Europa.

Am 1. September 2013 siegte der vier Jahre alte Hengst im mit 150.000 Euro dotierten Longines Großen Preis von Baden-Baden unter Eduardo Pedroza. Der Weltstar des deutschen Turfs begeisterte 16.800 Zuschauer auf der Galopprennbahn in Iffezheim. Novellist hat als klarer 13:10-Topfavorit alle Erwartungen erfüllt. Eddie erinnert sich: „Die Erwartungen waren ziemlich hoch. Ich bin aber Profi genug, mit dem Druck umzugehen." Eduardo Pedroza ritt Novellist sehr energisch mit den Händen nach vorn. „Mein Trainer Andreas Wöhler hatte mir freie Hand gelassen, wie ich Novellist reiten kann. Der Plan B war, selbst nach vorne zu gehen. Aber ich war froh, dass mein Stallkollege mit Seismos (Zweitplatzierter) das Tempo erhöht hatte, so konnte ich ihn ein wenig verstecken. Er ist das beste Pferd, dass ich bisher geritten habe", erklärt der Jockey. Novellist konnte 2013 aufgrund einer Erkrankung nicht am Prix de l'Arc de Triomphe teilnehmen, für den er als Favorit galt.

*Christian Frhr. von der Recke –
17-maliger Champion-Trainer
für Flach- und Hindernisrennen*

GEBRATENER *Fasan*
UMLEGT IN ÄPFELN UND
WALNÜSSEN

Früher wurde im volkstümlichen Wettschießen mit Armbrust oder Büchse häufig ein hölzerner Vogel auf einer hohen Stange als Zielpunkt gesetzt. Wer den besten Schuss tat oder das letzte Stück zur Erde brachte, „schoss den Vogel ab". Derjenige wurde dann der Schützenkönig, und mitunter gingen infolge damit nicht geringe finanzielle Pflichten einher. Soll heißen, der Erfolg kostet auch was.

Christian Freiherr von der Recke schießt ganz klar den Vogel ab. „Das Essen schmeckt dem Sieger immer gut, dem Verlierer gar nicht", bringt er es auf den Punkt. „Der Sieger hat viele Freunde", fährt er fort. Wie auch beim umgangssprachlichen „Vogelschießen" müsse man bei Rennpferden investieren, klärt er auf. „10 % sind Sieger, 90 % Verlierer."

„Der Absturz ist gebremst", sagt er, um bei dem Wortspiel zu bleiben, so als ob gerade der Fasan im jähen Steilflug gestoppt wurde. Und schon sind wir mitten in der Situation der Galopper, mit rennsportlichen und kulinarischen Lieblingsrezepten, in diesem Fall gebratener Goldfasan. „Es gibt wieder einen Aufwärtstrend im deutschen Galopprennsport und in der Vollblutzucht", konstatiert er. Die Zahl der Mutterstuten und Jährlinge nimmt nicht weiter ab. Die Rennvereine konsolidieren sich. Die Medien interessieren sich wieder für Galopper.

Aber auch den sprichwörtlich abgeschossenen Vogel muss man sich leisten können. Die Verhältnisse haben sich geändert. Die Struktur der Ein-Zwei-Pferde-Besitzer hat abgebaut. „Der kleine Mann im steigenden Markt hat es leider schwer. Was wir erleben ist eine Professionalisierung und Ökonomisierung im Rennsport", resümiert Recke: „Aber die großen deutschen Gestüte wie Fährhof, Röttgen, Ittlingen oder Schlenderhan sind spitze und für den weltweiten Markt gut aufgestellt. Die herausragende Selektion der Zucht in Deutschland kommt jetzt zum Tragen", stellt er fest.

Kommen wir zum echten, bunten Vogel, den Fasan, ein auch in der internationalen Küche sehr beliebtes und delikates Jagdwild. Nach ziemlich alten Rezepten hatte ein Fasan einen ausreichenden Reifegrad, wenn er, an den Schwanzfedern aufgehängt, irgendwann von allein herunterfiel. Um bei dem Bild des Vogelschießens zu bleiben.

Man bezeichnet den übermäßigen Reifegrad des Fleisches auch als Hautgout. Früher entstand Hautgout bei Fleisch zwangsläufig aufgrund mangelnder Kühlmöglichkeiten. Wenn der Geschmack dann zu intensiv war, wurde dieser durch das sogenannte Beizen des Fleisches abgemildert oder überdeckt. Hierzu legte man das Fleisch mehrere Tage in einen Rotwein-Gewürz-Sud. Das magere, helle Fleisch frischer Fasanen ähnelt geschmacklich dem Hühnerfleisch, erst wenn der Vogel einige Zeit abgehangen hat, entwickelt es den typischen, milden Wildgeschmack. Der Zeitraum des Abhängens variiert je nach Temperatur, erwünschtem Geschmack sowie der Weiterverarbeitung und liegt heute meist zwischen 3 und 7 Tagen, früher bei bis zu 15 Tagen oder länger. Wird das Fleisch wiederum gebeizt, ist die Zeit entsprechend kürzer.

Wörtlich steht Hautgout für „Hohen Geschmack" und ist damit auch doppeldeutig. Es kann sozusagen auch zu viel des Guten werden, dann spricht man vom sogenannten „Geschmäckle", und das hat gesellschaftlich einen negativen Touch. Hautgout ist aber passé.
„Spitzenpferde gehen sich gezielt aus dem Weg", meint der erfolgreiche Trainer, der über 1.750 Rennen gewonnen hat, auf meine Geschmacksoffensive hin. „Es gibt kein Duell der Spitzenpferde." Das sei dem sensationsverwöhnten Publikum manchmal schwer zu vermitteln. Und fährt fort. „Die Helden des Galopprennsports fehlen uns im Medienzeitalter." „Eine Fernsehberichterstattung zum Beispiel in der Sportschau über Galopp erzeugt da schon Hochgefühle", erklärt der Rennstallbesitzer, der derzeit über 50 Pferde trainiert. „Ich würde mir durchaus mehr Filme wieder wünschen wie „Seabiscuit – Mit dem Willen zum Erfolg" (2003), „Secretariat – Ein Pferd wird zur Legende (2010)" oder die deutsche Fernsehserie „Rivalen

der Rennbahn" (1989) mit insgesamt elf Folgen. „Für mehr Empathie und höhere Reichweiten. Das können wir im deutschen Sport gut gebrauchen," fügt von der Recke hinzu.
Beide US-amerikanischen Filme sind nicht von schlechten Eltern. Sie schildern authentisch die Karrieren zweier berühmter Rennpferde. Der Film über Seabiscuit spielt in der 1930er-Jahren und erhielt sieben Oscar-Nominierungen, darunter in den Kategorien Bester Film, Bestes Drehbuch und Beste Kamera. Der Film über „Secretariat" hatte am 8. Oktober 2010 Premiere und basiert weitgehend auf dem Buch „Secretariat: The Making of a Champion" von William Nack. Secretariat war ebenfalls ein US-amerikanisches Rennpferd, das von vielen als das beste Rennpferd aller Zeiten angesehen wird.

„Ich glaube, dass wir gut pfeffern müssen", sagt von der Recke. Keine Frage, der Fasan wird als Wildgeflügel und Küchenvogel kulinarisch sehr geschätzt. Als eine Vogelart aus der Ordnung der Hühnervögel fällt der Hahn wie bei anderen Fasanenartigen durch sein farbenprächtiges Gefieder und seine stark verlängerten Schwanzfedern auf. Fasanenfedern waren zu allen Zeiten und in vielen Kulturen Bestandteil der Mode als Hutschmuck, Helmzier, als Accessoire an Trachten, Uniformen und Kostümen oder in Fächern und Wedeln.

Der Hahn stößt einen harten Doppelruf „gog-gog" aus, den man vor allem in der Balzzeit, aber auch beim abendlichen Aufbaumen – das Aufsuchen des Schlafplatzes in einem Baum oder einem hohen Busch – hört. Hennen zeigen eine bräunliche Tarnfärbung.
Ursprünglich stammt der Fasan (lat. Phasianus colchicus) aus Mittelasien. Mit der Ausbreitung des Römischen Reiches fand auch der Fasan im Reisegepäck den Weg über den gesamten Mittelmeerraum bis nach Südengland und in Deutschland bis in das Rhein- und Moseltal. Auch auf dem Speisezettel der Merowinger und Karolinger, die die Traditionen des römischen Kaisers pflegten, stand der Fasan. Ab dem 13. Jahrhundert bestanden an vielen herrschaftlichen Höfen sogenannte Fasanengärten oder Fasanerien. Diese Form der Vogelhaltung wurde durch das ganze Mittelalter hindurch bis in die Neuzeit fortgesetzt. Heute kommt der Fasan fast in ganz Europa vor.

Man unterscheidet heutzutage zwischen Zuchtfasanerien, die in großen Ausmaßen und unter künstlichen Bedingungen Eier und Jungvögel produzieren, und Wildfasanerien, in denen unter teils erheblichem Aufwand am

Rande des Aussetzungsgebietes gesammelte oder in Fasanerien zugekaufte Eier durch Hühner- und Putenglucken ausgebrütet werden und die Jungvögel in möglichst natürlicher Umgebung aufgezogen werden. Die in die Wildbahn ausgesetzten Fasanenbestände werden dann durch weitere Hegemaßnahmen, wie Winterfütterung mit Getreide und anderer pflanzlicher Nahrung oder der Anlage von Wildäckern, unterstützt. Es ist davon auszugehen, dass sich während des Gesamtzeitraums kleinere halb wilde Populationen bildeten, die aus den Gehegen entkommen waren. Als Jagdwild war der Fasan wegen seiner Seltenheit ursprünglich dem hohen Adel vorbehalten. Noch bis 1900 galt der Wildvogel als Hochwild. Schriften aus dem frühen Mittelalter belegen, dass Wildbann und spezielle Jagdgesetze gegen die Fasanenwilderei erlassen wurden.

Im 18. Jahrhundert wurden zur Jagd sogenannte „Fasanenbeller" eingesetzt: kleinere Stöberhunde, die das Flugwild hoch machten und auf die Bäume trieben. Sobald der Vogel dort landete, wurde er vom Baum geschossen. Auch wurden nachts aufgebaumte Fasanen mit einer Blendlaterne angeleuchtet und dann auf ihrem Schlafplatz erlegt. Der in der ersten Hälfte des 18. Jahrhunderts noch recht seltene Vogel konnte sich in der zweiten Hälfte stärker ausbreiten. Seine Bedeutung als Jagdwild stieg mit der technischen Entwicklung von Flinten und Munition: Erst jetzt versprach der Schuss auf laufendes oder fliegendes Wild Erfolg. Demzufolge wurde in vielen Teilen Deutschlands der Fasan ab Mitte des 19. Jahrhunderts zur Jagd ausgesetzt. Damit wurde der Fasan in Europa, den USA und anderen Teilen der Welt eingebürgert. Vom Fasan sind mehr als 30 Unterarten bekannt, und der heute in Europa verbreitete Jagdfasan stellt ein Rassengemisch dar, an dem vier Unterarten und eine Zuchtform beteiligt sind.

In Europa findet man den Fasan häufig in der Kulturlandschaft. In freier Wildbahn wird der Fasan zwei bis drei Jahre alt, in Gefangenschaft acht bis zehn Jahre. Seinen Lebensraum hat der Fasan vorwiegend in weiten Feldfluren gefunden, wo ihm Gehölze und Hecken ausreichend Deckung bieten. Er hält sich jedoch auch in angrenzenden lichten Wäldern und Schilfarealen auf. Letztere gewährleisten in der intensiv bewirtschafteten Kulturlandschaft ein insektizidfreies Nahrungsangebot für die Küken und bieten zudem Deckung und Brutmöglichkeiten. Die große Anpassungsfähigkeit macht ihn zu einer Niederwildart, deren jagdliche Nutzung auch unter den Bedingungen einer modernen Landwirtschaft erfolgreich ist. Hierzulande kommt der Fasan am häufigsten in Nordwestdeutschland vor, aber auch in Bayern und Baden-Württemberg werden relativ große Jagdstrecken, die als Indikator für Verbreitung und Besatzstärke herangezogen werden können, erreicht. Die Schwerpunkte der Verbreitung in Nordrhein-Westfalen sind das Niederrheinische Tiefland mit Teilen der Kölner Bucht und das sich nordöstlich anschließende Münsterland.

Es würde daher nicht erstaunen, wenn ein Fasan aus Reckes Hindernisse in Weilerswist, 30 km entfernt von Köln steil aufsteigen würde. Unter anderem wurden hier neun feste Jagdsprünge angelegt, die über die Jahre gut gewachsen sind. „Ligusterhecken stellen die originalgetreue Schulung der Pferde sicher", so der Trainer. Seit 1997 bereitet er hier auf der ehemaligen Anlage des Gestüts Forstwald die in seine Obhut gegebenen Vollblüter vor. Im Innenbereich steht eine Gras-Trainingsbahn für rennmäßige Vorbereitung gerade der jungen Pferde zur Verfügung. Von der Recke ist ausgesprochener Spezialist für Hindernisrennen. „Die Zukunft von Hindernisrennen ist schwierig", erläutert von der Recke. „Das steht in den Sternen – oder hat sich auch erledigt", orakelt der vielfache deutsche Champion-Trainer im Hindernisrennen.

Kommen wir auf den Fasan zurück, dessen Erwerb und Zubereitung uns kein Hindernis sein sollen. Manchmal gibt es Wild zur Weihnachtszeit auch in Super- und Großmärkten. Eigentlich ist Wild, zu dem auch Wildgeflügel wie der Fasan zählt, politisch korrekt. Es ist „bio", regional erzeugt und auch noch klimaneutral. Wildbret ist nicht nur ethisch und ökologisch im Vorteil, es ist das am fairsten erzeugte und nachhaltigste Fleisch, das man essen kann. Im Vergleich mit dem Fleisch von Schlachttieren zeichnet sich Wild durch einen außerordentlichen Wohlgeschmack aus und liegt preislich meistens in etwa gleichauf mit Biofleisch. Wildfleisch ist nicht nur besonders mager, sondern besitzt auch eine nachvollziehbare Herkunft, beim Kauf von heimischem Wild fallen kaum Handelswege an. Es ist frei von künstlichen Düngemitteln, Medikamenten oder Hormonen und ist ohne Schlachthofstress. Dennoch macht der Konsum von Wildfleisch in Deutschland weniger als 1 % des gesamten Fleischverzehrs aus. Die Zubereitung gilt als kompliziert, eine weitere Sorge betrifft die radioaktive Belastung von Wildfleisch nach dem Tschernobyl-Unfall, die allerdings höchstens wenige Wildschweine betrifft, da sich diese von Pilzen ernähren, die manchmal noch radioaktives Cäsium-137 konzentrieren. Die Belastung muss unter 600 Becquerel pro Kilogramm Fleisch liegen, sonst kommt das Fleisch nicht in den Handel.

Fasan schmeckt mild und aromatisch. Geschmacklich schlägt der Fasan jedes Hähnchen. Die Tiere wiegen im küchenfertigen Zustand zwischen 600 bis 1200 g, teils auch mehr. Die Zubereitungsformen und Beilagen sind ebenso vielfältig wie bei anderem Geflügel. Doch aufgepasst: Die Wildvögel garen während des Warmhaltens gut nach und werden schnell mal trocken. Der Vogel ist umso jünger und wohlschmeckender, je weicher sein Brustbein ist. Zur Zubereitung wird der Fasan innen und außen abgespült, dann innen und außen gesalzen und gepfeffert. Dann wird der Vogel mit Speckstreifen bardiert. Den Backofen auf 250 Grad vorheizen. Fasan in der Butter kurz anbraten und dann in einer feuerfesten Form eine Stunde im Backofen garen. Ab und zu wenden und mit dem Bratensaft begießen. Anschließend von dem Bratensaft das Fett abschöpfen und die Walnüsse in die Sauce geben. Die Äpfel schälen und in sechs Schnitzel teilen, alles dann in einer Pfanne mit Butter 8 Minuten schwenken. Den Fasan vom Speck befreien und mit Wal-

nüssen und Äpfeln garnieren und auf einer vorgewärmten Platte anrichten.

PS: Stichwort Vogel abschießen. Schrot ist das Mittel der Wahl auf der Jagd. Die eine oder andere übersehene Kugel im gegarten Tier lässt sich umgehen durch vorsichtiges und genussvolles Kauen. Damit es nicht bleischwer im Magen liegt ...

EXKURS

Von der Recke ist Pragmatiker. „Bei mir bekommen die Pferde nicht nur trockene Pellets. Da gibt's auch Reformhafer dazu und noch mehr", erklärt er. Es ist Teil seiner Trainingsphilosophie. „Ohne Geschmacksträger gibt's schlechte Laune. Das ist wie bei unserem Essen, wo das Salz, Fett und die notwendige Süße fehlen. Dem Pferd soll es schmecken", betont von der Recke.

Die richtige Fütterung von Rennpferden spielt eine große Rolle für den Erfolg eines Trainers. Für jedes Rennpferd wird ein Trainingsbuch erstellt, mit einem täglichen Kapitel zur Rennpferdefütterung. Hochleistungspferde stellen je nach Typ und körperlicher Leistung sehr unterschiedliche Anforderungen an die tägliche Nährstoffversorgung, die es auszuloten gilt. Während von Renn- und Springpferden kurzfristige maximale Leistungen verlangt werden, stehen etwa bei Vielseitigkeits- oder Distanzpferden andere Leistungsansprüche im Vordergrund. Fehler in der Fütterung wirken sich in der Leistungsfähigkeit nachhaltig aus. Eine über den Bedarf hinausgehende Eiweißzufuhr beispielsweise ist unnötig und eher belastend, sowohl für die Leber und Niere als auch für den Wärme- und Wasserhaushalt des Pferdes. Andererseits benötigen zum Beispiel Zweijährige zum Aufbau von Muskelmasse erhöhte Eiweißgaben.

Aus einem schlecht veranlagten oder untrainierten Rennpferd sind keine Höchstleistungen durch noch so hohe Mengen an Energie-, Nähr- oder Wirkstoffen oder ausgeklügelte Rationstypen herauszuholen. Die von Rennpferden kurzfristigen Leistungen wirken sich werden unter anderem von der Leistungsfähigkeit ihres Atmungs- und Kreislaufapparates oder der Zahl der roten Blutkörperchen bestimmt. Die Fütterung schafft für diese Vorgänge die notwendigen Voraussetzungen. In der Rationsgestaltung geht man grundsätzlich systematisch vor. Hierzu gibt es Empfehlungen in Form von Tabellenwerten.

GEBRATENER FASAN

Zutaten (für 4 Personen)

1 Fasan (1000 g)
2 Speckscheiben (zum Umwickeln des Fasans),
eventuell auch eine Speckschwarte
300 g Walnüsse
250 ml Fleischbrühe
500 g Äpfel (zum Beispiel Sorte Boskop, da etwas säuerlicher)
200 ml Rotwein (manche verwenden auch Calvados oder Wacholderschnaps)
125 ml (saure) Sahne
Walnussöl oder Butter (1 Esslöffel)
Salz und Pfeffer
ggf. Wacholder- oder Preiselbeeren

Leistungsentscheidend ist aber nicht nur die Rationsgestaltung, damit die für den Energieumsatz im Muskel notwendigen Enzyme durch Training und Fütterung eingespielt werden, sodass Energie kontinuierlich und in ausreichender Menge zur Verfügung steht, sondern auch der Zeitpunkt der Futtergabe beim Rennpferd. Der Fütterungszeitpunkt in der kritischen Phase vor und während eines Rennens bzw. Turniers und auch nach der Belastung hat einen größeren Einfluss auf den Blutzuckerspiegel als die Zusammensetzung der Futterration.

Grundsätzlich verbieten sich Training oder Wettbewerbe kurz nach großen Kraftfuttermahlzeiten. Vor intensiver Bewegung muss der Magen weitgehend entleert und die Verdauung fortgeschritten sein. Den Pferdmagen zeichnet aus, dass er mit 15 Liter Fassungsvermögen sehr klein und unelastisch ist. Die letzte Kraftfuttergabe vor dem Start sollte mindestens 4 Stunden zurückliegen. Tränkwasser sollte jederzeit zugänglich sein. Die im Muskel während eines Galopprennens umgesetzte Energie

stammt vorwiegend aus dem anaeroben Stoffwechsel durch Verbrennung von Glukose, die unmittelbar aus dem Blut oder dem Abbau von Glykogen zur Verfügung steht.

Eine normale Fütterung während des leichten Trainings vier bis fünf Tage vor dem Wettbewerb ermöglicht das maximale Auffüllen der Glykogenspeicher. Blutzuckersteigerndes Futter am Abend vor dem Wettkampf ist möglich, wenn der Dünndarm damit nicht überladen wird. Dabei empfiehlt es sich, die Futteraufnahme zu verlangsamen, zum Beispiel durch das Untermischen von Raufutter- bzw. Kräuterhäckseln, die auch die Speichelbildung anregt. Grundsätzlich sollte auf die gleichmäßige Abnutzung der Zähne geachtet werden, Zahnprobleme beeinträchtigen den Trainingserfolg ganz erheblich. Für 1 kg Heu braucht ein Pferd durchschnittlich 40 Minuten zum Kauen, für dieselbe Menge Stroh 50 Minuten und für Hafer 10 Minuten.

Eine Beschleunigung der Glykogenspeicher ist für Rennpferde ein Problem, insbesondere wenn diese innerhalb von 48 oder 72 Stunden nach einer glykogen-zehrenden Leistung wieder ein Rennen laufen sollen. Eine leichte Trainingsreduktion zusammen mit dem Aufrechterhalten einer angemessenen Fütterung kann die Glykogenreserven in Leber und Muskulatur schonen. Bei stark strapazierten Pferden nach dem Rennen kann ein Mash sehr hilfreich sein, um beim Thema Geschmack zu bleiben.

Ein weiterer wichtiger, nicht zu unterschätzender Aspekt sind Umfang und Zeitpunkt der Raufuttergabe. Zu geringe Raufuttermengen begünstigen ein Missverhältnis beim Rohfaserbedarf des Rennpferdes sowie Unausgeglichenheit, Verhaltens- und Stoffwechselstörungen auch infolge ungenügender Kaubeschäftigung, mangelndem Einspeicheln und Verdauen. Raufuttergaben wirken sich allerdings auch direkt und indirekt auf das für Rennpferde wichtige Körpergewicht aus, da ein Pferd pro Kilo Heu 2,5 bis 3,5 Liter Wasser trinkt. Der Dickdarm als Träger des sogenannten toten Gewichts macht immerhin 10 bis 20 % des Körpergewichts aus. Die Gabe von Heu zusammen mit der Kraftfutterration verringert den Anstieg des Blutzuckerspiegels, während dadurch die Eiweißkonzentration und die Wasseraufnahme steigen. Die Flüssigkeitsumverteilung beeinträchtigt den Kreislauf und verringert die Blutversorgung der Muskulatur. Dies wird noch verstärkt durch die vermehrte Durchblutung des Verdauungstraktes nach der Futteraufnahme. Wobei interessanterweise der Blutfluss zur Skelettmuskulatur und zur Lunge bei Pferden, die vor dem Training gefastet haben, geringer ist als bei denen, die gefüttert wurden.

Vom umstrittenen Fasten in der stressreichen Zeit vor Wettbewerben wird aber dennoch abgeraten, Magengeschwüre sind so mitunter vorprogrammiert. Hochleistungspferden wird daher ein bis drei Stunden vor dem Wettbewerb die Gabe von ein bis zwei Kilo qualitativ hochwertigem Raufutter „zum Knabbern" in kleinen Portionen empfohlen. Zum Beispiel ein

doppeltes Heunetz kann die zu starke Befüllung des Darms bremsen. Das Heu sollte möglichst aus einem nicht zu früh geernteten, gut getrockneten und staubfreien ersten Schnitt stammen.

Der Wert Rohfaser als ein Bestandteil an der sogenannten Trockensubstanz (TS) wurde vor mehr als 150 Jahren in der sogenannten Weender Futtermittelanalyse geprägt und beschreibt eine uneinheitliche Gruppe schlecht bis nicht verdaulicher Futterbestandteile wie Cellulose sowie die unlöslichen Bestandteile von Hemizellulose, Lignin und Pektin. Trockensubstanz wiederum als wasserfreier Teil der Futtermittel (bei Gras ca. 18 %, Silage ca. 50 % und Heu ca. 86 %) und Träger aller Nährstoffe bestimmt Preis und Lagerfähigkeit und dient der Sättigung des Pferdes.

Im Bereich der Tierernährung werden die Begriffe Rohfaser und Ballaststoffe oftmals gleichgesetzt. Doch in der Lebensmittelchemie und Ernährungsmedizin gelten nicht alle Ballaststoffe als Rohfaser. Der Ballaststoffgehalt eines Lebensmittels kann höher als der Rohfasergehalt sein.

Der Effekt von Ballaststoffen in der menschlichen Verdauung ist durchaus vergleichbar mit dem beim Rennpferd. Ballaststoffe quellen im menschlichen Magen auf

und sorgen durch die Zunahme des Volumens für eine Verstärkung des Sättigungsgefühls. Hungersignale entstehen im Gehirn erst bei sinkendem Blutzuckerspiegel. Aus ballaststoffreicher Nahrung werden die Kohlenhydrate im Darm langsamer aufgenommen, dadurch kommt es zu einem geringeren Blutzuckeranstieg nach dem Essen. Deshalb wird vor allem Diabetikern empfohlen, sich ballaststoffreich zu ernähren.

Prägten Ballaststoffe vor 40 Jahren auch die sogenannte Müsli-Generation und galten diese in der menschlichen Ernährung als Bollwerke gegen Darmkrebs und zu hohe Cholesterinwerte, wurden diese Ansichten diesbezüglich in den letzten Jahren revidiert bzw. infrage gestellt. Tatsächlich geht es um die Verdaulichkeit damaliger Aussagen. Die Deutsche Gesellschaft für Ernährung (DGE) empfiehlt derzeit, täglich mindestens 30 Gramm gesunde Ballaststoffe zu sich zu nehmen. Vorzuziehen sind dabei statt ungekeimtem, da schwer verdaulichem Getreide grüne Blattgemüse, Beeren, Früchte, Ölsaaten (Leinsaat, Sesam, Mohn), Nüsse (Hasel- und Walnüsse, siehe Rezept), Kerne (Sonnenblumenkerne, Kürbiskerne), Kokosnuss, Sprossen aus Linsen und Getreide, außerdem Gemüse wie z.B. Sellerie, Kohl und Schwarzwurzel sowie sogenannte Pseudogetreide (Hirse, Buchweizen) als Beilage.

143

PORTRAIT

Es geht ja immer weiter

Der frühe Vogel fängt den Wurm. So verhält es sich auch im Wettkampftraining bei Galopprennpferden. Rennpferde trainieren obliegt nicht nur der subjektiven Einschätzung des Trainers, sondern auch die Pferde sind entsprechend ihres Leistungsvermögens richtig einzuschätzen hinsichtlich Geläuf, Distanz und Taktik. „Trainer ist ja kein Ausbildungslehrgang oder Studium im eigentlichen Sinne, sondern wird man aufgrund seiner langjährigen Erfahrungen und Tätigkeiten," so von der Recke. Das Trainieren macht ihm Spaß, weil der Erfolg nahe liegt. „Ich habe immer großen Spaß, die eigenen Pferde richtig einzuschätzen und dann die richtigen Aufgaben zu finden."

„Wie sieht das ideale deutsche Galopprennpferd aus", frage ich. Von der Recke: „Das Pferd muss gesund sein. Das Pferd muss gut ins deutsche System passen, um es gut zu platzieren. Das Pferd darf nicht zu teuer sein. Und mit dem Besitzer muss man gut umgehen können. Ich nenne es die richtige Besitzeransprache. Und erfolgreich kann man nur als Teamplayer sein, und mein Personal ist mir sehr wichtig."

„Gute Arbeitsreiter fehlen generell", erzählt von der Recke weiter, der derzeit zwei Amateure, zwei Jockeys und zwei Arbeitsreiter beschäftigt. „Die Anzahl der Reiter nimmt ab, es hat ja auch die Anzahl der Rennen abgenommen, die Leute sind schwer zu motivieren." Nur die Spitzenjockeys in den großen Rennen kämen zurecht, die anderen müssten sehen, wie sie über die Runden kommen.

Zum Pferderennen kam Christian Freiherr von der Recke – geboren als ene kölsche Jung am 27.04.1960 – durch seinen Großvater und seinen Vater, die beide erfolgreiche Rennen als Amateure geritten haben und von der Recke als Kind schon immer mit auf die Rennbahn genommen haben. Mit dem Galoppsport angefangen hat er als 16-Jähriger nach der mittleren Reife auf dem Gestüt Röttgen in Heumar (Pferdewirt Schwerpunkt Zucht und Haltung), gleich im Anschluss absolvierte er 1980 seine Besitzertrainerprüfung. In den 1980er-Jahren wurde er Assistenztrainer bei verschiedenen internationalen Trainern. 1984 legte er erfolgreich seine Prüfung als Pferdewirtschaftsmeister Galopprenntraining ab.

Von 1988 bis 1995 war er auch mal Geschäftsführer in der Fleischfabrik seines Schwiegervaters in Emmerich. „Morgens habe ich Frühstücksspeck nach England verkauft, nachmittags Galopper trainiert", erzählt er schmunzelnd. Das passt ja hier ins Kochbuch. 1997 wechselte er auf seine heutige Trainingsanlage in Weilerswist.

Welche Rennbahn seine Lieblingsbahn ist, frage ich den 17-fachen Champion-Trainer. „Die, wo ich gewinne. Es gibt viele, die ich noch nicht gewonnen habe." Er hat dabei nicht nur ein Faible für Hindernisrennen, sondern auch zum Beispiel für Skijöring. Bei den Winterspielen 1928 in St. Moritz war es olympischer Demonstrationswettbewerb. Die traditionellste Veranstaltung ist der White Turf im Februar auf dem St. Moritzer See im Oberengadin in der Schweiz. „Die Pferde müssen Dreck abkönnen", berichtet von der Recke, der letztes Jahr mit fünf Pferden dabei war.

Kritiker sagen, dass viele seiner zahlreichen Siege auf kleineren Rennbahnen erzielt wurden. „Der kleine Sieg ist mehr wert als die große Niederlage", weiß von der Recke. „Versuche dich in der besten Klasse aufzuhalten und dein Pferd ist in der richtigen Klasse." Altes englisches Sprichwort. Recke weiter: „Das Championat wird bei den Trainern nach Siegen entschieden und eben nicht nach dem Modus der Gesamtgewinnsumme. Jeder setzt die Pferde so ein, dass sie viele Rennen und viel Geld gewinnen." Und fügt hinzu: „Der Sieger hat immer Neider, der Verlierer Mitleider."

Denn die von ihm vorbereiteten Pferde strichen Geldgewinne in England, Frankreich, Italien, Tschechien, Polen, Holland, Belgien, der Slowakei und der Schweiz ein. Von der Recke denkt international und gilt als Vorreiter des Deutschlandtrends im Ausland. „Die Reisemöglichkeiten sind besser geworden als noch vor der Teilung Europas. Der Galopprennsport ist seitdem europäischer geworden. Jede Veranstaltung, die weiter weg ist, ist ein Highlight. Ich suche mir die bestmöglichen Rennbahnen, es ist eine Frage der Perspektive", erklärt er. „Dabei darf man nicht vergessen, dass die vielen Fernfahrten einen hohen finanziellen Aufwand bedeuten", gibt er zu bedenken. „Wir fahren ja nicht hin, um nur Bier zu trinken. Zum Siegen braucht man ein Pferd, dass genannt wurde und laufen muss. Jedes Wochenende ist eine neue Herausforderung, um im Sieg eine Bestätigung zu finden."

ERFOLGE

1992	Champion-Trainer für Hindernisrennen	43 Siege
1994	Champion-Trainer für Hindernisrennen	47 Siege
1995	Champion-Trainer für Hindernisrennen	43 Siege
1997	Champion-Trainer für Hindernisrennen	22 Siege
1998	Champion-Trainer für Hindernisrennen	26 Siege
1999	Champion-Trainer für Hindernisrennen	28 Siege
2000	Champion-Trainer für Hindernisrennen	33 Siege
2001	Champion-Trainer für Hindernisrennen	34 Siege
2003	Platz 1 nach Gesamtsiegen Flach- und Hindernisrennen	97 Siege
2004	Champion-Trainer der Hindernistrainer	19 Siege
05.05.2005	1000. Trainersieg durch Lanson in Hassloch	
2006	Champion-Trainer der Hindernistrainer	21 Siege
2007	Champion-Trainer für Flach- und Hindernisrennen	99 Siege Flach-, 17 Siege Hindernisrennen
2008	Champion-Trainer für Flach- und Hindernisrennen	95 Siege Flach-, 16 Siege Hindernisrennen
2009	Champion-Trainer für Flachrennen	78 Siege
2010	Champion-Trainer für Flachrennen	74 Siege
2012	Vize-Champion-Trainer für Flachrennen	55 Siege

ASADO & POLO:
Un Día en la Vida
(EIN TAG IM LEBEN)

Thomas Winter – Polo Handicap +5

Christopher Kirsch – Polo Handicap +4

11.00 Uhr
ISFAHAN (PERSIEN) im Jahr „1650" Seitenwechsel
„Fußball, Hockey, Golfen – ich habe so ziemlich alles an Sportarten ausprobiert", beginnt Thomas Winter. „Bei der Faszination Polo bin ich hängen geblieben. Es ist der Rausch der Geschwindigkeit." Und Christopher Kirsch ergänzt: „Alles an Polo ist faszinierend. Die Pferde, das Team, die Orte, der Lifestyle." Winter und Kirsch sind die beiden erfolgreichsten deutschen Polospieler. Beide leben von und für diesen Sport, der bereits über 2600 Jahre alt ist. Die Anfänge des wahrscheinlich ältesten Mannschaftssport der Welt liegen im Iran, in Afghanistan, Kaschmir und Nordpakistan um ca. 600 v. Chr. Berichte zu diesem Sport finden sich bereits in Szenen der persi-

schen Mythologie. Überliefert wurde, dass der Schah das Spiel regelmäßig vom Balkon des Ali-Qapu-Palastes aus auf dem zentralen Platz der früheren persischen Hauptstadt Isfahan frönte, der im 16. und 17. Jahrhundert als Spielfläche diente. Polo ist auch ein frühes Paradebeispiel für Gleichberechtigung. Aus früherer Zeit ist belegt, dass das Spiel sich unter beiden Geschlechtern großer Beliebtheit erfreute und auch gemeinsam gespielt wurde.
Heute wird in 56 Ländern Polo gespielt und es ist die wohl exklusivste Ballsportart überhaupt. In seinem Wesen als Kampfsport und militärische Übung hat sich Polo nicht so viel verändert. Die Ausführung, die Regeln, die Beteiligten und ihr Training und ihre Ausrüstung aber sind ständig weiterentwickelt worden. Während frühere

Spiele regelrechten Minischlachten ähnelten mit über 100 Spielern, besteht ein modernes Poloteam aus vier Spielern bzw. Spielerinnen, eventuell ergänzt durch Ersatzspieler, die sich durch vorzügliches reiterliches Können, durch gut trainierte (Schlag-)Technik, Mannschaftsgeist, körperliche Fitness, durch ein hohes Verständnis für die Taktik eines Spiels und durch eine hohe Antizipations- und Reaktionsfähigkeit auszeichnen.

Polo ist unter den Reitsportarten der einzige Mannschaftssport mit dem Ziel, Tore zu erzielen und umgekehrt auch zu verhindern. Wer mehr Tore erzielt, gewinnt das Spiel. Nach jedem erzielten Tor stellen sich alle Spieler, nach Spielposition geordnet, in der Spielfeldmitte zum „line up" und folgendem Einwurf („throw in") gegenüber auf. Die Spielrichtung wechselt nach jedem Tor, um einseitige Nachteile – beispielsweise das Spiel gegen die blendende Sonne, einseitige Rasenschäden oder ein eventuelles Geländegefälle – auszugleichen.

12.00 Uhr
SILCHAR/ASSAM (INDIEN) „1859" Stick & Ball

Der Ball ist rund und muss fliegen. Moderne Polobälle für normales Graspolo haben 7,5 cm Durchmesser, wiegen ca. 130 Gramm, sind weiß und bestehen aus Hartkunststoff (Polypropylen). Früher bestanden die Bälle aus gepresstem Bambusholz oder Weideknorren, tibetanisch „Pulu" genannt. Hart geschlagene Bälle können Spitzengeschwindigkeiten von 250 km/h erreichen. Polobälle für Schnee- oder Beachpolo sind ca. 20 Zentimeter groß und meist rot, bestehen aus mit Luft gefülltem Hartgummi und sind somit viel leichter, um im Sand oder Schnee nicht zu versinken.

Im Zuge der islamischen Expansion breitete sich das Ballspiel nach Arabien und im Norden Indiens (Assam) aus. Das Spiel wurde mit der Zeit immer populärer und avancierte schließlich in Indien zum Nationalsport. Britische Offiziere kamen gegen Ende des 19. Jahrhunderts erstmals in Ostindien, in Manipur, mit dem damals so genannten „Pulu" in Kontakt und waren so begeistert, dass fortan die englischen Soldaten regelmäßig Wettkämpfe gegen indische Teams durchführten. Die Popularität des Polosports führte 1859 zur Gründung des ersten Englischen Polo Club in Silchar, gefolgt vom Calcutta Polo Club, welcher im Jahr 1862 gegründet wurde und heute der älteste noch existierende Poloclub ist.

Die Spieler sind ausgerüstet mit einem „Mallet" oder „Stick" genannten Poloschläger, der aus stabilem, aber dennoch elastischem Weiden- oder Bambusholz (manchmal auch aus Fiberglas) gefertigt ist und nur in der rechten Hand geführt werden darf – das betrifft auch Linkshänder! Je nach Größe von Pferd und Reiter sind die Sticks 51, 52 und 53 Inches lang (1 Inch = 2,54 cm), also umgerechnet 129,5 bis 137 cm (48 bis 53 Zoll). Der Griff – ähnlich geformt wie bei einem Sportsäbel - ist mit einer Stoffschlinge ausgestattet, die um den Daumen gelegt und dann über den Handrücken geführt wird und dem Schlag Stabilität verleiht und auch verhindert, dass der Spieler seinen Schläger verliert. Der untere abgekantete Teil, mit dem der Ball geschlagen wird – die sogenannte „Zigarre" – besteht aus Holz und ist in einem bestimmten Neigungswinkel angebracht und an der dem Pferd zugewandten Seite abgeschrägt. Bemerkenswert ist, dass, anders als in vielen anderen Sportarten, technische Weiterentwicklungen kaum angenommen werden, sondern die Sportgeräte im Prinzip in ihrer Urform weiterbestehen.

Die Grundbezeichnung des Schlages wird mit dem Zusatz „Cut" verdeutlicht, dass die Flugrichtung des Balls schräg vom Pferd verläuft. Die Cuts wiederum werden danach unterschieden, ob sie Nearside oder Offside durchgeführt werden. Ähnlich wie im Tennis wird auf beiden Seiten sowohl Backhand (Schlag gegen die Reitrichtung) wie auch Forehand (Schlag in die Reitrichtung) geschlagen.

Offside-Schläge erfolgen an der rechten Seite des Pferdes. Der Vorwärtsschlag heißt Offside Forehand, der Rückwärtsschlag Offside Backhand. In der Vorbereitungsphase erhebt sich der Spieler aus dem Sattel „out of the pony" und stützt sich hauptsächlich auf seinen Knieschluss. Der rechte Arm wird wie beim Tennis knapp am Körper nach hinten geführt. Beim Schwung (swing) des Sticks wird der Oberkörper nach unten gebeugt und die Beine dienen als Federung, um die Pferdebewegung auszugleichen. Der Ball wird auf der Höhe des Unterschenkels geschlagen. Nachdem der Ball getroffen worden ist, folgt der Schläger weiter dem Vorwärtsschwung. Für die „Nearside"-Schläge auf der linken Seite des Pferdes muss sich der Spieler im Sattel drehen und den Stick auf die andere Seite des Pferdes bringen. Die Arme werden dazu gekreuzt, wobei die Zügelführung weiterhin vorhanden sein muss. Der Vorwärtsschlag heißt Nearside Forehand, der Rückwärtsschlag Nearside Backhand. Ein Half swing ist ein halb ausgeführter, ein Full swing ein voll ausgeführter Schlag.

Abschläge unter dem Hals des Pferdes nennt man „Neckshots", solche hinter dem Rumpf „Tailshots". Ein Under the neck ist der Abschlag unter dem Hals des Pferdes. Der Ball wird viel früher und weiter vorne geschlagen, damit der Bambusstab des Schlägers unter dem Hals durchschwingen kann. Der Under the tail ist der Schlag hinter dem Pferd, beim Back Open wird der Schlag nach hinten ausgeführt, wobei der Ball eher weg vom Pferd geschlagen wird, und beim Back Tail wird der Schlag nach hinten ausgeführt, wobei der Ball hinter dem Pferd vorbeigeht.

Für die Führung des Sticks gibt es laut Reglement erlaubte und nicht erlaubte Aktionen. Bei einem Hook darf der Spieler den Schläger eines Gegenspielers mit seinem eigenen einhaken, um diesen beim Schlagen des Balles zu behindern. Nicht erlaubt ist „Appealing" (Einsetzen des Poloschlägers, um ein Foul anzuzeigen) oder „Helicoptering" (Kreisen des Poloschlägers über dem Kopf, z.B. im Falle eines Tors oder zur Anzeige eines Fouls).

Da sich der Poloschläger beim weiten Ausholen („full swing") im Pferdeschweif verfangen würde, wird der Schweif hochgebunden und einbandagiert („taped"). Die Mähne wird aus ähnlichem Grund geschoren, wie auch bei südamerikanischen Pferden generell üblich. Als Stick and Ball bezeichnet man übrigens auch das Training zu Pferd mit dem Stick und Ball, um die Schlagtechniken und Handhabung zu optimieren.

13.00 Uhr
HURLINGHAM (UK) „1873" Erster Chukker

Auftakt zum ersten Chukker. Polo ist in Zeitabschnitte (sog. Chucka, auch „Chukker", „Chukka") eingeteilt. Jeder Zeitabschnitt dauert 7 Minuten, bei Unterbrechungen wird die Uhr angehalten.

Ähnlich wie im Eishockey werden effektive Spielzeiten gemessen. Ein Spiel wird von zwei berittenen „Umpires" (schwarzweiß gestreiftes Trikot) geleitet; in Zweifelsfällen entscheidet der „Third man", ein Referee am Spielfeldrand. Die Uhr wird bei jedem Pfiff (Foul, dead ball, Verletzung eines Pferdes) des berittenen Schiedsrichters angehalten. Schutz und Sicherheit der Pferde stehen im Polosport immer an erster Stelle. Löst sich beispielsweise eine Bandage des Pferdes, wird abgepfiffen. Beim harmlosen Sturz eines Reiters dagegen geht das Spiel weiter, bis der Ball in einer neutralen Position ist.

Nach Erklingen der Glocke kann aber noch um 30 Sekunden verlängert werden, wenn der Ball noch im Spiel ist, nicht die Bande berührt oder ins Tor oder Aus gerät und kein Foul begangen wird. In den Pausen (3 Minuten bzw.

5 Minuten in der Hälfte des Spiels), zwischen den Spielabschnitten müssen die Pferde gewechselt werden. Ein Pferd darf höchstens für zwei nicht aufeinanderfolgende Spielzeiten eingesetzt werden. Kurz gerechnet: Zwei Pferde sind das Minimum, was ein Polospieler an turniermäßigem Beritt zur Verfügung haben muss. Vier Pferde sind professionell – fünf optimal für den Fall der Fälle. Manche reisen gar mit sechs Pferden an.

Hinter den Kulissen wirken die grooms, die sowohl für den schnellen Pferdewechsel während des Spieles oder in Spielpausen als auch für die Vorbereitung der Pferde, Betreuung an der sogenannten „pony line" und die Versorgung nach dem Spiel verantwortlich sind.

Polo gilt als die schwierigste zu schiedsrichternde Sportart überhaupt. Die Gründe hierfür sind die Komplexität der Regeln, die atemberaubende Schnelligkeit des Spiels und die Größe des Spielfelds. Die Schiedsrichter leiten ein Spiel nach einem klar festgelegten Regelwerk, in Europa nach dem der Hurlingham Polo Association. Die Hurlingham Polo Association (HPA), 1925 gegründet, ist der Sportverband für Polo in Großbritannien und Irland. Hurlingham, ein Stadtteil von London, ist die Urkeimzelle des Polos in England. Durch britische Kavallerie-Offiziere der Lancers (Ulanen, eine mit Lanzen bewaffnete Gattung der Kavallerie), die in Indien stationiert waren, gelangte Polo im 19. Jahrhundert nach Großbritannien. 1873 gründeten die Engländer den ersten Club auf ihrer Heimatinsel, den Hurlingham Polo Club, zugleich der erste Club mit festen Regeln. Er legt auch die Handicaps für die ca. 2.000 Spieler fest, die in Großbritannien und Irland aktiv sind. Die ersten Regeln für Polo in Großbritannien und Irland wurden 1875 vom Hurlingham Polo Committee aufgestellt, viele von ihnen werden noch angewendet.

1874 fand auf dem Clubgelände das erste Polospiel statt. In den folgenden Jahren entwickelte sich der Hurlingham Polo Club zum führenden Poloverein in Großbritannien, war zugleich Hauptsitz des britischen Verbandes und legte die maßgeblichen Regeln fest. 1908 fanden im Hurlingham Club die Polowettbewerbe der Olympischen Sommerspiele statt. England gehört heute nach wie vor zu den großen Polonationen. Das Spiel ist auf der Insel nach wie vor sehr beliebt und stets eine Zuschauerattraktion. Fast alle männlichen Mitglieder des englischen Königshauses wie Eduard VIII., Prinz Philip, Prinz Charles, Prinz William (Handicap +1) und Prinz Harry haben sich früher oder später im Polosport engagiert.

Internationale Regeln für den Polosport werden durch die FIP in einer kooperativen Vereinbarung mit der HPA, der Asociación Argentina de Polo (Argentinischer Polo-verband) und der United States Polo Association (Polo-verband USA) getroffen.

13.07 Uhr Newport, Rode Island (USA)
„1876" 1st International Polo Cup
Den amerikanischen Kontinent erreichte Polo 1876, wo der nordamerikanische Zeitungs-Tycoon James Gordon-Bennet den Westchester Polo Club in Newport gründete. James Bennett begeisterte sich bei einem England-Aufenthalt derart für das Spiel, dass er Ausrüstung en gros einkaufte und bei seiner Heimkehr sofort mit Auswahl und Ausbildung geeigneter Pferde begann. Die Amerikaner fanden schnell Gefallen an diesem Spiel. 1888 führten die USA als erstes Land ähnlich wie beim Golf ein Handicap-System ein. 1910 wurde dieses amerikanische System auch von den Engländern und Indern anerkannt. Jeder Spieler hat ein persönliches Handicap, das beim Anfänger bei -2 beginnt und auf das Weltklasse-Niveau von +10 gesteigert werden kann. Deutsche Amateur-Spieler erreichen kaum ein höheres Handicap als ein +2. Die individuellen Handicaps werden von Kommissionen aufgrund der Beobachtung von Spielen jährlich neu festgelegt, ähnlich wie im Galopprennsport die Rennpferde vom Handicapper eingeschätzt werden. Dazu trifft zweimal im Jahr eine Kommission zusammen, die aus bis zu zwölf aktiven Spielern besteht. Die besten Polospieler der Welt mit einem Handicap von +10 – gerade mal zwei Handvoll – kommen derzeit sämtlich aus Argentinien. Die besten deutschen Spieler liegen in Leistungsklassen von +5, wie Thomas Winter, und +4, wie Christopher Kirsch.

Eben diese Kategorisierungen sind auch ausschlaggebend für die Zusammensetzung der Poloteams im Gesamt-Handicap: Die Handicaps der vier Einzelspieler addiert ergeben die Mannschaftsstärke – das sogenannte Team-Handicap, sodass alle Teams in etwa über dieselbe Spielstärke verfügen. Turniermäßig ausgeschrieben werden Leistungsklassen vom Low Goal (Team Handicap bis +2) über Medium Goal (Team Handicap bis +6) bis zum High Goal (Team Handicap bis +12). Geregelt ist bei jedem Turnier, das nach DPV-Regeln ausgetragen wird, auch die Anzahl zulässiger Spieler aus dem Ausland, die meist als Profis aus Argentinien engagiert werden.

13.15 Uhr HAMBURG-KLEIN FLOTTBEK
„1896" Tread in auf dem Poloplatz

Ein gesellschaftlicher Faktor ist das gemeinsame Betreten des Platzes („tread in"), das in der längeren Halbzeitpause zwischen dem zweiten und dritten Chukker betrieben wird. Neben den ohnehin zuständigen Pflegern des Spielfeldes wird bei Turnieren auch das Publikum aufgefordert, die von den Pferdehufen in das Feld geschlagenen Löcher und ausgeworfenen Rasenstücke und Grassoden wieder einzutreten, durch die zugehörigen Erdbrocken und Grasbüschel wieder zu stopfen. Der Rasen im Hamburger Ortsteil Klein Flottbek ist der älteste Polospielgrund: Der Hamburger Polo Club e.V. wurde 1898 gegründet und ist der älteste Poloclub auf dem europäischen Kontinent. Unter den Polospielern des Vereins befindet sich auch Thomas Winter.

Deutschland verzeichnete sein erstes Polospiel 1896 in Hamburg. Von 1920 bis 1928 wurde in Klein Flottbek das Deutsche Spring-Derby – eine der bedeutendsten und schwierigsten Veranstaltungen seiner Art – auf dem heutigen Poloplatz nördlich der S-Bahn ausgetragen. Die auch damals schon aus Argentinien importierten Poloponys der Hamburger bewiesen ihre Vielseitigkeit, als man sie während der Derbywoche auch in Springturnieren einsetzte. Ab 1928 zog der Norddeutsche und Flottbeker Reiterverein e.V. als Derby-Veranstalter auf den heutigen Derby-Platz südlich der S-Bahn um, den der Eigentümer – Baron Martin Freiherr von Jenisch – dem Verein pachtweise zur Verfügung stellte. Auf diesem Platz wird das Deutsche Spring- und Dressur-Derby bis zum heutigen Tag ausgetragen.

1906 fand in Hamburg das erste internationale Poloturnier statt, die Meisterschaft des Kontinents, mit Teams aus Madrid, Antwerpen, Paris und Hamburg. Bis zum Ersten Weltkrieg gewann der Sport rasch an Popularität. Im Hamburg spielte man die Turniere zeitweise sogar simultan auf zwei Plätzen. Während des Ersten Weltkrieges ruhte der Sportbetrieb bis 1921. Aufgrund der Wirtschaftskrise wurde der Polosport in den 1930er-Jahren wieder aufgegeben. Das letzte große Ereignis war die Teilnahme einer Hamburger Mannschaft bei den Olympischen Spielen 1936 in Berlin. Erst 1955 wurde der Club reaktiviert und ab 1959 fanden der Champion Cup (gestiftet 1909), der Berlin Pokal (gestiftet 1910) und Bremer Pokal (gestiftet 1928) regelmäßig statt.

Im Vergleich mit den großen Polonationen wie Argentinien, Großbritannien und den USA ist Polo hierzulande dennoch eine relativ kleine Szene geblieben. „In Deutschland gibt es derzeit etwa 350 aktive und organisierte Po-

lospieler", erzählt Tomas Winter. „Zum Vergleich sind das 3.000 in England und in Argentinien über 5.000." „In Deutschland emanzipiert sich der Sport mehr und mehr von seinem Nischendasein", sind sich Kirsch und Winter einig.

Hamburg wurde in den 1980er-Jahren die nationale Hochburg des Polosports. Der Deutsche Poloverband (DPV) war zuvor zur Olympiade 1972 anlässlich des internationalen Olympia-Rahmen-Turniers in München gegründet worden. Seit 1979 wird fast jährlich der Goldpokal des Deutschen Poloverbandes, der auch seinen Sitz auf der Anlage des Clubs hat, in Hamburg gespielt. Gegenwärtig gehören ihm 27 deutsche Poloclubs mit rund 270 aktiven und zu Turnieren zugelassenen Mitgliedern an. Zu den Aufgaben des DPV zählen die Förderung des Polosports im Allgemeinen sowie die Anerkennung und Verbreitung auf Basis des Regelwerks. Ferner vertritt der Verband die Interessen seiner Mitglieder und überwacht die Durchführung des Sports nach den geltenden Regeln des DPV und regelt alle Bereiche nationaler und internationaler Spielbegegnungen.

„Polo ist ein Spiel für Techniker, Taktiker und Kämpfer", erklärt Thomas Winter. „Wer den Spielverlauf nicht intuitiv erahnt und kein Auge für besser stehende Teamkollegen hat, wird es nicht einmal zum durchschnittlichen Spieler bringen", führt Christopher Kirsch fort. Jeder der vier Spieler einer Mannschaft hat eine fest umrissene taktische Aufgabe, ähnlich wie auch beim Fußball, wobei jeder Spieler nach dem Prinzip der Manndeckung einen direkten Gegenspieler hat. Die Spielerposition baut, wie die Glieder einer Kette, auf der anderen auf. Der Spieler mit der Nummer 4 – auch back genannt – ist der Verteidiger und deckt die gegnerische Nr. 1. Er versucht unter anderem, seinen Gegner abzureiten. Abreiten im Polo, auch Push genannt, ist das Abdrängen mittels des eigenen Körpers oder dem des Pferdes von der Balllinie (wie im Eishockey „gecheckt"). Sobald ein Spieler den Ball nach vorne verloren hat, reiht er sich in einem Rotationsprinzip wieder weiter hinten in die Linie ein. „Eine optimale Teamleistung ergibt sich vor allem aus dem guten Zusammenspiel – und last but not least – dem optimal trainierten Polopony. Im Sturm können Geschwindigkeiten über 60 km/h erreicht werden", berichtet Thomas Winter.

Das Regelwerk im Polo ist über 100 Seiten stark und dementsprechend komplex. Die wichtigste Regel im Polosport ist das sogenannte Wegerecht bzw. die „Line of the Ball" und das sich daran orientierende Wegerecht „right of way". Dieses Recht besagt, dass derjenige Spieler, der sich mit dem geringsten Winkel, offside schlagfertig und in Flugrichtung des Balles reitend an der Ballinie befindet, weder von hinten noch von vorne behindert werden darf. Sobald dieser seinem geschlagenen Ball auf gerader Linie folgt oder als Erster auf die Linie des rollenden oder fliegenden Balles einschwenkt, darf er nicht von einem anderen Spieler gekreuzt werden. Das wohl häufigste Foul im Polosport besteht in der Wegerechtsverletzung (Crossing the line of the ball). Dabei geht es vor allem um die Sicherheit der Spieler und der Pferde. Er darf nur seitlich „abgeritten" oder aber mit dem Stock beim Schlag behindert („Hooking") werden. Es darf keinesfalls mit Ellenbogentechnik gearbeitet werden und auch ein „Sandwich" ist verboten, das ist das In-die-Zange-Nehmen eines Spielers durch zwei Spieler der gegnerischen Mannschaft.

Im Falle eines Foulspieles darf die behinderte Mannschaft am Ort des Geschehens („From the Spot") einen Strafstoß ausführen. Ähnlich wie im Fußball oder im Eishockey kann ein strafbarer Spieler verwarnt oder zum Chukker-Ende oder gar vom ganzen Spiel ausgeschlossen werden.

13.22 Uhr BUENOS AIRES (Argentinien)
„1928" Campo Argentino de Polo

In Argentinien wurde Polo 1877 durch den Engländer David Shennan auf dessen Farm in der Provinz Buenos Aires eingeführt. 1894 zählte man bereits 21 argentinische Poloclubs.

Während Europa im 20. Jahrhundert während der Weltkriege Polo aus den Augen verlor und an anderen Fronten kämpfte, holten die Südamerikaner in Know-how und Technik auf und sind heute die unbestrittenen Stars der Polowelt. Bis in die 1950er-Jahre spielten die US-Amerikaner eine führende Rolle im Polo, wurden dann jedoch durch die Südamerikaner abgelöst. „Seit 80 Jahren dominieren argentinische Teams den Polosport und die talentiertesten Spieler der Welt stammen heute aus Argentinien", so Kirsch.

Ausdruck der Dominanz der Argentinier im weltweiten Polo ist das Campo Argentino de Polo, umgangssprachlich von den Fans und Spielern auch „La Catedral del Polo" (Polokathedrale) genannt, ein Stadion im Stadtteil Palermo in Buenos Aires an der Libertador Avenue. Gegenüber liegt die Pferderennbahn von Buenos Aires, das Hipódromo Argentino de Palermo. Das Stadion wurde 1928 eröffnet und besteht aus zwei Plätzen, den Canchas, auf deren Tribünen jeweils bis 15.000 Zuschauer Platz finden. Jährlich finden dort im März und April das Poloturnier Copa República Argentina und im November

und Dezember die Offene Argentinische Polomeisterschaft statt. „Es ist nach dem Berliner Maifeld die zweitgrößte Poloarena der Welt mit Zuschauerzahlen bis zu 20.000 Leuten und das höchste Ziel eines jeden Polospielers, dort einmal zu reiten", erzählt Thomas Winter. Zahlen, die man eigentlich nur vom Fußball kennt.

Die Tortugas Open, die Hurlingham Open und die Argentine (Palermo) Open, auch als die drei Turniere der Argentine Triple Crown bekannt, sind die einzigen Turniere weltweit, die es den Spitzenteams mit einem Handicap von bis zu +40 erlauben, sich auf einer Ebene miteinander zu messen. „Die Leistungslücke ist eklatant", bringt es Thomas Winter auf den Punkt. „Es gibt im Polo Argentinien und dann den Rest der Welt."

So wie der moderne Polo aus einer Mixtur unterschiedlicher Völker und Kulturen sich entwickelt hat, was sich in der Evolution des Poloponys ausdrückt, ist auch die Reitweise recht unterschiedlich zu klassischen Reitweisen wie der traditionell englischen oder der Westernreitweise. Polospieler nehmen eher eine Stuhlsitzhaltung ein, die Steigbügelriemen werden eher kurz geschnallt. Der Spieler dreht sich beim Schlag zum Ball, steht aber nicht klassisch in den Steigbügeln, sondern dreht sich im Sattel. „Wobei Knieschluss gefragt ist", erläutert Christopher Kirsch. Entweder schlägt der Spieler den Ball in der Position des Halbsitzens (half-seat) oder aber sitzend im vorderen Teil des Sattels. Wichtig ist die Drehung zum Ball, die man bei allen Top-Spielern sieht, womit der nötige Schwung zum Abschlag geholt wird. Vorwärts getrieben wird das Pferd mit Schenkeln, Oberkörper und Zügeln. Um dem Pferd ein Vorwärts zu signalisieren, werden die Unterschenkel je nach gewünschter Intensität mehr oder weniger weit zurückgelegt, der Oberkörper bzw. der Körperschwerpunkt nach vorne verlagert und die zügelführende Hand dem Mähnenkamm entlang ebenfalls mehr oder weniger weit nach vorne geführt. Zum Durchparieren verlagert man den Oberkörper nach hinten, setzt sich fest in den Sattel und schiebt die Unterschenkel nach vorne. Automatisch geht auch die Zügelhand leicht nach. Nur bei raschem „Positions-Stoppen" werden die Zügel energisch aufgenommen.

Zum Handwechsel im Galopp wird zuerst der Oberkörper in die neue Richtung gedreht, die Zügelhand leicht nach oben geführt und das Gewicht nach hinten verlagert, sodass das Pferd die Vorderbeine zum Handwechsel entlasten kann. Zusätzlich unterstützt ein leichter Druck des Außenschenkels den Handwechsel.

In Deutschland gibt es nur ganz wenige Poloschulen, die sich etabliert haben. Da sind die Win-Poloschule von

Thomas Winter und die Polo Academy von Christopher Kirsch. 2003 erwarb Thomas Winter in England den höchsten Ausbilderstatus des Polosports, den HPA Qualified Coach Standard des englischen Poloverbandes. Aufgrund seiner noch zusätzlichen Qualifikation als Schiedsrichter „Grade A" ist er auch als Schiedsrichter auf dem Poloplatz gefragt. 2005 erreichte Christopher Kirsch ebenfalls den Grade 1 der Hurlingham Polo Association. Beide sind damit befugt, Spieler auszubilden.

„Polounterricht mit geliehenen Pferden und unter professioneller Anleitung wird in Deutschland zunehmend salonfähig", können beide übereinstimmend berichten, während sie gerade an einem Mate-Tee schlürfen. „Es gibt Quereinsteiger aus den klassischen Reitsportdisziplinen, aber auch komplette Neuanfänger", so die Coachs.

Das Aufgussgetränk Mate, das gerade unter uns herumgereicht wird, ist das herbe, teilweise recht bittere aber anregend wirkende argentinische Nationalgetränk, dass meist mit viel Zucker gesüßt getrunken wird. „Mate wird auch in der Poloszene der Turniere sehr gerne getrunken", erzählen die beiden Top-Polospieler. Mate-trinken ist ein sozialer Akt und eine Zeremonie, denn das Getränk wird zusammen mit mehreren Personen aus nur einem Gefäß getrunken.

14.00 Uhr BERLIN-MAIFELD,
„7. August 1936" letzte olympische Spiele

Polo war 1900, 1908, 1920, 1924 und 1936 olympische Disziplin. Die ersten drei Turniere gewann jeweils eine britische Mannschaft, die letzten beiden eine argentinische. Bei den XI. Olympischen Sommerspielen 1936 in Berlin wurde ein Wettbewerb im Polo ausgetragen mit 135.284 Zuschauern. Das Berliner Maifeld wird bei Weitem nicht mehr in den damaligen Dimensionen im Polo genutzt, gilt aber nach wie vor als größtes Polostadion der Welt. 1936 war Polo zum letzten Mal olympisch. Gespielt wurde nach den Regeln des Hurlingham Polo Club. Gespielt wurden damals sieben Chukkers zu je 8 Minuten, mit einem Seitenwechsel nach jedem Tor. Am Polo-Turnier der Männer nahmen insgesamt 21 Sportler aus fünf Ländern teil. Deutschland war durch den noch einzigen existierenden Verein, den 1896 gegründeten Hamburger Polo Club, vertreten.

Am 7. August um 14.00 Uhr spielten im Finale Argentinien und das Vereinigte Königreich gegeneinander. Argentinien gewann 11:0 und errang somit die Goldmedaille. Silber ging an das Vereinigte Königreich, Bronze an Mexiko. Auf den weiteren Plätzen folgten Ungarn und Deutschland.

Ein standardisiertes Polospielfeld ist ungefähr siebenmal so groß wie ein Fußballplatz, 300 Yards (274 Meter, ohne Safety-Zonen) lang und 200 Yards (ca. 182 m) breit, das Tor ist 8 Yards (ca. 7,20 m) breit. Als Spielmarkierung wird das Feld mit insgesamt sieben gedanklichen Linien (jeweils eine 60-Yards-, 40-Yards- und 30-Yards-Linie in jeder Spielfeldhälfte und die Mittelfeldlinie) und Distanzzeichen unterteilt, deren Anfang- und Endpunkte an den gegenüberliegenden Boards gekennzeichnet sind. Die Begrenzung eines normalen Spielfeldes besteht an den langen Seiten aus den 30 cm hohen, meist hölzernen, Planken (boards). Die Spielfeldbegrenzungen dürfen von den Pferden auch großzügig übertreten werden.

Polo auf Schnee wird immer auf kleineren Feldern ausgetragen, da die physische Belastung des meist auch in höheren Lagen gespielten Winterpolos für die Pferde noch anspruchsvoller ist als beim Sommerpolo auf Gras.

Das nach oben offene und mit 3 Meter hohen konischen, meist umflochtenen Weidenrohrpfosten (die aus Sicherheitsgründen nicht fest im Boden verankert sind und auch umfallen können) markierte Tor hat eine Breite von 8 Yards (7,20 m). Zwei Torrichter, je mittig hinter den Toren platziert, zeigen mit einer geschwenkten Fahne an, ob der Ball ins Tor oder daneben gegangen ist. Fahne oben geschwenkt bedeutet „Tor", Fahne unten geschwenkt bedeutet „außerhalb des Tores und Spielfeldes". Als Torerfolg einer Mannschaft wird jeder Ball gerechnet, der zwischen den gedachten Verlängerungslinien der Pfosten – egal in welcher Höhe – von einem Spieler hindurch geschlagen wird.

„1968": Zwischen Dar-es-salam/Tansania und Hamburg

Irgendwie wurde es den beiden in die Wiege gelegt. Es muss eine günstige Sternenkonstellation gewesen sein, denn die beiden erfolgreichen Polospieler sind beide im selben Jahr geboren, wenn auch auf zwei verschiedenen Kontinenten. Doch alle Wege führten nach Hamburg, die Hansestadt erwies sich hier als Hotspot. „Ich bin 1977 hierher gekommen", erinnert sich Thomas Winter, der in Dar-es-Salaam am 21. Dezember 1968 geboren wurde, „geritten bin ich schon in Afrika und angefangen zu spielen in Sambia. Schon in Tansania hatte meine Mutter eine Reitschule. Erst 16-jährig durfte man damals in Hamburg die ersten Turniere spielen." Ähnlich auch bei Christopher Kirsch, einem gebürtigen Hamburger (geb. 14. Juni 1968): „Ich spiele Polo seit meinem 17. Lebensjahr. Beide Väter, begeisterte Polospieler (Klaus Winter mit einem Handicap von +2 und Dietmar Kirsch mit einem Handicap von +1) haben ihre Söhne erfolgreich auf den Weg geschickt.

Thomas Winter ist Gewinner zahlreicher deutscher Polo-meisterschaften im Low Goal, Medium Goal und High Goal, der höchsten Spielklasse, in den Jahren 1989, 1994, 1997 sowie 2000 und wurde 2007 mit seine beiden Brüdern und Christian Badenhop Vizemeister der Deutschen High-Goal-Meisterschaft vor heimischem Publikum in Hamburg. Seit 2001 spielt Thomas mit dem höchsten deutschen Handicap +5 nicht nur erfolgreich in Europa, sondern auch auf internationalen Turnieren in Ländern wie Argentinien, Mexiko, USA oder Thailand und kann auch auf Meisterschaften und Qualifikationsspiele für die Weltmeisterschaft und nicht zuletzt auf einen Vize-Europameistertitel zurückblicken. „Das war 1992 für mich ein echtes Highlight, das war das erste und letzte Mal, das Deutschland Zweiter wurde. Und das ist auch mein Traum: eine WM-Qualifikation 2014!", so Thomas Winter.

Christopher Kirsch nimmt, seit er 18 ist, regelmäßig an den deutschen Meisterschaften in allen drei Spielklassen (Low Goal, Medium Goal, High Goal) teil. Er zog dabei auch in die Finale ein und errang mehrere Meistertitel. Außer in Deutschland spielte er auch in England und in Argentinien. 1998 gelang ihm der erste Sieg für das „Team Rolex" beim Centenial Cup – 100 Jahre Hamburger Polo Club, dem zu dieser Zeit höchstdotierten Turnier in Deutschland. 2008 vertrat er als Mannschaftskapitän Deutschland bei der Europameisterschaft, wo das Team den 5. Platz errang. „Ich habe schon alles gespielt, was mich interessiert", so Kirsch. „Ich finde den Sport so gut, wie er ist. Hoffentlich bleibt es so schön."

15.00 Uhr HAMBURG-OSDORF
„2002" Hamburger Pologestüt und Win-Poloschule

Nach dem Abitur in Hamburg begann Thomas eine Lehre zum Energieanlagenelektroniker, um anschließend das Studium zum Diplom-Kaufmann anzutreten, welches er 1998 erfolgreich abschloss. Nach weiteren vier Jahren der Projektentwicklung bei DWI, startete Winter 2002 als

Betriebsleiter des Hamburger Pologestüts in Hamburg-Osdorf. Thomas Mutter Lena organisierte wie schon damals in Afrika den Ablauf rund um die Polopferde der WIN-Poloschule.

Thomas Winter war vier Jahre lang als Beirat des Landesverbandes der Reit- und Fahrvereine e.V. tätig und ist Mitglied als Züchter beim Pferdestammbuch Schleswig-Holstein und Hamburg e.V., bei dem die Zucht des Deutschen Polopferdes geführt wird. Das Pologestüt ist die einzige Einrichtung ihrer Art und anerkannter Polozucht und Pensionsbetrieb der FN. Darauf legt Thomas Winter auch Wert. „Wir haben uns gedacht, wenn wir so einen Stall betreiben, dann machen wir es richtig, vor allem was die artgerechte Haltung anbelangt." Derzeit sind 110 Pferde auf rund 50 Hektar des Hamburger Pologestüts in Hamburg-Osdorf untergebracht.

Auch wenn die Regeln es zulassen, Polo auf jedem beliebigen Pferd zu spielen, kommen doch zumeist speziell gezüchtete Poloponys zum Einsatz, die überwiegend aus Argentinien stammen. „Es ist schlichtweg zu teuer geworden, Poloponys nach Europa zu fliegen, von daher ist die heimische Zucht durchaus interessant", weiß Winter: „In der vierjährigen Aufzuchtphase kostet ein Polopferd rund 5.000 Euro, und damit muss es noch nicht erfolgreich sein." Die Bedeckungszahlen sind überschaubar, gedeckt wird im Natursprung, es gibt jährlich fünf bis sechs Fohlen.

Seit den 1930er-Jahren ist Argentinien nicht nur aufgrund der Spieler, sondern auch von der Pferdezucht her das führende Land im Polosport. Zur Arbeit auf den großen Rinderfarmen gab es genügend der harten und wendigen Criollos und Petizos-Abkömmlinge der Berber- und Araber-Pferde, welche die Spanier im 16. Jahrhundert in ihre neuen Kolonien mitgebracht hatten. Durch eine Kreuzung der südamerikanischen Rassen mit englischen Vollblütern wurde eine Pferderasse gezüchtet, die sich als am besten für den Polosport geeignet erwies und noch heute als das ideale Polopferd gilt. Der englische Vollbluthengst „Rosewater" und seine Söhne wurden zu den Stammvätern des heutigen Polopferdes. Auch Quarter Horses und Araber wurden eingekreuzt.

Weitere Attribute des idealen Poloponys (Stockmaß 155–160 cm, die AACCP, der argentinische Verband der Züchter von Polopferden, definiert als Stockmaß des „Polo Argentino" seit 1984 156 cm, das eigentlich per Definition kein Pony ist) sind Nervenstärke, hohes Beschleunigungsvermögen und Mut. Zum größten Teil werden Stuten zum Polospielen verwendet, da diese oft über mehr Kampfgeist verfügen. Somit entstand die Rasse Polo Argentino. 1984 wurde die Argentine Association of Polo Pony Breeders (AACCP) gegründet. Die Rasse hat ein offenes Stutbuch. Weltweit gibt es 24.000 registrierte Zuchtstuten und 7.700 Zuchthengste. Auch werden ehemalige Rennpferde zu Polopferden umgeschult und in Spielen verwendet oder es wird mit ihnen gezüchtet. Züchterisch ist man bei Polo-Argentino weltweit von allen Pferdezuchten überhaupt am weitesten, zum Beispiel durch Embryonentransfer und in der Klonierung.

15.30 Uhr GUT ASPERN „2005" Polo Academy und Club Schleswig-Holstein e.V.

Christopher Kirsch absolvierte zunächst eine Banklehre und studierte anschließend Volkswirtschaft. 2001 gründete er die Pegasus Event Marketing, einen erfolgreichen Veranstalter von Poloturnieren in Deutschland.

Nach vielen Jahren unterschiedlicher landwirtschaftlicher Nutzung hielt mit dem Erwerb durch die Familie Kirsch im Jahre 2005 der Polosport Einzug auf Gut Aspern. Gut Aspern in Groß Offenseth-Aspern bei Hamburg ist ein Gutshof, welcher bereits seit Ende des 16. Jahrhunderts erwähnt wurde, die jetzigen Gebäude entstanden zu Ende des 19. Jahrhunderts. Nach umfangreichen Renovierungen und Umbauten verwandelte sich der Gutshof in ein zeitgemäßes Zentrum des Pferdesports in Deutschland mit zwei Full Size Turnier Polofeldern. Gut

Aspern ist heute der Sitz des schleswig-holsteinischen Poloclubs und der Polo Academy.

Entgegen der Namensgebung stammt übrigens das kurzärmelige Polohemd – eine Erfindung der französischen Tennislegende René Lacoste – nicht aus dem Polosport, sondern aus dem Tennis und wurde erst nach 1933 sukzessive von anderen Sportarten wie dem Polo übernommen.

Da der Polospieler ständig in Bewegung ist und sich zum Schlagen sehr weit aus dem Sattel herauslehnt, wird im Polo auf Sätteln ohne Kniepauschen geritten. Der Sitz ist häufig aus Rauleder. Traditionelle Sättel haben statt den Sattelgurtschnallen einen langen Lederriemen, der öfters durch einen großen Ring gewickelt wird und so den Bauchgurt spannt. Zusätzlich haben Sättel beim Polosport zur doppelten Absicherung noch einen eigenen Sicherheitsgurt, der ähnlich wie beim Rennsattel über den Sattel verläuft, falls sich während des Spiels der Sattel lockert oder gar löst. Die Sättel werden meist aus Argentinien importiert. Dort gibt es etliche Hersteller, die spezielle Polosättel entwickeln und fertigen.

Beim Polo wird mit einer zweifachen Zügelführung geritten. An Gebissen werden Pelham, Trensen oder argentinische Spezialgebisse verwendet. Das Gebiss der Zäumung ist oft scharf, um die Kontrolle bei höheren Geschwindigkeiten unbedingt zu behalten. Es wird durchgehend mit Doppelzügel geritten und oft mit Vorderzeug. Hilfszügel werden beim Polosport häufig verwendet. Wie bei anderen Pferdesportarten auch werden Bandagen, Gamaschen, Springglocken und sonstige Hilfsmittel zum Schutz der Pferdebeine verwendet. Im Unterschied zu anderen Pferdesportarten werden aber oft auch die Pferdebeine bandagiert und darüber Gamaschen angelegt. Der Spieler trägt vorgeschrieben einen Helm. Polohelme fallen breiter aus als klassische Reithelme, das hat aber rein ästhetische Gründe, weil der Polohelm seine Wurzeln in den Tropenhelmen der Kolonialzeit hat. Ein weiteres wichtiges Accessoire sind lederne Knieschoner. Nicht Pflicht, aber unbedingt empfehlenswert ist das „Face Guard", der fest am Helm montierte Gesichtsschutz. Wen schon einmal ein Poloball getroffen hat, weiß, welche Kraft und Wucht ein gut geschlagener Ball entwickeln kann.

16.00 Uhr Unser Asado an einem Sonntag im Jahr „2013"

Endlich geht s an die Wurst. Bereits am frühen Nachmittag laufen die akribischen Vorbereitungen zu unserem Asado schon auf Hochtouren. Polo und die Rinderzucht haben eine Gemeinsamkeit: man benötigt sehr viel Platz. Daher ist diese Sportart kulinarisch eng verbunden mit Asado. „Die Argentinier haben hier ein Stück Lebenskultur eingebracht", erzählt Thomas Winter, und dazu gehört auch ein Asado. „Keine Frage, das ist ein wichtiges soziales und schönes Ereignis", fügt Christopher Kirsch hinzu. Asado ist spanisch und heißt wortwörtlich eigentlich gegrilltes Fleisch oder Braten. Auch wenn Asado – auch parrillada genannt, nur für „Grillen" steht, ist es doch viel mehr. Wer nicht zu Hause grillt, geht in Argentinien in eines der vielen „Parillas", die Grillrestaurants.

Die Bezeichnung Asado wird heute für das Grillereignis allgemein gebraucht und ist wahrscheinlich der größtmögliche Gegensatz zur Fast-Food Kultur. Das Asado ist ein in der argentinischen Kultur fest verankertes gesellschaftliches Ereignis. Höhepunkt eines jeden Asado ist dann das fertig servierte Steak, nicht umsonst kommen die besten Rindersteaks aus Argentinien oder Uruguay.

Asado ist in erster Linie ein gemütliches Treffen mit Familie, Freunden und Bekannten. Der Unterschied zum Grillen in Deutschland besteht darin, dass beim Asado große Fleischportionen langsam gegart werden und erst abends, nach mehreren Stunden – gegessen wird. Pro erwachsene Person geht man von 500 bis 750 Gramm Fleisch mit Knochen, 400 Gramm ohne Knochen aus. Man geht also das Asado mit viel mehr Ruhe und Gelassenheit an als beim hektischen Grillen. Geduld ist das Wichtigste beim Asado, und da ist die Verbindung zu den Pferdemenschen. „Du musst immer mehr Zeit haben als dein Pferd!" Wenn es einen Reiter an Geduld mangelt, wird mit großer Wahrscheinlichkeit sein Pferd darunter zu leiden haben.

16.30 Uhr La Parilla

Womöglich hatten die Gauchos unterwegs nur irgendwo einige zusammengesammelte Stöcke aus Holz zur Verfügung und platzierten ihre Grillstücke auf in den Boden getriebenen Spießen neben dem Feuer, nachdem sie abends bei der Herde ein Stück Vieh geschlachtet hatten. Die Suche nach der geeigneten Grillunterlage ist erhalten geblieben und hat bis in die heutigen Tage durchaus schon etwas Religiöses. Auf dem Land und vor allem in Patagonien, wo hauptsächlich Schafe langsam über Lagerfeuer gegart werden, trifft man oft die traditionelle Parrilla in Form eines aufgerichteten Eisenkreuzes an, dem sogenannten Asado-Kreuz. In großer familiärer Runde wird in Ruhe und mit viel Zeit das Fleisch auf dem stationären, für deutsche Verhältnisse riesigen Grill gegart.

Es werden aber auch durchaus aus Alteisenstücken Grillroste gebastelt und das Fleisch darauf gebraten. Bauarbeiter und Handwerker grillen in Argentinien auf primitiven, aber wirkungsvoll improvisierten Grills zur Mittagszeit ihre Steaks. Diese meist im Rinnstein stattfindende Grillkultur gehört in Buenos Aires zum Straßenbild.

Grillen ist eine der ältesten Methoden der Nahrungszubereitung Das beweisen versteinerte Fleischreste, die Forscher in der Holzkohle alter Feuerstellen entdeckten. Außer Bisons standen damals Elche und Nashörner auf dem Speiseplan unserer Vorfahren. Was die Grilltechnik angeht, waren schon unsere Urahnen äußerst erfinderisch: In China und Frankreich entdeckten Forscher heiße Steine – die ältesten Grillstellen der Welt. Bereits zu jener Zeit garten unsere Vorfahren ihr frisch erlegtes Jagdgut über dem offenen Feuer. Vermutungen gehen zwar dahin, dass auch schon die Ägypter Hyänen und Krokodile als Delikatesse auf einer Art Rost grillten. In Südamerika grillten die Menschen auch bereits sehr früh. Sie tränkten Holzroste mit Wasser und legten diese übers Feuer, um Fleisch darauf zuzubereiten. Bekannter waren jedoch sogenannte Feldöfen: Dazu wurden Erdlöcher ausgehoben, mit Glut gefüllt und das Grillgut darin abgedeckt im Rauch gegart. Erst die Römer verwendeten im 4. Jahrhundert n. Chr. bereits eigens angefertigte Grillroste aus Metall und goutierten die ersten Bratwürste. Sie führten demnach wohl das Grillen in Europa ein. Dass die Benutzung eines Rosts in Europa stellvertretend für das Grillen angesehen wird, davon zeugt schon der Name selbst. Das Wort Grill (englisch: grill, französisch: gril) leitet sich nämlich vom lateinischen craticulum ab, was so viel wie „Flechtwerk, kleiner Rost" bedeutet. Auch im Französischen steht der Ausdruck grillage noch für ein Gitterwerk oder Drahtnetz.

Die ersten amerikanischen Siedler grillten ganze Bisons, wodurch sich auch der Mythos entwickelte, das Wort „Barbecue" leite sich von „barbe a queue" ab, französisch für „Vom Bart bis zum Schwanz". Um die 1950er-Jahre herum erlebte das Grillen in den USA in der Zeit nach der großen Depression einen Boom. Plötzlich verband man damit Werte wie Freiheit und den Pioniergeist der Gründertage. 1951 wurde der Kugelgrill erfunden und damit die indirekte Grillmethode, bei der das Fleisch in einem geschlossenen Grill langsam gar wird. Obwohl 1450 die Thüringer Rostbratwurst in Deutschland kreiert wurde, hielt sich die Begeisterung fürs Grillen jedoch hierzulande in Grenzen. Erst mit dem wirtschaftlichen Aufschwung nach dem Zweiten Weltkrieg schwappte die Kunst des Grillens auch nach Deutschland.

17.00 Uhr La Fuego

Ein Feuerchen wird entfacht, Holzkohle auf- und umgeschichtet, Wein getrunken, die Windstärke geprüft. Die Gäste kommen in zwei, drei oder, wenn es Argentinier sind, vielleicht erst in vier Stunden. Ist die Glut nicht richtig, wird aus dem Asado nichts Gutes. Entweder das Fleisch verbrennt an den Enden oder es wird nicht heiß genug. Richtig ist die Glut, wenn sich auf der Holzkohle eine grau-weiße Schicht aus Asche gebildet hat. Wichtig dabei: Das Fleisch gart nicht in den Flammen oder im Rauch, sondern in der Strahlungshitze.

Klassische Fleischsorten auf dem Asado sind Matambre, Tira de Asado, Bife de chorizo, Colita de quadril und Lomo

Grundlage eines gelungenen Asados ist ein nicht zu kleines Feuer aus trockenem Hartholz oder Holzkohle, die einzelnen Scheite sollten schon gut armdick sein – und vor allem keine chemischen Brandbeschleuniger und Anzünder. Der umsichtige Grillmeister macht so viel Glut, dass ein Quantum davon in einer Ecke der Parrilla als Reserve liegen bleibt. Die Dosierung der Hitze ist eine der wichtigsten Aufgaben des Grillmeisters.

20.00 Uhr Un Aplauso pal Asador

Die Gäste kommen in Fahrt, die Sonne scheint gewaltig, Wein, Bier und Fleisch erhitzen Körper und Gemüter, auch weil Sonntag ist. Es wird diskutiert über Politik, Fußball, die Krise, glanzvolle Turniere irgendwo in der Welt und wann Polo wieder olympisch wird und vieles mehr. Heutzutage kommt in der argentinischen Küche fast alles vom Tier auf den Grill, was verwertet werden kann. Verschiedene Fleischsorten und Innereien, meist vom Rind, in einigen Regionen auch von Schaf, Ziege, Schwein, Lama und Geflügel, auf einem Holzkohle- oder Holzgrill werden dazu horizontal gegart.

Leiter dieses Rituals ist der Asador, der Grillmeister, und der steht in der Verantwortung. Denn es kann einiges schiefgehen: Die Gäste kommen nicht oder viel später, das Feuer geht aus, die Glut wird nicht richtig, der Rost bricht auseinander, das Fleisch ist zäh, das Bier reicht nicht.

Ein echtes Asado wird mit dem Provoleta-Käse (in Scheiben geschnittener Hartkäse) eingeleitet, den bekommen die Gäste zuerst gereicht. Zuvor gab es bereits ein paar mit Hackfleisch gefüllte Empanadas als Vorspeise. Das Fleisch aus der Flanke, ungefähr 1,5 Kilo schwer – Vacío –, ist die größte Herausforderung für den Grillmeister. „Nun gilt das Motto, lange garen, langsam garen", so Thomas Winter.

Da beim Grillen kein oder kaum Fett hinzugegeben wird und Fett aus dem Grillgut abtropfen kann, sind gegrillte Lebensmittel fettärmer als in der Pfanne gebratene, selbst wenn diese eine strukturierte Oberfläche aufweist. „Wenn man das Fleisch zerschneidet, läuft das Fett schnell raus und es verliert den ganzen Geschmack, und dann hat man ein trockenes Stück Fleisch. Die großen Stücke haben dagegen noch das ursprüngliche Fett und dadurch wird das Fleisch auch gegart. Einfach lecker", schließt Christopher Kirsch. Ein hilfreiches Utensil beim Grillen kann beim selbst gemachten Asado ein Fleischthermometer sein. Damit kann die Kerntemperatur des Fleisches bestimmt werden, bei 56 Grad ist Rindfleisch medium, jenseits der 70 Grad ist es durch.

In den nächsten anderthalb bis zwei Stunden muss der Grillmeister noch vier- bis fünfmal eingreifen – Asado ist also definitiv ein sehr gemächliches Vergnügen. Der Asadero erkundigt sich schließlich bei seinen Gästen, ob sie das Fleisch lieber blutig oder durchgebraten auf dem Holzteller haben wollen. Das Fleisch darf man lediglich ein wenig salzen, das zieht das Fett raus, sonst bleibt es das einzige Gewürz. Es wird auch erst zum Abschluss verwendet, wenn das Fleisch schon mindestens eineinhalb Stunden auf dem Grill liegt. Noch eine gute Viertelstunde und dann ist das Fleisch gar. Zum Asado passt ein guter argentinischer Rotwein, sehr empfehlenswert ist ein Malbec, oder ein helles Bier.

Einmal im Verlauf des Asado wird um Aufmerksamkeit und Ruhe gebeten und um den Applaus für den Asadero. Un Aplauso pal Asador, das gehört zum Ritual.

21.00 Uhr ¡Buen provecho!

Was bei einem guten Asado auf gar keinen Fall fehlen darf, ist die Chimichurri Soße. Diese wird auf das fertige Steak geträufelt oder als Marinade oder Dipp zu knusprigem Brot serviert. In der Regel ist die Soße feurig pikant und macht ein Grillevent erst zu einem richtigen argentinischen Asado. Zu den Hauptzutaten für Chimichurri gehören gehackte Petersilie, getrockneter Thymian und Oregano, Lorbeer, Knoblauch, Ají Molido (getrocknete Paprikaflocken), Zwiebeln, Salz und schwarzer Pfeffer, die in einem Mörser fein zerstoßen werden. Danach werden sie gründlich mit Öl und Essig vermischt, bis sich eine dicke Emulsion bildet, die mindestens zwei Wochen lang in einem klaren Glasgefäß an einem kühlen Ort ziehen sollte. Ansonsten bleibt ein Asado naturgemäß sehr fleischlastig, Dazu gereicht werden grüne Salate mit einem leichten Dressing. Dabei herrscht auch bei den Argentiniern meist eine klassisch-konservative Rollenteilung vor: Während Männer das Fleisch schneiden und grillen, widmen sich Frauen der Zubereitung von Salaten. Ein Flan (Karamell-Creme) zum Dessert bildet den klassischen Abschluss, am liebsten mit viel Dulce de leche, dazu ein Cafecito als Magenschließer. Wenn es dunkel wird, zwischen sieben und acht Uhr, wenn die Flaschen ausgetrunken, die Teller leer gegessen sind, die Glut ausgelöscht ist, verabschieden sich die Gäste und brechen sofort auf. So ausgiebig das Gastmahl, so abrupt das Ende. Ein langer und anstrengender, aber schöner Tag geht zu Ende.

¡Buenas Noches!

Nicolas Hörmann
Deutscher Meister Reining

Sage mir, was du isst, und ich sage dir, was du bist. Denn ein echter Cowboy ist, was er isst. Natürlich Rindersteak! Die verhältnismäßig junge Sportart Westernreiten ist im „Wilden Westen" Amerikas entstanden. „Heute eine beliebte Reitdisziplin, ursprünglich Gebrauchsreiterei, die zur Lebensmittelbeschaffung diente", erklärt Nico Hörmann. Doch das war nicht immer so. Einst erstreckten sich über die weiten Gebiete des amerikanischen Westens endlose Prärien. Über dieses Grasland zogen im 16. Jahrhundert schätzungsweise 25 bis 30 Millionen Bisons in Nordamerika. Nach der Besiedlung durch die europäischen Einwanderer Ende des 19. Jahrhunderts waren die Bisons fast ausgerottet, es verblieben weniger als 100.

An ihrer Stelle folgten die Rancher mit Fleischrindern als Nahrungsmittel. Um das Vieh zu beaufsichtigen, auf weiten Wegen betreuen und versorgen zu können, wurde das Pferd als Fortbewegungsmittel unentbehrlich.

Aktuell haben sich die Bison-Bestände in den USA wieder erholt, es hat sich sogar gezeigt, dass Bisons wesentlich besser an das Leben in der Prärie angepasst sind als Hausrinder. So gibt es heute allein im Mittleren Westen der USA wieder über 350.000 Bisons.

Einen Wilden Westen ohne Cowboys kann man sich eigentlich gar nicht vorstellen. Doch mit der Modernisierung und Optimierung der Rinderzucht wurden die Cowboys entbehrlich. Westernreitweise ist der zur sportlichen Disziplin weiterentwickelte Reitstil der amerikanischen Cowboys. Als Arbeitsreitweise ist sie darauf ausgerichtet, dass Pferd und Reiter ganztags im langsameren Tempo kräftesparend unterwegs sein können.

Bei der Western-Disziplin Cutting beispielsweise hat turniermäßig der Reiter 2½ Minuten Zeit, in eine Rinderherde hineinzureiten, sich ein Rind aus-

WESTERN VON GESTERN:
T-Bone-Steak
MIT OFENKARTOFFELN

zusuchen und es dann von der Herde abzuschneiden (englisch to cut). Bei dieser Arbeit gibt der Reiter dem Pferd kaum Hilfen – beim Cutting beweisen die Pferde besonderes Talent, um das Rind am Zurücklaufen zur Herde zu hindern, indem sie den Weg versperren. Bei Pferden, die für das Cutting besonders geeignet sind, spricht man daher auch vom sogenannten „Cow Sense" – also dem Instinkt, ein Rind zu erkennen und „lesen" zu können: Das Pferd muss intuitiv ahnen, was das Rind tun wird, um jederzeit im Vorteil zu bleiben. Jeder Reiter muss in der vorgeschriebenen Zeit mindestens zwei Rinder arbeiten. „Allerdings verlieren die Rinder mit der Zeit den natürlichen Respekt vor dem Pferd, sodass zum Training die Rinder immer wieder ausgetauscht werden müssen", sagt Hörmann.

In Deutschland ist „echtes" Cutting kaum möglich aufgrund der Haltungs- und auch Tierschutzbedingungen. „Zudem sind die Rinder in Deutschland nicht mehr ‚wild' genug bzw. schon zu domestiziert", erzählt Hörmann, der trainingsweise – aber nicht turniermäßig – Cutting schon geritten ist. „Viele Landwirte befürchten zudem, auch dass mit zu viel ‚Cutting' das ganze Fett ihrer Rinder runtergelaufen wird und das Fleisch zu zäh wird", erzählt der Westernreiter schmunzelnd.

Küchentechnisch werden moderne Steaks daher auch „gecuttet": So werden von den T-Bone-Steaks die Fettränder bis auf etwa 5 mm mit einem scharfen Messer entfernt. Manche schneiden vor der Zubereitung die Fettränder im Abstand von 1 cm ein. Und schon sind wir beim Rezept ...

Das T-Bone-Steak mit Filet und Knochen wird aus dem flachen Roastbeef geschnitten und stammt aus der Rinderlende. Die Lende ist fast immer marmoriert, daher kommt auch ihre hervorragende Geschmacksqualität. Beim T-Bone-Steak werden der Knochen, das flache Roastbeef und das Filet in etwa 4 cm dicke und 600 bis 700 g schwere Scheiben geschnitten. Der Name „T-Bone-Steak" rührt von der englischen Bezeichnung des T-förmigen Knochens. Im deutschen Raum löst man Filet und Lende meistens vom Knochen ab. Das Roastbeef wird dann in Scheiben geschnitten als Rumpsteak verwendet. Bevor es jedoch an das Braten der Steaks geht, sind die Ofenkartoffeln dran. Den Backofen auf 220 °C vorheizen. Die möglichst großen Kartoffeln unter fließendem Wasser gründlich abbürsten, gründlich waschen, dann trocken tupfen. Mit einer Gabel kann man rund herum kleine Löcher in die Kartoffeln stechen. Vier große Stücke Alufolie in der Mitte mit Öl bestreichen, Kartoffeln salzen, mit einem Rosmarinzweig belegen und einzeln in

Alufolie einwickeln. Auf einem Ofengitter (mittlere Schiene) im vorgeheizten Backofen bei 200 °C Ober- und Unterhitze etwa 30 bis 50 Minuten garen. Dann die Ofentemperatur auf 100 °C reduzieren.

Zwischendurch kann die Kräuterbutter zubereitet werden. Dazu Butter bei Zimmertemperatur weich werden lassen. Knoblauchzehen fein hacken oder pressen und mit einem Messer auf Salz zerdrücken. Knoblauch mit der Butter vermengen, es können auch weitere – am besten immer frische – gehackte Kräuter (Schnittlauch, Petersilie, Dill, Kerbel, Bärlauch, Safran, Thymian oder Salbei) hinzugefügt werden. Frische Kräuter werden am schonendsten mit einem speziellen Wiegemesser gehackt. Es gibt auch gute fertige Kräutermischungen.

Nach Geschmack nachsalzen und nach Bedarf pfeffern. Die Butter in Pergamentpapier (Butterbrotpapier) zur Rolle formen und in den Kühlschrank legen. Es ist nicht viel Aufwand, aber selbst gemachte Kräuterbutter ist trotzdem ein Renner auf jeder Grillparty: Die richtige Zutat für jede Lagerfeuerromantik.

Nun werden die T-Bone-Steaks beidseitig mit Salz und Pfeffer aus der Mühle gewürzt. Öl in einer großen, ofenfesten Gusseisenpfanne stark erhitzen. Die Steaks darin von jeder Seite 2 Minuten stark anbraten. Das Fleisch ebenfalls in Alufolie geben und ca. 10 Minuten mit in den Backofen geben. Dadurch wird das Fleisch nicht zäh, sondern schön medium. Vor dem Anrichten alles aus der Alufolie nehmen, die Kartoffeln an der Oberseite mit einem Messer über Kreuz einschneiden. Das Fleisch daneben platzieren und mit je einem Stück Kräuterbutter belegen. Alles heiß servieren. Yummy!

T-BONE-STEAK MIT OFENKARTOFFELN

Zutaten:

4 große festkochende (Back-) Kartoffeln à 250 g
2 T-Bone-Steaks à 600 g
Salz, Pfeffer aus der Mühle
gutes Öl zum Braten
250 g Butter
frische Kräuter nach Wahl
2 Zehen Knoblauch

EXKURS

Ofenkartoffeln sind eine sehr gute Alternative zu fetthaltigeren Kartoffelgerichten wie Bratkartoffeln, Pommes oder Kroketten. Kartoffeln finden seit ehedem Verwendung sowohl als Nahrungs- und Futtermittel. Seit Ende des Zweiten Weltkrieges werden allerdings in Deutschland immer weniger Kartoffeln gegessen, der Verbrauch hat sich seitdem mehr als halbiert. Auch wird heutzutage nicht mehr der Futterkessel angefeuert, um Kartoffeln für die Schweine zu kochen, die in den Jahrhunderten zuvor mit Eicheln aus dem Wald gefüttert wurden. Aber auch die Verfütterung von Kartoffeln in Deutschland in der Landwirtschaft wurde durch die Einführung moderner Futtermittel zwischen 1970 und 1992 bedeutungslos. Ob Kartoffelchips oder Fertig-Rösti – die moderne Nahrungsmittelindustrie versucht heutzutage immer mehr Fertiggerichte aus Kartoffeln auf den Markt zu bringen. Die USA sind heute der fünftgrößte Kartoffelproduzent weltweit (danach kommt Deutschland). Der durchschnittliche Kartoffelverbrauch je Einwohner verringerte sich dennoch in Deutschland von 70 kg im Jahr 2000 auf 57 kg im Jahr 2010.

Auch Kartoffeln im Pferdetrog beschäftigen immer wieder die Gemüter. Was eignet sich in der Pferdefütterung als Beifutter und was nicht? Generell wachsen Kartoffeln nicht an den Bäumen (auch wenn sie Erdäpfel genannt werden) oder auf der Wiese bzw. in der Steppe. Das Pferd hat sich aber in seiner Stammesentwicklung über Jahrmillionen zu einem hoch spezialisierten Steppentier entwickelt. Die Bedürfnisse des Pferdes sind geprägt speziell von diesem Lebensraum. Pferde sind trotz Domestizierung sehr empfindlich und benötigen artgerechtes und qualitativ hochwertiges Futter. Raufutter ist die absolute Futtergrundlage für Pferde.

Sehr schwer arbeitenden Arbeitspferden wie Zugpferden wurden früher insbesondere bei Krankheit oder in einem abgemagerten Futterzustand Kartoffeln als „Dickmacher" gefüttert (Futterempfehlung: bis zu 2 kg gekochte Kartoffeln je 100 kg Körpergewicht). Traditionelle Rezepturen für Schweine und Pferde schwören auf gedämpfte bzw. gekochte Kartoffeln, da die Stärke aufgeschlossen ist und somit besser bekömmlich und verwertbarer als bei rohen Kartoffeln. Alle grünen Teile der Pflanze und auch der Knolle, Keime der Knolle, Kartoffelkraut sowie gekeimte Kartoffeln sind giftig für Mensch und Pferd! Aus diesem Grunde sollte man Kartoffelschalen, grüne Kartoffeln und Kartoffelkeime keinesfalls in der Pferdefütterung verwenden, sie gehören auch nicht auf den Teller.

Heutzutage ist die Verabreichung von gekochten Kartoffeln auf wenige Kilogramm für weniger arbeitende Pferde beschränkt, wenn überhaupt. Kartoffeln stellen einen recht einseitig zusammengesetzten Energielieferanten dar. Werden größere Mengen an Kartoffeln dennoch über einen längeren Zeitraum verfüttert, ist an einen Ausgleich der in der Kartoffel fehlenden Inhaltsstoffe zu denken. Älteren Pferden insbesondere mit Zahnproblemen steht mit der Kartoffel ein eiweißarmes, hoch verdauliches Futter mit einem hohem Vitamin-B und -C-Gehalt zur Verfügung. Kartoffeln als basenbildendes Zusatzfutter kann auch einer Übersäuerung (Azidose) als Krankheiten auslösendem Risikofaktor entgegenwirken. Die Kartoffel kann auch die Hufqualität und das Hufwachstum bei Pferden mit entsprechenden Problemen verbessern, aber andererseits auch Hufrehe begünstigen. Kartoffeln sind und bleiben aber ein sehr spezielles Beifutter, dessen Einsatz gerade bei hoch domestizierten Pferden sehr sparsam oder gar nicht eingesetzt werden sollte (im Zweifelsfall den Fachmann bzw. Futtermeister fragen). Eigentlich gibt es nur eine Wurzel bzw. Knolle, die Pferde fast uneingeschränkt fressen dürfen: Möhren.

Reiten ist Wille ins Weite

Cowboykaffee auf dem offenen Feuer, Bohnen mit Speck oder für jemanden Kartoffeln aus dem Feuer holen … Wer hat nicht die Wildwest-Romantik im Kopf, verbunden mit Erinnerungen aus der Kindheit, inspiriert aus den zahlreichen Karl-May-Romanen oder Bonanza-Filmen. Aus dem Lagerfeuer schmecken Alukartoffeln am besser", weiß Nico Hörmann. „Auch wenn sie manchmal ganz schön schwarz werden, wenn man nicht aufpasst."
Ein Lagerfeuer bildet grundsätzlich einen abendlichen Treffpunkt und ist ein soziales Ereignis, gleichermaßen bei den Pfadfindern, in einem Zeltlager, als Osterfeuer – oder eben bei den Cowboys. Jedes Lagerfeuer ist so individuell wie die Natur selbst. Kaum eine „kulinarische Zusammenkunft" ist so romantisch und archaisch wie ein abendliches Lagerfeuer in geselliger Runde mit Abenteuergeschichten.
Dieser Lifestyle ist durchaus typisch für Westernreiter. „Distanzreiter sind noch mehr Camper, mehr Einzel-

Nico Hörmann, Deutscher Meister im Reining (2010)

kämpfer als die Westernreiter bringt es Nico Hörmann auf den Punkt, der beide Spezialdisziplinen im deutschen Spitzensport koordiniert. Lagerfeuer – einst typisch auf langen Wanderungen und weiten Reisen zu Pferd – sind heutzutage auf Veranstaltungen eher die Ausnahme. Doch gegrillt wird bei diesen Reitsportdisziplinen immer noch sehr gerne. Und Geselligkeit wird hier großgeschrieben. Es zählt das Gemeinschaftsgefühl rund ums Pferd und die Reiterei.
Bei aller Lagerfeuerromantik soll man nicht die Realität verklären. Denn die Arbeit war für den Cowboy hart und oft alles andere als romantisch, sondern existenziell. Ob bei der Kavallerie und beim Job in der Prärie, ein gutes Pferd erleichterte dem Reiter seine harte Arbeit. Der Cowboy stellte dafür besondere Anforderungen an sein Pferd. Die Reitweise musste zweckdienlich sein. Für die tägliche Arbeit an den Rindern war das Pferd als Arbeitskamerad lebenswichtig: Nervenstärke, Trittsicherheit im Gelände sowie Schnelligkeit bzw. gutes Sprintvermögen, um mit einem davonstürmenden Rind Schritt halten zu

können, waren Eigen-
schaften, die ein Cowboy
von seinem Partner Pferd
erwartet. In heiklen Situa-
tionen musste es ruhig
bleiben, also war ein aus-
gewogenes Temperament
gewünscht. Viele dieser
ursprünglichen Bewer-
tungskriterien für ein
gutes Ranchpferd werden
auch heute noch in der
Westernpferdezucht und
im Westernreitsport be-
rücksichtigt.

Aus dem Ursprung der
Westernreiterei ergibt sich
daher auch das Ausbil-
dungsziel eines Western-
pferdes. Gute Jungpferde-
ausbildung erfordert viel
Zeit und Gelassenheit
sowie Geduld und Erfah-

Nico Hörmann – Einritt ins große Stadion während der Weltreiterspiele 2006 in Aachen

rung, ist aber etwas zügiger als bei der klassischen Reitweise. „Für das spezielle Training der Reiningpferde
braucht man ein talentiertes Pferd", so Hörmann. „2 bis 2
½ Jahre dauert es, bis das Pferd ausbildungstechnisch
gefestigt ist. Jungpferde durchlaufen dabei ein festge-
legtes Ausbildungsprogramm."

Zu Beginn der Ausbildung wird das Westernpferd mit
Trense und beidhändiger Zügelführung angeritten und
erst dann in der fortgeschrittenen Ausbildungsphase auf
die einhändige Zügelführung umgestellt. Beim fertig
ausgebildeten Pferd wird mit angemessen losem Zügel
bei einhändiger Zügelführung auf Kandare geritten.
Auch der angestrebte losgelassene Gleichgewichtssitz
des Reiters, der Kreuz und Schenkel nur bei Bedarf ein-
setzt und sich ansonsten eher tragen lässt, ist typisch für
das Westernreiten.

„Die englische Reitweise und den Westernreitstil kann
man daher nicht direkt vergleichen", antwortet Hörmann
auf die Frage nach den viel diskutierten Glaubensbe-
kenntnissen in den jeweiligen Reitformen. Kennzeich-
nend in der englischen Reiterei sind die Anlehnung, der
stetige Kontakt über die Zügel sowie der anliegende
Schenkel bei Einwirkung über die Gewichtshilfen. Der
Spannungsbogen in der englischen Reitweise ist die
nacheinander aufbauende Ausbildungsskala mit Takt,

Losgelassenheit, Anlehnung, Schwung und Geraderichten des Pferdes, im fortgeschrittenen Stadium folgt die
Dressurausbildung mit der Versammlung.

„Wesentliches Merkmal des Westernreitstils ist der Im-
puls-Befehl", erklärt der gebürtige Hamburger, der nördlich von Bielefeld auch einen eigenen Ausbildungs- und
Trainingsstall betreibt. „Kleinstmögliche Signale müssen
zur Arbeitsreiterei genügen." Ein kurzes Signal muss reichen, um dem Pferd einen Befehl zu erteilen. Das Pferd
soll mit einem Minimum an Hilfen seitens des Reiters
auskommen und trotzdem jederzeit der absoluten Kontrolle des Reiters unterliegen.

Westernreiten basiert konsequent auf Elementen und
Übungen, die das Pferd in seinen natürlichen Bewegungen bereits grundsätzlich kennt und beherrscht. Das so
wohlerzogene und disziplinierte Pferd wird so zur Mitarbeit animiert. Es muss bei einhändiger Zügelführung gehorsam und willig auf die Hilfen des Reiters reagieren,
um imaginäre Rinder kontrollieren zu können.
Die Konzentration des Western-Reiters gilt seiner eigentlichen Arbeit und im Prinzip eben nicht primär der Reitkunst. Ein Arbeits- oder auch Distanzpferd kann man bei
langen Ritten im Gelände nicht unter einer dauerhaften
sportlichen Hochspannung halten wie bei der englischen
Reitweise.

In Deutschland gibt es mittlerweile circa 30.000 bis 40.000 organisierte Westernreiter. Dabei liegen die Anfänge der Westernreiterei in Deutschland bereits 30 Jahre zurück. Das Westernreiten erscheint manchen Pferdefans zunächst lässiger und gemütlicher, „ist in Turnierform aber genauso schwer", weiß Hörmann. Vielen erscheint auch der Westernsattel einfach schon bequemer, was charakteristisch ist für die Gebrauchsreiterei. Tatsächlich ist der Westernsattel schwerer als der englische Sattel, er verteilt das Gewicht nur großflächig auf dem Pferderücken.

Doch unerheblich ob englische, iberische Reitweise oder Western: „Reiten prägt den Charakter", betont Hörmann. Reiter sind zielstrebig, begeisterungsfähig, strukturiert und ausgeglichen. Dies belegt auch eine entsprechende Studie von August 2012 im Hinblick auf die Auswirkungen eines jahrelangen Umgangs mit Pferden auf die Charakterbildung. Die von der Deutschen Reiterlichen Vereinigung (FN) beauftragte Befragung belegte bei „Pferdeleuten" mehr positive Charaktereigenschaften wie Führungsstärke, Zielstrebigkeit, Begeisterungs- und Belastungsfähigkeit als bei Nicht-Reitern. Der enge Kontakt

mit dem Tier erfordert ein hohes Maß an Einfühlungsvermögen und Sensibilität für die feine Körpersprache der Pferde. Diese Fähigkeiten kommen Reitern auch im zwischenmenschlichen Bereich zugute. „Wir müssen daher mehr Einsteiger in die Pferdesportarten über die Jugend erreichen – gleich ob im Westernreitstil und sonstigen Reitsportarten", unterstreicht Hörmann.

Der Kontakt zum Pferd hat auch eine gesellschaftliche Bedeutung: Die befragten Reiterinnen und Reiter fühlten sich durch das Hobby „Pferd" ausgeglichener und zufriedener. Ein wichtiger Gegentrend in Zeiten, in der sich viele Berufstätige immer mehr körperlich, emotional oder geistig überlastet oder erschöpft fühlen (Burnout-Syndrom).

Wird Reining einmal olympisch, frage ich Nico Hörmann zum Schluss, bevor unsere Kartoffeln ganz schwarz rösten. „Western ist eine typisch amerikanische Sportart wie zum Beispiel auch Basketball, Football oder Baseball. Der bei Western-Turnieren vorgeschriebene Cowboyhut ist auch ein Stück American way of life. Manchen Teilnehmern an den Olympischen Spiele wäre das aber zu viel Amerikanisierung.

PORTRAIT

Nico Hörmann – eigentlich Nicolas Hörmann – wurde geboren am 11. Oktober 1978. 2010 wurde er Deutscher Meister im Reining. Reining (von engl. ‚reins' = Zügel) ist die Königsdisziplin und die anspruchsvollste Form der Dressur im Westernreiten. In dieser ausschließlich im Galopp gerittenen Western-Disziplin wird von Pferd und Reiter ein vorgeschriebenes Pattern verlangt: Es gibt zehn Pattern (Aufgaben), die im Regelbuch festgehalten sind und auf jedem Turnier je nach Klasse ausgeschrieben werden. Ein Pattern ist eine Abfolge von mehreren Manövern. Die dabei notwendigen Stopps und Wendungen haben sich im Laufe der Zeit zu eigenständigen Manövern verselbstständigt, die den Reiz des modernen Reiningsport ausmachen. Die Elemente einer Prüfung stammen aus der amerikanischen Arbeitswelt zu Pferd, die das Pferd ursprünglich bei der Arbeit mit Rindern beherrschen musste und in Anlehnung an die klassische Dressur in eine sportliche Kunstform umgesetzt wurden.

Die Elemente einer Prüfung setzen sich zusammen aus schnellen und langsamen Galoppzirkeln, fliegende Galoppwechseln, Drehungen auf der Hinterhand (Spins), rasanten Stopps (Sliding Stops), Hinterhandwendungen (Rollbacks) und Rückwärtsrichten. Die aufgezählten Elemente wiederholen sich in jeder Prüfung, sind jedoch unterschiedlich angeordnet. Das wohl markanteste Manöver in einem Reining-Pattern ist der Sliding Stop. Hier stoppt das Pferd so aus dem Galopp, dass es mit der Hinterhand auf dem Boden rutscht, während es mit den Vorderbeinen bis zum Stillstand weiterläuft. Dieser Stopp soll möglichst ohne Zügeleinwirkung geschehen. Sliden kann man nur bei entsprechendem Boden und mit einem speziellen Hufbeschlag, den sogenannten Sliding Plates, die durch ihre sehr glatte Oberfläche das meterlange Gleiten auf der Hinterhand. („sliden") ermöglichen.

Ein Turnaround (Spin) ist eine Abfolge von 360°-Drehungen auf der Hinterhand, wobei die Vorderbeine trabartig um die Hinterhand laufen. Der Standort der Hinterhand sollte während der Drehung nicht verändert werden. Der ideale Spin ist flach, weich, rasant, aber taktrein, und wird punktgenau „abgeschaltet".

Bei der Arbeit auf den Zirkeln werden in jeder Reining-Aufgabe jeweils große schnelle und kleine langsame Zirkel gefordert. Dabei sollen der Geschwindigkeits- und der Größenunterschied deutlich sein, die Hilfengebung aber ohne erkennbare Zügelwirkung nur über den Sitz und unter Umständen mithilfe der Stimme möglichst unsichtbar sein. Diese Veränderung der Geschwindigkeit nennt man Speed Control. Bei den großen muss das Pferd auch bei hohem Tempo stets unter Kontrolle sein und auf minimale Hilfen ohne Widerstand zum langsamen Zirkel kommen. Der Galoppwechsel sollte punktgenau an der in der Pattern vorgeschriebenen Stelle und ohne vorherige Tempoänderung erfolgen.

In der Showarena werden langärmliges Hemd mit Kragen, Jeans, Stiefel und ein Westernhut getragen. Hinzu kommen eventuell Chaps und Sporen. Grundsätzlich sollten Reiter und Pferd ein gepflegtes Bild abgeben, bei dem Kleidung und Satteldecke idealerweise farblich auf das Pferd abgestimmt sind. Das Pferd trägt einen Reiningsattel, der ähnlich wie der Dressursattel den Reiter beim richtigen Sitz unterstützt. Drei- und vierjährige Pferde können in den entsprechenden Prüfungen beidhändig auf Trense (Snaffle Bit), gebisslos mit Hackamore (Bosal) oder einhändig auf Kandare (Bit) vorgestellt werden, ältere Pferde müssen nur auf Bit.

Erwünscht ist die exakte Kontrolle des Pferdes am losen Zügel durch minimale Schenkel – und Gewichtshilfen sowie durch die Stimme. Die Zügelführung erfolgt in den meisten Prüfungen einhändig. Jeder Reiter beginnt mit einem Punkteguthaben von 70 und bekommt je nach Ausführung der Aufgabe Plus oder Minus für seine Manöver. Die Bewertung erfolgt nach standardisiertem Richtsystem. Jedes Abweichen von der vorgeschriebenen Aufgabe führt zu einer Score (Bewertung) von 0. Für kleine Ungenauigkeiten bekommt der Reiter Strafpunkte (Penalties), für besonders gute Ausführungen wird er mit Pluspunkten belohnt. Die Summe aller Einzelbewertungen ergibt den Gesamt-Score.

Reining stellt hohe Anforderungen an Körper und Psyche des Pferdes. Das ideale Reiningpferd ist gut bemuskelt, kompakt und wendig. Zudem vereint es idealerweise starke Nerven mit Sensibilität. Verlangt wird ein sorgsam ausgebildetes Pferd. Wenn Körperbau und Temperament stimmen, kann grundsätzlich jede Pferderasse für diese Disziplin eingesetzt werden. Ponys, Knabstrupper, Haflinger, Fjords, Norweger, Araber und andere Rassen sind für die Westernreitweise geeignet. Ein Westernpferd muss intelligent, sensibel und lernbereit sein, denn die Ausbildung stellt hohe Anforderungen an das Pferd. Es soll vielseitig und sicher im Gelände sein, nervenstark und volles Vertrauen zum Reiter haben.

Wenn es um den ganz großen Reiningsport geht, sind die klassischen Westernpferderassen wie Quarter Horses und Paints gefragt. Zuchtziel ist ein kräftiges, sprintstarkes und ausdauerndes Pferd mit ruhigem, zuverlässigem Temperament. Daraus entstanden drei Westernpferderassen Das Quarter Horse ist heute mit über 5 Millionen registrierten Pferden die größte Pferderasse der Welt, in Deutschland leben derzeit rund 30.000 eingetragene Quarter Horses. Paint Horses sind gescheckte Pferde mit Quarter-Horse-Ahnen und Quarter-Horse-Exterieur.

Reining wurde im Jahr 2002 vom Weltreiterverband FEI (Fédération Equestre Internationale) in die Liste der offiziellen FEI-Disziplinen aufgenommen und kam in Jerez (Spanien) als siebte Sportart (neben Dressurreiten, Springreiten, Vielseitigkeitsreiten, Distanzreiten, Voltigieren und Fahren) bei den Weltreiterspielen (World Equestrian Games) als einzige Westernreitdisziplin hinzu. Hörmann startete mit Mister Dual Spring bei den Weltmeisterschaften in Lexington (Kentucky) und wurde Neunter. 2014 werden die Weltreiterspiele in der Normandie ausgetragen.

Der vielfache Medaillengewinner reitet aktuell nicht mehr im Profisport, sondern ist als Koordinator für die Abteilungen Reining und Distanzreiten beim DOKR (Deutsches Olympiade-Komitee für Reiterei) in Warendorf aktiv. Das DOKR kümmert sich um optimale Voraussetzungen für Spitzensportler und den talentierten Nachwuchs zur Vorbereitung auf Championate auch im Reining.

ERFOLGE

Weltmeisterschaften				
2010	Lexington/USA	Mannschaft	Mister Dual Spring	6. Platz
2006	Aachen	Einzel	Lil Ruf Cody	9. Platz
2006	Aachen	Mannschaft	Lil Ruf Cody	4. Platz
Europameisterschaften (Mannschaft)				
2011	Wiener Neustadt/AUT	Mannschaft	Smart Spookster	Silber
2009	Kreuth	Mannschaft	Sparkles Pretty Gal	Gold
2007	Mooslargue/FRA	Mannschaft	Big Time Rooster	Gold
2007	Mooslargue/FRA	Einzel	Big Time Rooster	Silber
Deutsche Meisterschaften				
2010	Aachen	Einzel	Sparkles Pretty Gal	Gold
2009	Aachen	Einzel	Smart Spookster	Bronze
2008	Aachen	Einzel	Sparkles Pretty Gal	Bronze
2006	Bad Salzuflen	Einzel	Yankee Bambino	Bronze
2005	Bad Salzuflen	Einzel	Mr. Dual Spring	Gold

ISLÄNDISCHE SALZLAMM-
Koteletts
MIT KRÄUTERN

Ich habe heute einen „Koch"-Hestadagar mit Walter Feldmann. Hestadagar kommt aus dem Isländischen und steht für einen schönen Tag mit Pferden. Die Grundidee der Hestadagar, die der Islandpferde-Reiterei entstammt, ist, einen speziell auf Freizeitreiter angepassten Wettbewerb zu veranstalten und ist prinzipiell offen für alle Pferderassen, wenn diese für die jeweilige Aufgabe geeignet sind. Im Vordergrund steht nicht der Leistungsgedanke, sondern stehen Spaß, Lernwille und Horsemanship; es gibt Team- und Einzelwettbewerbe, Pflicht- und Kürprogramme. Über allem steht der Spaß mit dem Pferd und für das Pferd.

„Ich kann eigentlich nicht kochen und ich drücke mich auch ums Einkaufen", outet sich gleich Walter Feldmann zu Anfang, „aber über Pferde können wir den ganzen Tag sprechen, und von gutem Essen verstehe ich auch was." Insbesondere von der isländischen Küche, und die ist speziell. Und da sind wir schon bei den Isländer Pferden, isländischem Essen, der Kultur und Tradition, „das ist alles in Island eng miteinander verknüpft", erzählt Feldmann.

Traditionell wurde in Island alles Essbare verwertet, denn aufgrund des rauen Klimas und der langen Winter war die isländische Küche sehr karg. Gewürze waren Mangelware, Gemüse- und Getreideanbau waren aufgrund der geografischen Lage ebenfalls kaum möglich. Rüben, Kohl, Rhabarber, diverse Beeren wie Blaubeeren oder Rauschbeeren lieferten wichtige Vitamine. Heute wachsen in geothermisch beheizten Gewächshäusern Tomaten und Obst.

Auch Brot spielte in Island jahrhundertelang keine wesentliche Rolle in der Ernährung. Mehl wurde beispielsweise durch gemahlene Moose ersetzt. Isländisch Moos (Cetraria islandica) wird übrigens auch zur Pferdefütterung angeboten und gilt unter anderem als hustenreizlindernd und Mittel gegen Appetitlosigkeit.

Eine weitere isländische Spezialität ist der Skyr, eine Art Frischkäse. Die bei der Käse-Produktion gewonnene Molke wurde für verschiedene Getränke und zum Konservieren von Fleischprodukten verwendet. Die Viehzucht auf Island beschränkte sich auf Schafe, Kühe und Pferde. Über die Jahrhunderte hat das Islandpferd den harten Witterungsbedingungen Islands getrotzt.

Ebenfalls an die karge isländische Kost gewöhnt, ist das Islandpferd ein leichtfuttriges Tier. Meist reicht die Versorgung des Pferdes mit Grundfutter wie Gras, Heu oder Grassilage völlig aus. Überfütterung ist eher ein Problem als Unterernährung. Erst wenn vom Pferd hohe Leistungen im Sport oder auf Langstreckenritten erwartet werden, benötigt auch ein Islandpferd Kraftfutter.

„Mit den genügsamen Pferden ging es quer durchs Land, über Stock und Stein", weiß Feldmann. Für die Menschen bot das Isländer Pferd die einzige Möglichkeit, lange Strecken zu überwinden und Güter zu transportieren. Bereits im Jahr 874 wurden die Tiere aus Nordnorwegen exportiert, in Island wurden sie jedoch erst um 1200 heimisch und entwickelten sich zu einer eigenen Rasse. Seither leben die Tiere im isländischen Hochland in großen Herdenverbänden. Das Islandpferd ist ein sehr ursprüngliches Pferd. Jahrhunderte auf der kargen Insel Island haben ein robustes hartes, tritt- und geländesicheres Gebrauchspferd entstehen lassen, das hohe Lasten bewältigen kann und seinem Reiter ausdauernd und mit viel Energie und Leistungsbereitschaft zur Seite steht.

Die Basis der isländischen Küche war in früheren Zeiten der Fischfang, aber auch alles, was sich an der Küste tummelte, stand auf dem Speiseplan. „Ein ganz besonderes Gericht sind sogenannte „Salzlämmer". Isländische Schafe verbringen den Sommer in den Bergen, wo Bergkräuter den Geschmacksreichtum verstärken. Durch ihre Ernährung aus Gräsern, Blumen, Kräutern und Beeren von Weiden, die dem salzigen Atlantik-Wind ausgesetzt sind, besitzt das isländische Lammfleisch ein besonders würziges Aroma. Die isländischen Lämmer, die einen Großteil ihres Lebens auf Wildweiden verbringen, werden im Alter von etwa einem halben Jahr geschlachtet. Hammelfleisch von älteren Tieren gilt in Island als minderwertig und wird fast nur verarbeitet angeboten, zum

Beispiel als gepökelte Siedewurst (kindabjúgu). Auf den isländischen Salzwiesen werden ab September die Schafherden zusammengetrieben und die Schlachtsaison beginnt. Das Fleisch der Salzlämmer ist besonders wohlschmeckend, zudem sorgen das kühle Klima, die geografische Isolation Islands zusammen mit einer strengen Schutzpolitik dafür, dass die Tiere weder mit Herbiziden oder Pestiziden, Hormonen oder Antibiotika in Berührung kommen. Neben Friesland (hier zur Beweidung der Deiche aus Gründen des Küstenschutzes) und Island ist auch in Frankreich die besondere Qualität des Fleisches von Salzgraslämmern (agneau des prés salés) bekannt und geschätzt. Salzlamm ist über den Fachhandel zu beziehen. Die Zubereitung sollte mit frischem Knoblauch und Kräutern erfolgen.

Dazu werden die Knoblauchzehen klein geschnitten und mit dem Salz zerquetscht, anschließend mit den Kräutern und dem Öl vermischt. Die Lammkoteletts werden dann für ca. 1 bis 2 Stunden in diese Marinade gelegt und sollten zwischendurch mehrmals gewendet werden. In einer Pfanne oder auf dem Grill werden die Koteletts dann jeweils auf einer Seite etwa 2 Minuten angebraten. Gott matarlyst!

ISLÄNDISCHE SALZLAMMKOTELETTS MIT KRÄUTERN

Zutaten (für 4 Personen)

8 Lammkoteletts vom isländischen Salzlamm (Icelandic Lamb)

4 Knoblauchzehen

1/8 l gutes Öl

1 EL Kräutermischung aus frischem Oregano, Rosmarin, isländischer Thymian (Blóðberg) und Basilikum
Meersalz
schwarzer Pfeffer aus der Mühle

Schwierigkeitsgrad mittel
Zubereitungszeit ca. 30 Minuten

EXKURS

Es ist ein heißes Thema für alle Pferdebesitzer und -liebhaber und die Gemüter kochen hoch, wenn es um Pferdefleisch auf dem Teller geht. Mit Recht! Darf so ein Beitrag in einem Kochbuch für Pferdefreunde stehen? Ja, er muss sogar, vor allem aber in kritischer Hinsicht, zumal die Entstehungsgeschichte dieses Buches genau in die Zeit des Pferdefleischskandals fiel und das ganze Buch-Projekt sogar zu gefährden drohte. Es ist ein Thema, über das man sprechen und schreiben muss, denn die Gründe, wie es überhaupt zum Etikettenschwindel kommen konnte, als aus Rindfleisch Pferdefleisch wurde, sind teilweise tief verwurzelt in der europäischen Geschichte.

Vom rheinischen Sauerbraten, der früher traditionell aus Pferdefleisch zubereitet wurde und mittlerweile auch aus Rindfleisch gemacht wird, soll hier selbstverständlich nicht die Rede sein! Viel interessanter ist, wie es überhaupt zur Umdeklarierung in deutschen Supermarktregalen kommen konnte und warum in vielen romanischen Ländern Pferdefleisch ein häufiges Nahrungsmittel und dagegen in germanischen Ländern Pferdefleisch verpönt ist. Bereits innerhalb der Schweiz lässt sich diese Kulturbarriere finden: So wird Pferdefleisch in der französischsprachigen Schweiz schon lange, in der deutschsprachigen viel weniger und seltener gegessen. Der Verzehr von Pferdefleisch variiert pro Person und Jahr zwischen 880 g in Italien und 50 g in Portugal und Deutschland. Insgesamt ist der Bedarf an Pferdefleisch innerhalb der EU vergleichsweise gering. Und in Island?

„Für die Isländer war Pferdefleisch als Nahrungsmittel selbstverständlich und sogar überlebenswichtig", erklärt Walter Feldmann. „Die waren ziemlich kompromisslos, da kam so manches Pferd schnell in die Wurst. Es gehörte zu der Mentalität der Isländer, zum täglichen Überleben und sogar zur Selektion im Laufe der 1000-jährigen Zucht des Isländer Pferdes dazu. In Island gibt es auch Schlachtpferdezuchten", so Feldmann. Unvergessen bleibt auch die Aktion der Pferdefrau und Islandpferde-Pionierin Ursula Bruns, die 1957 die deutsche Pressekampagne „Rettet die Fohlen vor dem Schlachtmesser" initiierte. Ein Jahr später kam das erste Schiff mit 300 Fohlen im Hamburger Hafen an.
„Tatsächlich wird in Island viel Pferdefleisch gegessen. Es ist das Selbstverständnis der isländischen Bauern und vor allem auf die widrigen und kargen Bedingungen zurückzuführen", erläutert Walter Feldmann. Und wahrscheinlich auch auf die einstmals zugrunde liegende Ausnahmegenehmigung der katholischen Kirche, die nämlich den Isländern im Rahmen der Christianisierung trotzdem Pferdefleisch erlaubte. Das stand im Widerspruch zum generellen Verbot des Verzehrs von Pferdefleisch, das Papst Gregor III. im Jahre 732 über das Fränkische Reich erlassen hatte.

Dieser Erlass wirkt bis in die heutigen Tage mit völlig unterschiedlichen Konsequenzen für Angebot und Nachfrage, denn der Markt für Pferdefleisch ist ziemlich unterschiedlich. In der Schweiz wird mit jährlich 400 Tonnen nur wenig Pferdefleisch produziert, pro Jahr werden hier rund 5.000 Tonnen importiert, der größte Teil aus Kanada, Mexiko und Argentinien. Die USA sind mit ca. 50.000 Tonnen jährlich der weltweit größte Exporteur von Pferdefleisch.

In Großbritannien wiederum ist Pferdefleisch tabu und umso mehr schockierten die Meldungen Mitte Januar 2013, als hier eher zufällig bei Lebensmittelkontrollen als Rindfleischprodukte deklarierte Lebensmittel gefunden wurden, die bis zu 100 % Pferdefleisch enthielten. Betroffen waren dann auch in Deutschland insbesondere Tiefkühlkost und Soßen mit Hackfleisch wie Lasagne, Sauce Bolognese, aber auch Ravioli, Tortellini, Gulasch und ähnliche Produkte. Selbst in Dönern am Drehspieß wurde Pferdefleisch nachgewiesen.

Die einstmalige Begründung für das Pferdefleischverbot der Kirche war, dass Pferdefleisch den Menschen krank machen würde. Moderne Ernährungsexperten wissen allerdings genau vom Gegenteil. Förmlich krank machen einen vielmehr unerlaubt enthaltene Medikamente wie Phenylbutazon (ein Schmerzmittel) oder unwürdige Tiertransporte quer durch die Welt – oder eben Verbraucherbetrug.

Ob Pferdefleischskandal oder BSE-Krise, „Gammelfleisch-" oder Nitrofen-Skandal, es kann einen schon gründlich der Appetit vergehen, die fortwährenden Lebensmittelskandale lassen die weltweiten Märkte als „entfesselt" erscheinen, mit entsprechenden Reaktionen in der Öffentlichkeit: Infolge des untergejubelten Pferdefleischs entwickelte sich in Frankreich eine regelrechte Anti-Pferdefleischkonsum-Bewegung mit dem Slogan Non, un cheval ça ne se mange pas („Nein, ein Pferd isst man nicht"). Der Pferdefleischverzehr ist aber auch in Frankreich fallend und beträgt heute kaum mehr als 2 % des gesamten Fleischverbrauchs. In den USA hat die „Stop-the-Horseslaughter"-Bewegung sogar ein Verbot des Verzehrs von Pferdefleisch in einigen Staaten wie beispielsweise in Kalifornien erwirkt.

Interessanterweise wurde es in Deutschland erst durch die Änderung der Fleischhygiene-Verordnung von 1991 möglich, Pferdefleisch auch in „normalen" Fleischereien anzubieten. Vorher war dies nur in speziellen Rossschlachtereien erlaubt. Diese Regelung ging zeitgleich hervor, als übrigens Fleisch von Hunden, Katzen sowie von Affen in Deutschland zum Verzehr untersagt wurde! „Da muss man mal nach Island reisen", deutet Walter Feldmann geheimnisvoll an und fügt hinzu: „Die isländische Küche ist – hmm –, ich würde sagen, ist etwas exotisch." Räuchern, Pökeln, Trocknen, Einsalzen, milchsauer Einlegen und Fermentieren – die Konservierung von Fisch, Fleisch und anderen Lebensmitteln war in vergangenen Zeiten in Island sehr wichtig, überlebenswichtig, um die langen Winter überstehen zu können. Und alles Essbare wurde verwertet. Doch viele dieser isländischen Speisen, Þorramatur genannt, rufen bei Kulturfremden, aber auch modernen Isländern aufgrund ihrer Konsistenz, ihres Geruchs oder auch des Geschmacks erhebliches Befremden hervor.

Da gibt es zum Beispiel Gammelrochen (kæst skata), eine vor Island vorkommende Rochenart, und fermentierten Grönlandhai (hákarl), der frisch zubereitet giftig und ungenießbar wäre. Wie alle Plattenkiemer reichern diese Fische Harnstoff im Blut an, den sie zum Ausgleich des osmotischen Drucks des Meerwassers verwenden. Dadurch ist das Fleisch ohne Fermentation überhaupt nicht zum Verzehr geeignet. Das Aroma, besser gesagt der Geruch und Geschmack dieser isländischen Spezialitäten sind streng, aber ein Festessen, dass gerne am 23. Dezember serviert wird.

Die traditionelle Zubereitung von hákarl ist langwierig: Der Hai wird ausgenommen, entgrätet, gesäubert und gewaschen. Dann wird eine Grube im grobkörnigen Kies gegraben, das Haifleisch wird eingegraben und durch daraufliegende Felsstücke ausgepresst. Heute wird der Hai nicht mehr vergraben, sondern in durchlässigen Holzkisten abgelagert. Das Ganze ruht dann, im Sommer 6–7 Wochen, im Winter 2–3 Monate. Danach wird das Haifleisch in eine offene Trockenhütte gehängt, wo das Ammoniak abgasen kann. Dort bleibt es zirka zwei bis vier Monate, bis es fest und trocken ist.

Weitere traditionelle isländische Gerichte, die einem Mitteleuropäer durchaus die Haare zu Berge stehen lassen, sind svið (abgesengte, gekochte Schafsköpfe), lundabaggar (gekochte und sauer eingelegte Schafsinnereien), slátur (in einem Schafsmagen gekochte Innereien vom Schaf), súrsaðir hrútspungar (in Molke eingelegte Hammelhoden, teilweise auch als Pastete zubereitet) oder selshreyfar (sauer eingelegte Robbenflossen). In der Not frisst der Teufel Fliegen, lautet ein Sprichwort. Gegessen wurden daher auch Seevögel wie Tordalken, Trottellummen, Papageientaucher und ihre Eier, aber auch Wal- und Robbenfleisch.

Nun kann man sich darüber streiten, alles zu essen, was bei drei nicht auf den Bäumen ist (oder unter Wasser). Auch Pferdefleisch ist und bleibt in Kontinentaleuropa ein umstrittenes Nahrungsmittel. Dabei muss man er-

Ein Blick aus dem Bauerncafe auf die Stallungen des Gangpferdezentrums Aegidienberg

wähnen, dass alle großen Reitervölker wie die Hunnen, Mongolen und Indianer Pferdefleisch verzehrten. Für Kriegs- und Notzeiten des Mittelalters und der frühen Neuzeit wie auch etwa in und nach den Weltkriegen ist Pferdefleischverzehr auch in Deutschland überliefert. Das päpstliche Verbot in vorchristlicher Zeit sollte einst besonders die heidnischen Sitten austreiben. Das Pferd spielte in den Kreuzzügen und Völkerschlachten stets eine besondere militärische Rolle. Es besteht sogar die Vermutung, dass die gekreuzten Pferdeköpfe an vielen Giebeln der Bauernhäuser Niedersachsens auf den Brauch zurückgehen, die Köpfe geopferter Pferde an den Häusern anzubringen ...

Im Zusammenhang mit dem europäischen Pferdefleischskandal wiegt besonders schwer, dass ja seit 2009 jedes Pferd in der Europäischen Union einen Equidenpass vorweisen muss. Darin werden neben Impfungen und Identität der Eigentümer auch die verabreichten Medikamente vermerkt. Die meisten Sportpferde sind aufgrund der z.B. nach einem Verletzungsfall eingesetzten Arzneimittel nicht mehr für den Verzehr geeignet.

Vertrauen ist gut, Kontrolle ist aber offensichtlich besser, um der Profitgier und Verantwortungslosigkeit besser zu begegnen. Viele Fleischprodukte können heute mittels Chargennummer oder aufgedrucktem Mindesthaltbarkeitsdatum rückverfolgt bzw. identifiziert werden und somit auch zurückgerufen (= aus den Regalen genommen) werden. Im Herbst 2013 stellte die EU-Kommission infolge des Pferdefleischskandals fest, dass eine zusätzliche Herkunftsbezeichnung das Fleisch bis zu 50 % zulasten der Konsumenten verteuern würde. Eine Verteuerung von Fleisch in Discountern wiederum lässt sich kaum durchsetzen.

Was ist die Moral aus der Geschichte? Man kann Vegetarier werden oder seinen Fleischkonsum einschränken und sein Fleisch vom bekannten (Bio-)Bauern in der Region kaufen. Das Pferd ist auf jeden Fall ein Partner und eben kein Tier zum Essen. Das Pferd hat uns zum Kultursprung verholfen und hat der Menschheit Beine gemacht, dafür müssen wir es nicht aufessen.

„Auf unserer Altenweide haben wir über 30-jährige Islandpferde", erzählt Feldmann, „und das hat sich auch auf unsere Einsteller übertragen." Häufig können die Pferde noch weit über ihr 25. Lebensjahr hinaus geritten werden. So gibt es auch einen Spezialtarif für alte Pferde bei den Feldmanns und eine ganze Menge von „Rent-

nern" auf Aegidienberg. Islandpferde werden normalerweise recht alt, 30 bis 35 Jahre und mehr sind keine Seltenheit.

Immenhof, Islandpferde und dann die Aegidienberger

„Man muss sich erst an die Sorte Pferde gewöhnen", so lautet ein launisches Originalzitat aus dem ersten Teil der unvergessenen Familiengeschichte von „Die Mädels vom Immenhof". Der „Immenhof" ist Schauplatz einer ungewöhnlich erfolgreichen mehrteiligen Kinofilmreihe aus den 1950er- bis 1970er-Jahren, wobei hier dem breiten Publikum erstmalig Islandpferde bekannt gemacht wurden. „Die Ponyzucht ist berühmt, trotzdem hat Oma Jantzen Geldsorgen, denn der Verkauf der Ponys deckt jedoch nicht mehr die Kosten der Zucht ...", so ging das Drama im Filmstoff weiter. Grundlage war die Romanvorlage „Dick und Dalli und die Ponys" von Ursula Bruns von 1950. Die Autorin beeinflusste die deutsche Islandpferde- und insbesondere Freizeitreiterbewegung in den Wirtschaftswunderjahren damit ganz erheblich und gilt heute als eine Pionierin, ähnlich wie Walter Feldmann: „Ursula Bruns hat einen gewaltigen Beitrag der Islandpferdeszene beschert."

Die Immenhof-Filme lösten einen regelrechten Islandpferdeboom aus. Dabei meisterten die Immenhof-Ferienkinder mit ihren Isländer Pferden alle schwierigen und widrigen Lebens- und Gefühlslagen und prägten in den folgenden Jahrzehnten eine ganze Generation an Reiterhöfen, Romanzen und Ferienidyllen, was sich später dann fortsetzte mit der Ära der Wendy-Comics & Co. „Ja das Reiten soll doch schön sein, es ist ein Stück Lebensart", erklärt Feldmann, während wir im gemütlichen Bauerncafé zu Aegidienberg sitzen und Kaffee trinken.

Und wie kam Walter Feldmann zu den sympathischen Pferden aus Island? Als Sohn eines Verlegers war er zwar bereits in eine pferdeverrückte Familie hineingeboren. Irgendwann wurde Feldmann senior durch einen Nachbarn mit Islandpferden konfrontiert. „Mein Vater hat einfach mal auf so ein Zottelpony aufgesessen und ehe er sich versah, befand er sich samt Pferd schon am Ende des Platzes. Das war die Überraschung und der Auslöser und auch die Entscheidung, schon wenige Wochen später reiste die ganze Familie der Pferde wegen nach Island. Feldmann erinnert sich an seine ersten Sporen: „Mit 8 Jahren habe ich bereits Reiten gelernt, bei intensivem Reitunterricht, der durchaus schon militärische Züge hatte. Dazu gehörte auch mal eine halbe Stunde Leichttraben ohne Steigbügel. Das muss so nicht sein", ergänzt der heute 64-jährige. Dennoch hat die solide Reiterausbildung ganz erheblich zum Erfolg Walter Feldmanns beigetragen.

„Das war sogar ein regelrechtes deutsches Erfolgsgeheimnis." Als Vater und Sohn Walter Feldmann Anfang der 1970er-Jahre den ersten Reitkurs bei Fákur (Reitverein in der isländischen Hauptstadt Reykjavík) veranstalteten, wurde eigens als Neuerung ein Dressurviereck mit deutschen Maßen eingerichtet. Mit im kontinentalen Gepäck der Feldmanns: Gymnastizierung des Pferdes, Cavelettiarbeit, Springen, klassische Dressurausbildung.

„Da gab es früher Europa- und Weltmeisterschaften, bei den die ersten Plätze nur von Deutschen belegt wurden", schwärmt Feldmann, der selber zahlreiche Deutsche Meister-, EM-, und WM-Titel in allen Disziplinen von der schweren Gehorsams- bis zur mehrfachen Mehrgangsprüfung (außer Passrennen) erritten hat. „Nach einer soliden Grundausbildung waren die Islandpferde dann unschlagbar. Das hat sich allerdings geändert," so Feldmann. Nichtsdestotrotz betrachtet Walter Feldmann die Ausbildung von Pferden als ein solides Handwerk: „Hier muss man mit viel Fachwissen, Routine, Intelligenz und Gefühl rangehen. Es ist eine Angelegenheit von Herz und Hirn", führt Feldmann aus.

In der Immenhof-Serie widmen sich die Schwestern Dick und Dalli ausschließlich der Pflege der über 100 Ponys. Im Gangpferdezentrum Aegidienberg der Feldmanns gibt es dreimal so viele, und dazu werden 100 Hektar bewirtschaftet. „Wir sind trotzdem froh über jedes Stückchen Land dazu", lacht Feldmann. Geldsorgen wie Film-Oma Jantzen kann Walter Feldmann nicht teilen. Viel Geld wird für ein Spitzenpferd aus Island bezahlt. Als Islandpferd werden nur rein gezogene Tiere anerkannt, ohne Fremdbluteinkreuzung, deren Abstammung lückenlos bis nach Island zurückzuverfolgen ist. Aus ursprünglich seuchenhygienischen Gründen ist die Einfuhr von Pferden wie auch von anderen landwirtschaftlichen Nutztieren nach Island nicht erlaubt. Pferde, die in Island geboren wurden und einmal die Insel verlassen haben, dürfen nicht wieder nach Island eingeführt werden. Das stellt die isländische WM-Equipe vor eine ganz besondere Herausforderung: Jeder

Wettbewerb außerhalb Islands ist für sie gleichzeitig eine Art Verkaufsshow!

Seit 1.000 Jahren wird das Islandpferd in Reinzucht gezogen und ist auch die einzige Pferderasse Islands. Das Islandpferd ist ein kräftiges, stabiles Pferd mit einer Widerristhöhe im Mittel zwischen 135 bis 145 cm Stockmaß. Es hat viel Ausdruck und ist von freundlichem eher zurückhaltendem Wesen und daher als leistungsbereites und charakterstarkes Reitpferd für Kinder und für Erwachsene geeignet.

Doch variiert die Isländer Zucht wie auch andere Pferdezuchten und befindet sich im Wandel. Während ältere Islandpferde mehr dem Ponytyp entsprechen, wird beim modernen Islandpferd ein eleganter, flexibler, gut bemuskelter, im Reitpferdetyp stehender Typ gewünscht, mit schön getragenem, ausdrucksvollem Kopf und

vollem Schweif- und Mähnenhaar – so das Zuchtziel der FEIF (International Federation of Icelandic Horse Associations). Der Dachverband, in dem Walter Feldmann 1976 als Sportpräsident tätig war, repräsentiert 19 Länder mit ihren Verbänden. Der Islandpferde-Reiter- und Züchterverband e.V. (IPZV e.V.) ist Gründungsmitglied der FEIF und wiederum ist der Dachverband aller Islandpferdevereine in Deutschland der Deutschen Reiterlichen Vereinigung (FN) angeschlossen. Der IPZV (Walter Feldmann war hier auch Sportwart) wurde am 11. Oktober 1958 als „Deutscher Pony-Klub" gegründet, Mitbegründerin und damalige Schriftführerin war übrigens die Journalistin und Autorin Ursula Bruns.

Wie zäh das Islandpferd tatsächlich ist, zeigte sich bei der 200-Jahr-Feier von Amerika. Beim Transamerika-Ritt von der Ost- zur Westküste über 3.000 Meilen in dreieinhalb Monaten kamen nämlich alle Islandpferde ins Ziel, was schon ein tolle Leistung war, denn von 150 Startern kamen nur 50 überhaupt an.

Weltweit gilt das gleiche Zuchtpferdebewertungssystem für das Islandpferd, seit 1974 findet der FEIF-Standard für die Bewertung isländischer Zuchtpferde Anwendung. Der Schwerpunkt der Zucht liegt in der Bewahrung der besonderen Eigenart des Islandpferdes bei gleichzeitiger Verbesserung der Reitpferdequalitäten. In der Datenbank WorldFengur können die reinrassigen Islandpferde auf der ganzen Welt eingetragen werden. Ziel ist es, den Gesamtbestand zu erfassen, Abstammungs- wie Leistungsdaten zu archivieren und dem Interessierten verfügbar zu halten.

Die aktuelle FEIF-Statistik verzeichnete im Januar 2013 weltweit 250.424 registrierte Tiere, Tendenz steigend. Deutschland ist mit 22.000 Mitgliedern das mitgliederstärkste Land der FEIF und weist mit rund 80.000 Pferden nach Island die meisten Tiere des Verbands auf.

Islandpferde sind auch recht fruchtbar. Üblich ist der Natursprung in der Herde. „Ungefähr 15 zu deckende Stuten werden in einer Herde zusammengefasst und der ausgewählte Deckhengst kommt für mindestens sechs Wochen in diese Herde, um die Stuten zu decken", erklärt Feldmann. „Die elfmonatige Trächtigkeit verläuft nahezu immer problemlos so wie auch die Geburt auf der Weide und in der Herde. Das Fohlen wird in die Gruppe hineingeboren", so Feldmann. Dabei gehört das Islandpferd zu den spätreifen Rassen. Die Spätzünder werden üblicher-

weise erst zwischen dem vierten und fünften Lebensjahr angeritten und gelten erst mit ca. 7 Jahren als ausgewachsen.

Walter Feldmann gibt sich ausgesprochen kundenorientiert. „Das hier ist eine Sache, die was mit Spaß und zugleich Ambitionen zu tun hat." 130 Einsteller zählt das Gangpferdezentrum Aegidienberg. „So ein Betrieb muss wie ein gutes Restaurant geführt werden", erklärt Feldmann, der Grandseigneur der deutschen Islandpferdeszene. Aber so herzlich und familiär wie in der Fiktion der Immenhof-Filme geht es auch in der Isländer Szene zu. „Viele Islandpferdebesitzer halten ihre Pferde in Eigenregie und wir bieten hier eine artgerechte Pferdepension", berichtet Feldmann. Die Beschäftigung mit dem Pferd kann so zu einem Hobby für die ganze Familie werden. So ähnlich fing auch alles mal in der Familie Feldmann an – erst waren zwei Haflinger, dann eine Vollblutzucht, dann ein Isländer Gestüt und heute eine eigene Pferderasse: den Aegidienberger.

Der Aegidienberger ist eine 1981 von Walter Feldmann senior und Walter Feldmann junior begründete neue Pferderasse, die aus einer Kreuzung von Isländer und Paso Peruano hervorgegangen ist. Stets war die Familie offen für Neues, alle Rassen und Pferde. Die Idee, Islandpferde mit Caballo Peruano de Paso zu kreuzen, wurde eher zufällig in Peru von den Walter Feldmanns beim Besuch der peruanischen Meisterschaften in Lima geboren. Hier sahen die beiden leichttrittige, exzellent töltende Pferde, mit viel Adel, Aktion und Temperament, die aber dem Islandpferde-gewohnten Reiter zu wenig Geschwindigkeit boten. Der Aegidienberger steht im Typ zwischen Pferd und Pony, das Naturtölt zeigt. Vom Isländer hat er hohe Ausdauer und Widerstandsfähigkeit sowie ein lebhaftes Wesen geerbt, vom Paso Peruano das größere Stockmaß, Anmut und Leichtigkeit – und am meisten Tölt, so Feldmann. Beide Ursprungsrassen konnten ihre Trittsicherheit mit einbringen sowie die natürliche Veranlagung zu Tölt und Pass.

Das Zuchtziel für den „Aegidienberger" ist ein mittelgroßes, korrektes und starkes Reitpferd, widerstandsfähig und ausdauernd, mit genügend Adel und genetisch fest verankertem raumgreifendem Tölt. Charakter, Temperament, Intelligenz, freundliches Wesen, Leistungsfähigkeit und natürliche Versammlung sollen den Aegidienberger auszeichnen. Bei Farbe und Abzeichen gibt es keine Bevorzugung in irgendeiner Richtung. Aufgrund seiner großen Ausgeglichenheit eignet er sich gut als Freizeit- und Familienpferd. Aegidienberger wurden vom NRW-Ministerium für Umwelt, Raumordnung und Landwirtschaft als eigenständige Pferderasse anerkannt und sind darüber hinaus im Rheinischen Pferdestammbuch und verschiedenen Zuchtverbänden eingetragen. Aus dem Islandpferdegestüt wurde damit ein rasseübergreifendes Gangpferdezentrum. Ponys machen Freude, lautet ein Zitat aus den Immenhof-Filmen. Und noch eins: „Wir können darauf anstoßen, was man sich im Leben alles vorgenommen hat."

Als ich nun auf Aegiedienberg zu Besuch bin, fällt mir sofort die pferdefreundliche und großzügige Haltung auf. Im Immenhof-Film sieht man neben großen Weiden auch noch Pferde in der Ständerhaltung, wie damals in den 1960er-Jahren noch üblich. Ständepferdehaltung gibt es glücklicherweise nicht mehr, diese stammt aus einer Zeit, als Pferde in der Landwirtschaft Höchstleistungen absolvieren mussten. Die artgerechte Haltung bei Islandpferden kann von allen Stallkonzepten sicherlich als am artgerechtesten bezeichnet werden. 20 bis 30 Pferde werden in groß dimensionierten Laufställen gehalten, getrennt nicht nach Rassen, sondern nach Geschlecht und anderen Kriterien. Die Einstreu ist ähnlich wie bei der Rinderhaltung organisiert, sodass die Pferde trocken stehen und Pferdemist maschinell abgeräumt werden kann. Auch die Heuraufen sind weiträumig konzipiert, sodass es keine Streitigkeiten gibt.

Das Islandpferd kann ganzjährig robust gehalten werden. Einen Witterungsschutz, zumeist als Offenstall, benötigt es lediglich als Schutz bei andauernder Nässe oder ausgeprägter Sommerhitze. Islandpferde wachsen in der Herde auf und benötigen den Kontakt zu Artgenossen ihr Leben lang. Sie sind grundsätzlich physisch und psychisch stark und gesund, es kommen aber gerade bei Islandpferden Probleme mit dem Sommerekzem auf. „Das sind die Kriebelmücken, die den Pferden ganz schön zu schaffen machen", erklärt Feldmann. Pferde, die aus Island importiert wurden, leiden prozentual gesehen häufiger darunter als auf dem Kontinent gezogene. Im Flachland gehaltene Pferde erkranken häufiger als im Gebirge oder in Meernähe stehende. Der Grund ist eine Allergie gegen den Speichel einer (auf Island nicht heimischen) Gnitzenart (Culicoides sp.). „Das ist der Preis für eine tausendjährige Domestikation auf Island, aber es gibt Behandlungsmöglichkeiten. Mittlerweile können durch Ekzemdecken und bestimmte Präparate die unangenehmen Folgen der Krankheit gut in Schach gehalten werden", so Walter Feldmann.

Dennoch haben Islandpferde auch sprichwörtlich ein dickes Fell und sind eine bunte Rasse, wie auch die Reiter selber. In der Bereitervereinigung der „Zahmmachermänner" (Félag Tamningamanna) gehören hellblaue Jacken zur Zunft. Dies ist nur Reitern erlaubt, die die Bereiterprüfung bestanden haben, und ist mit strengen Auflagen verbunden. So ist etwa Alkoholtrinken in hellblauer Jacke verboten.

Aber auch die Islandpferde kommen bunt daher. Als Fellfärbung kommen außer Tigerscheckung alle Farben und Abzeichen vor: Neben den Grundfarben Füchse, Rappen, Braune gibt es unter anderem auch Schimmel, Falben, Isabellen, Erdfarbene, Windfarbene und Farbwechsler. Isländer sind rassetypisch robust und wetterhart, denn sie entwickeln ein besonders dichtes Winterfell, mit wärmender Unterwolle und relativ langem, Nässe ableitendem Deckhaar, das es ihnen ermöglicht, in ihrer isländischen Heimat draußen zu überwintern. Auch die Mähne und der Schweif sind lang und dicht. Sie dienen dem Pferd als Schutz und sind gleichzeitig besonders schöner Schmuck des Pferdes.

Wie jedes Pferd verfügt das Islandpferd über die Grundgangarten Schritt, Trab und Galopp. Zusätzlich sind in der Rasse die beiden Spezialgangarten Tölt und Rennpass genetisch fixiert. Durch die Nutzung als Reitpferd und Isolation auf Island blieben die ursprünglichen fünf Gangarten beim Islandpferd als einzige europäische Pferderasse erhalten. So ursprünglich wie Islandpferde sich als Pferderasse geben, sind auch ihre zusätzlichen Gangarten. Bis zum Ausgang des Mittelalters war die Fähigkeit, Tölt und Pass zu gehen, unter den Pferden Europas verbreitet. Historische Darstellungen von Reitpferden zeigen hohe Persönlichkeiten dieser Zeit zumeist auf Zeltern reitend. Zelter bezeichnete im Mittelalter ein leichtes Reitpferd, das den besonders ruhigen und für den Reiter bequemen Zeltgang (die Spezialgangarten Pass und Tölt) beherrschte. Elegante Zelter dienten als Paradepferde für Fürsten und den Klerus, auch der Damensitz bot sich eher bei töltenden Pferden an, da er keine Schwebephase hat. Auch war es möglich, von zwei Zeltern eine Sänfte tragen zu lassen, während das zwischen zwei trabenden Pferden unmöglich wäre. Der moderne Begriff für Zelter ist Gangpferd.

Die Entwicklung zum größeren Pferd und Reduzierung

ben. „Irgendwie ging das nicht. Das war die Begegnung der dritten Art" – und muss lachen. Der Tölt hat eine breite Tempovarianz vom nahezu versammelten ruhigen Tempo bis in den Renntölt bei einem Tempo von 40 km pro Stunde. Maßgebliche Bewertungskriterien sind neben dem unbedingt klaren Viertakt

auf die drei Grundgangarten setzte erst mit dem Einsatz des Pferdes als Schlachtross und Kampfpferd für die Ritter des Mittelalters ein. Später dann mit dem Einsatz als Wagenpferd ging mehr und mehr die Fähigkeit zu tölten verloren. In der englischen Reiterei gelten Pass gehende Pferde als fehlerhaft.

Das Gangvermögen der Islandpferde kann individuell sehr unterschiedlich ausgeprägt sein, allerdings sollte jedes Islandpferd tölten können, also ein Viergänger oder Naturtölter sein. Der Islandpferdesport hat im Laufe der vergangenen Jahre eine rasante Entwicklung genommen. Den Rennpass bieten nur die sogenannten Fünfgänger an. Ist der Tölt eine sehr geeignete Gangart, in der man das Reiten erlernen kann, so erfordert das Herausreiten des Rennpasses schon mehr reiterliches Know-how und entsprechende Routine.

Der Tölt ist ein Viertakt ohne Schwebephase, bei dem das Pferd abwechselnd ein oder zwei Hufe auf dem Boden hat. Es wird also die Fußfolge des Schritts beibehalten, hinten links, vorne links, hinten rechts und schließlich vorne rechts. Allerdings verändert das Pferd seine Bewegungsart vom Schreiten zum Laufen. Damit dies gelingt, verändert sich die Phasenfolge der Gangart. Wechselt das Pferd im Schritt zwischen Dreibein- und Zweibeinstützen, hat also immer entweder drei oder zwei Beine am Boden, so macht das höhere Tölttempo einen Wechsel zwischen Einbein- und Zweibeinstützen notwendig. Das Pferd schreitet nicht mehr vorwärts, sondern gleitet flink und für den Reiter erschütterungsfrei dahin. Walter Feldmann erinnert sich, als er in der Sternstunde seiner Kindheit versuchte, einen töltenden Isländer leichtzutra-

Geschmeidigkeit, Leichtigkeit, Bewegungshöhe und -weite, Tempovarianz und Aufrichtung des Pferdes. Von ersten Meetings, auf denen die Töltqualität noch nach Gehör bewertet wurde, war es ein weiter Weg bis zum heutigen ausgefeilten Turniersystem.

Die Gangart Pass, obwohl sie in den Zuchtzielen festgeschrieben, ist nicht allen Pferden angeboren. Zwischen den Phasen mit lateraler Zweibeinstütze hat das Pferd im Rennpass anders als im Schritt oder Tölt eine ausgeprägte Flugphase, deren Weite darüber entscheidet, wie schnell das Pferd werden kann. In dieser Gangart bewegt sich das Pferd in einem lateralen, energisch gesprungenen Zweitakt mit viel Energie und in hohem Tempo nach vorn. Im Sport wird die Rennpassqualität vor allem in Rennen und speziellen Fünfgangprüfungen gezeigt und bewertet.

Geritten wird der Pass nur im Renntempo über kurze Strecken. Der offizielle Weltrekord im Rennpass über die klassische Distanz von 250 Metern mit stehendem Start aus der Startbox liegt bei 21,84 Sekunden. Im Speedpass, bei dem nach fliegendem Start 100 Meter absolviert werden, liegt der Weltrekord bei 6,95 Sekunden. Aufgrund der besonderen Gangarten wird für Islandpferde eine eigene Weltmeisterschaft ausgerichtet, die letzte fand mit großem Erfolg vom 04. bis 11. August 2013 in Berlin-Karlshorst statt, bei der zum Auftakt die Frau des isländischen Präsidenten Ólafur Ragnar Grimsson, Dorrit Moussaieff, zusammen mit 350 sternenrittförmig zusammengereisten Islandpferd-Reitern durchs Brandenburger Tor ritt.

PORTRAIT

Walter Feldmann ist ein Tausendsassa in der Gangpferdeszene. Viele berühmte Reiter, wie Jolly Schrenk, Daniela Gehmacher, Runa Eineardottir, Thóravinn Eymundsson (Toti), Haukur Tryggvason, Einar Öder Magnusson, Daniel Jonsson und viele mehr waren Praktikanten bei ihm. Gemeinsam mit Andrea-Kathrina Rostock ist Feldmann Herausgeber der Islandpferde-Reitlehre sowie einer Videoserie über die Ausbildung und das Reiten von Gangpferden. Die Verfassung der 1. IPO- und API-Ausgabe (Sport- und Ausbildungsordnung für Islandpferde) sowie des internationalen Reglements (FIPO) und die erste Prüfungs- und Ausbildungsordnung für Gangpferde (Bestandteil der APO) stammen von ihm. Feldmann ist Initiator und Gründungsmitglied des Verbandes der Rennpassreiter International (VRP), Gründungsmitglied und war Vorsitzender der Internationalen Gangpferde-Vereinigung (IGV).

ERFOLGE

Mehrfacher Deutscher Meister in allen Disziplinen der Islandpferdereiterei

Mehrfache Siege beim Passchampionat

Mehrere deutsche Rekorde im Passrennen über 250 und 150 m

Teilnahme an zwölf Europa- und Weltmeisterschaften

15 EM-/WM-Siege in Sportklassen

4 EM-/WM-Siege in Zuchtklassen

mehrfache Teilnahme und Siege bei den Deutschen Paso-Meisterschaften

mehrfache Siege bei Saddlebred-Meisterschaften

Erfolge im Distanzreitsport

erfolgreiche Teilnahme am Great American Horse Race, 1976
(2.000-Meilen-Rennen von der Ost- zur Westküste Amerikas)

erfolgsreiche Teilnahme am 100-Meilen-Rennen in der Schweiz (Schnabelsberger Cup)

Trainer vieler EM-/WM-Teilnehmer und Sieger

Ausbilder im IPZV (Islandpferde) und IGV (Gangpferde)

Ehrungen

2004   Verleihung der Silbernen Ehrennadel der FN

2007   Verleihung des Goldenen Reitabzeichens der IGV

2009   Verleihung der Goldenen Ehrennadel mit Brillanten des IPZV

Andreas Frädrich, geboren 1969 in Berlin, ist Journalist und schaut gerne über den „Tellerrand" aller Reitsport-disziplinen, um verbindende Elemente wiederzuent-decken und vor allem auch selber auszuprobieren. Von Berufswegen ist er auf Krisenkommunikation und Reputationsmanagement spezialisiert. Krisen kann man mit dem Pferd am besten meistern. Frädrich war auch in Ägypten, Tunesien, Tansania und im Senegal in Reitställen verantwortlich, dort gibt es andere Herausforderungen für Pferd und Reiter. Er züchtet Holsteiner Springpferde, ist Besitzertrainer im Rennreiten, ambitionierter Jagdreiter, spielt auch Polo und pendelt zwischen Warendorf und der Hauptstadt. Er ist darüber hinaus Landesbeauftragter fürs Deutsche Kuratorium für Therapeutisches Reiten in Berlin und Pressesprecher für eine der größten Rehabilitationskliniken weltweit.